MW01609849

ENFANCE MALHEUREUSE, VIE HEUREUSE

*E*NFANCE *MALHEUREUSE, VIE HEUREUSE*

Édition originale publiée en anglais par HarperCollins Publishers, New York, NY (É.-U.) sous le titre :

BAD **C**HILDHOOD, **G**OOD **L**IFE

© **2006, Laura C. Schlessinger**

Tous droits réservés

ÉDITIONS DU TRÉSOR CACHÉ

815, boul. St-René Ouest, Local 3

Gatineau (Québec)

J8T 8M3 Canada

Tél. : (819) 561-1024

Téléc. : (819) 561-3340

Courriel : editions@tresorcache.com

Site Web : www.tresorcache.com

Traduction : Marie-Andrée Gagnon

Infographie : Richard Ouellette, infographiste

Dépôt légal – 2007

Bibliothèque nationale du Québec

Bibliothèque nationale du Canada

Gouvernement du Québec – Programme de crédit d'impôt pour l'édition de livres – Gestion SODEC

ISBN-10 : 2-922405-44-3

ISBN-13 : 978-2-922405-44-6

Imprimé au Canada

ENFANCE MALHEUREUSE, VIE HEUREUSE

*S'épanouir et réussir sa vie
en dépit d'une enfance malheureuse*

DR LAURA C. SCHLESSINGER

ÉDITIONS
du trésor caché

À vous tous qui devez faire ce voyage

INTRODUCTION

Pour l'amour du ciel, tu ne vas pas recommencer. Ton enfance a été malheureuse. Un père qui te faisait peur, une mère qui t'a ignorée. On connaît la chanson. Chelsea, cette façon de porter tous les malheurs du monde sur tes épaules est vraiment très désagréable. C'est vrai, c'est vrai, tu restes parfois des années à des kilomètres. Tu ne viens jamais, à moins que je ne t'en supplie. Et quand tu viens, tout ce que tu sais faire, c'est de te montrer désagréable en remuant le passé. Mais, enfin, pourquoi? Ne crois-tu pas que... tout le monde repense à son enfance avec une certaine forme de mélancolie et d'amertume pour ce que l'on n'a pas eu? Et ce n'est pas pour ça qu'il faut gâcher ta vie, chérie. Tu es maintenant une grande fille. Tu n'en as pas assez de tout ça? Marre... marre! La vie va de l'avant, Chelsea. Je te conseille de faire comme elle.
—Ethel (Katharine Hepburn) s'adressant à sa fille adulte, Chelsea (Jane Fonda), dans la version cinématographique de *La maison du lac*

« Trop de gens rejettent la responsabilité des déceptions de leur propre vie sur leurs parents et leur enfance. Franchement, tout ça s'est passé il y a une éternité. Laissez tout ça derrière vous et allez de l'avant! » écrit un de mes auditeurs.

Cela semble évident. Alors, pourquoi donc n'est-ce pas si simple? En janvier 2005, un fournisseur d'eBay vendait un atomiseur pour l'haleine « Instant Happy Childhood Memories » (Souvenirs instantanés d'une enfance heureuse). Description: « L'atomiseur pour l'haleine Instant Happy Childhood Memories à la menthe fera un malheur chez son utilisateur. Pour les êtres chers (ou pas si chers) de votre vie qui râlent et qui se plaignent de leur enfance et de ce que leurs échecs sont attribuables à leur mère, à leur père, à vous, ou encore à leur chien, cet atomiseur pour l'haleine les aidera à voir la vie autrement.» Au dos de l'emballage, on pouvait lire: «Savourez un sentiment d'innocence, de sécurité et de bien-être total en vous rappelant instantanément de merveilleuses vacances en famille, des jeux dans le jardin et de belles activités de tous les jours à la maison avec maman et papa.»

Bien que ce produit ait été mis en promotion à titre de «cadeau comique», je me demande combien de gens l'ont commandé pour eux-mêmes, ou pour quelqu'un d'autre, enfin... avec un certain espoir.

Même s'il existe toute une petite industrie destinée aux gens qui croient et disent avoir été blessés ou handicapés par leur enfance – connus couramment comme *des victimes, des survivants, des enfants adultes de*, ou ceux qui ont *une piètre estime de soi*, ou qui sont issus *d'une famille perturbée* –, je suis d'avis que beaucoup de gens ne réalisent pas même que l'histoire de leur enfance *influe* de manière improductive sur leurs pensées et leurs comportements d'adulte. Ils ne réalisent pas que certaines de leurs réactions émotionnelles d'adulte moins agréables ou plus destructrices constituent des réflexes qui se sont forgés à la suite de défis regrettables qu'ils ont dû relever durant l'enfance. Ils ne réalisent pas qu'ils ont consacré une grande partie de leur vie d'adulte à répéter des dynamiques malsaines acquises durant l'enfance dans une tentative pour soigner des blessures profondes et assouvir des aspirations datant de l'enfance. Ils en sont réduits à croire que ni eux ni leur vie n'ont une grande importance de toute manière, ne comprenant pas qu'ils ont le pouvoir et le choix de vivre une vie heureuse.

Beaucoup de gens, surtout ceux qui s'identifient comme ayant été victimes de quelque chose ou de quelqu'un durant leur enfance, ont du mal à trouver la solution à un dilemme immédiat. Une des raisons les plus importantes est le fait qu'ils ne réalisent pas l'incidence précise que leurs débuts dans la vie ont eue sur leur mode de pensée et leurs sentiments actuels. Par exemple, lorsque des auditeurs m'appellent pour me consulter au sujet d'un problème, ils commencent souvent par me dire: «J'ignore pourquoi, mais...», ce qui me met immédiatement la puce à l'oreille quant au fait qu'ils voyagent simultanément à bord de deux avions: le passé et le présent. L'attrait émotionnel du passé, bien qu'il semble souvent imperceptible pour la personne qui se sent confuse et perplexe, est plus puissant que la logique de l'instant présent.

Les propos téléphoniques qui sont rapportés ci-après, provenant d'un jeune homme du nom de Chris qui se demandait s'il devait «risquer» d'avoir des enfants, fournissent en quelques mots un excellent exemple de ce phénomène.

CHRIS : J'ai vingt-cinq ans et en mai il y aura huit ans que je serai marié et heureux de l'être. Je n'ai pas d'enfant à l'heure actuelle, et ma femme et moi arrivons au point où nous réfléchissons à la possibilité d'en avoir. Ce qui m'inquiète, c'est que pour une raison ou pour une autre, et j'ignore pourquoi – rien de tel ne s'est produit dans ma famille –, mais j'ai toujours derrière la tête une idée qui me rend vraiment nerveux et paranoïaque, celle que ma femme tombe enceinte et donne naissance à des enfants qui risquent d'être attardés ou d'avoir une anomalie congénitale, ce qui m'enlève complètement le goût d'avoir des enfants.

DR LAURA : Alors, Chris, où avez-vous appris que *vous* deviez être parfait ?

CHRIS : … (un long silence)… Eh bien, je n'ai pas appris que je devais être parfait.

DR LAURA : Bien sûr que si. Alors, où donc l'avez-vous appris ?

CHRIS : … (un autre long silence)… Eh bien, j'ai le sentiment que…

DR LAURA : Je vous demande de répondre à ma question. Je ne me suis pas informée de vos sentiments. Où avez-vous appris que vous deviez être parfait ?

CHRIS : Peut-être simplement en grandissant. Je dois tout faire correctement, ou à la perfection, comme vous le dites. J'essaie de faire le mieux possible dans tout ce que je fais.

DR LAURA : Il y a une différence entre avoir le sens des responsabilités assez aiguisé pour faire de son mieux, et n'avoir aucune valeur à moins d'être parfait. Vous vous trouvez davantage dans la seconde catégorie. Et pour cette raison, vous craignez que par vos enfants quelque chose d'imparfait se produise, et qu'alors vous perdiez toute votre valeur.

CHRIS : … (à voix basse)… Oui.

DR LAURA : Et franchement, mon ami, si vos enfants avaient des besoins particuliers et que vous vous montriez à la hauteur, cela vous prouverait que vous avez beaucoup de valeur. Réfléchissez à cela.

Voilà Chris, un jeune homme de vingt-cinq ans, marié depuis huit ans, ignorant que les exigences qu'on lui a imposées durant l'enfance pour qu'il soit parfait contaminaient ses décisions d'adulte quant à la possibilité de fonder une famille.

S'il ne vivait que dans le présent, sa logique l'amènerait à établir que du point de vue médical les risques seraient peu élevés pour que ses enfants aient des problèmes, si l'on considère l'âge, la santé et l'histoire familiale de Chris et de sa femme. De plus, ce qui inquiète en général le plus souvent un jeune adulte qui pense à fonder une famille, ce ne sont pas les résultats tragiques, mais bien plutôt les contraintes de temps, la privation de sommeil et les questions financières. Toutefois, en raison des pressions que Chris a subies durant l'enfance pour qu'il soit parfait, ses émotions bouillonnent, «pour des raisons qui lui échappent», à l'idée, réaliste, qu'il n'est absolument pas de son ressort de créer des enfants en parfaite santé et parfaitement compétents, lui faisant ainsi courir le risque de se retrouver en situation d'échec aux yeux de ses parents. Et cela se produirait même si ses parents étaient morts tous les deux ! Ce sentiment d'échec, de ne pas être à la hauteur et d'être une source de déception pour un parent, survit même à ce parent.

Bien que des gens puissent être très conscients des défis qu'ils ont eu à relever durant l'enfance, il se peut qu'ils ignorent tout à fait en quoi *leurs choix* en matière de fréquentations, de milieux de vie, de décisions, de comportements et d'attitudes sont reliés à ces expériences, et en quoi ces choix constituent le facteur le plus déterminant dans leurs situations difficiles et leur vie malheureuse.

L'appel que j'ai reçu de Janeen au cours d'une de mes émissions de radio fait d'ailleurs la triste démonstration de ce manque de conscience et de ce désir presque insurmontable de se jeter en bas d'une falaise. Janeen approche de la trentaine, est mariée et mère de deux très jeunes enfants. Elle m'a téléphoné, en larmes, pour me dire qu'elle ne savait que faire du fait que son frère s'était donné la mort chez elle, où ses propres enfants ont été les premiers à le trouver. Je lui ai demandé si elle avait la moindre idée de ce qui avait pu le pousser à agir de la sorte. Elle m'a répondu qu'elle ne le savait pas vraiment, sinon qu'elle l'avait ramené chez elle pour qu'il y vive, mais que les choses ne se passaient pas bien, et que le soir précédant son suicide elle lui avait demandé de s'en aller.

Je lui ai donc fait remarquer l'hostilité du geste de son frère, et lui ai demandé s'il avait toujours été « un problème difficile », ce à quoi elle m'a répondu par l'affirmative. Quand je lui ai demandé pourquoi elle avait fait subir ces problèmes à son mari et à ses enfants en amenant un frère gravement perturbé dans leur maison, elle n'a pas su du tout quoi me répondre. J'ai eu beau la presser de questions, elle n'avait aucune réponse à me fournir. Nous nous sommes démenées pendant plusieurs minutes avant que j'en vienne à lui suggérer d'en parler avec son mari, qui ne s'était pas réjoui de l'arrivée du frère sous leur toit, afin de voir ce qui avait pu la pousser à tenter de venir à la rescousse et de régler les problèmes de son frère.

Nous avons ensuite convenu de nous reparler elle et moi le lendemain.

Janeen m'a donc rappelée à l'heure convenue et m'a semblé être une toute autre femme. Je lui ai reposé ma question : « Pourquoi avoir apporté ces problèmes avec votre frère dans votre foyer ? » Comme elle en connaissait la réponse cette fois-ci, elle m'a dit qu'elle devait vraiment être honnête avec elle-même plutôt que de refuser de voir les choses telles qu'elles sont.

« Mon frère me rendait responsable de tout. Et j'ai décidé de lui donner raison. J'étais mortifiée par la culpabilité et j'ai voulu régler le problème », a-t-elle admis.

« Eh bien, Janeen, votre esprit rationnel aurait dû vous amener à comprendre que vous ne pouviez pas être responsable de tous les problèmes et de toutes les souffrances de votre frère, non ? »

« En fait, j'imagine que je m'en croyais responsable. J'ai contribué à l'élever. Ma mère était divorcée et toujours au travail. C'était à moi de l'élever. »

« Alors, vous avez cru que, s'il gâchait sa vie, c'était de votre faute ? »

« Oui. »

« Janeen, si votre frère était « perturbé », examinons la vérité dans une perspective plus large. Votre père était absent et votre mère était occupée. Il n'avait pas de parent. Vous avez fait de votre mieux, mais vous n'étiez qu'une enfant. Les enfants ne peuvent pas vraiment élever des enfants. Pourquoi croyez-vous qu'il ne s'est pas suicidé dans la maison de votre mère ? J'imagine qu'il protégeait le peu qu'il avait avec elle ou il vivait complètement dans la dénégation. Je crois que vous avez vécu dans la dénégation, vous aussi, en prenant toute cette responsabilité sur vos épaules. Il n'y a rien d'étonnant à ce que vous l'ayez ramené chez vous ; c'est ainsi que vous tentiez de vous racheter pour avoir été « une mauvaise mère » pour lui. Mais c'est le passé que vous avez partagé ensemble. Vous avez tous les deux souffert de la perte de maman et de papa. Vous avez nié votre angoisse existentielle d'enfant en vous enterrant dans la vie problématique de votre frère. Votre frère a nié son angoisse existentielle d'enfant en en rejetant la faute sur vous, ce qui alimentait votre propre dénégation… et ainsi de suite. »

« Je suis tout à fait d'accord avec vous. »

Jusqu'à ce que j'aie mis en doute sa décision de prendre son frère sous son toit durant notre premier entretien, elle était comme un missile « mal » orienté. Elle avait cherché à se racheter auprès de son frère pour avoir été à son avis « une mauvaise mère » pour lui, quand en réalité ni l'un ni l'autre n'avaient voulu regarder en face le fait qu'ils avaient été tous les deux presque abandonnés par leurs parents. Toutefois, Janeen avait fait de meilleurs choix de vie, s'était instruite, s'était mariée et avait eu des enfants. Son frère, jaloux, lui en avait voulu pour tout ce qu'elle avait, et avait souhaité faire du mal à sa « mère de substitution ». C'est malsain, et bien triste.

Après notre deuxième conversation, Janeen s'est sentie plus dégagée de cette culpabilité consumante et irrationnelle qui l'avait poussée à faire passer sa propre famille après son désir de rectifier le gâchis émotionnel de sa famille naturelle.

En fait, je suis souvent étonnée de me faire dire par un appelant qui semble venir de prendre pleinement conscience de sa propre histoire, après que je l'ai amené à faire le lien entre les dynamiques familiales durant sa prime jeunesse, d'une part, et ses attitudes et ses décisions actuelles, d'autre part : « Tiens, je n'y avais jamais pensé. Je n'avais jamais vu les choses sous cet angle-là. »

Savoir qu'ayant été traumatisé par un chien méchant lorsque vous aviez huit ans vous fait craindre les chiens aujourd'hui est une chose ; réaliser que d'avoir vu votre père terroriser votre mère si douce vous amène aujourd'hui à choisir de jouer le rôle de votre père simplement pour éviter d'être une victime comme l'était votre mère en est une toute autre – comme si vous n'aviez d'autres choix viables que d'être prédateur ou proie. Il est logique que la première situation nous amène à agir avec prudence en présence d'un chien qui grogne. Mais la seconde indique qu'en tant qu'adulte vous ne percevez toutes les interactions humaines que par les lentilles myopiques de la vie familiale qui a été la vôtre durant l'enfance.

Les stratégies d'adaptation et de défense que nous développons dès un très jeune âge deviennent souvent des habitudes, et les habitudes sont des comportements réflexifs et répétitifs qui ne sollicitent pas beaucoup la pensée consciente. En règle générale, les gens ne reconnaissent pas le fait que leurs comportements courants convenaient peut-être aux circonstances de leur enfance, mais pas aux situations et aux relations de leur vie actuelle. Voilà pourquoi ces comportements, ces modes de pensée, et ces façons d'interpréter les événements et les intentions d'autrui sont habituellement injustifiées, improductives et agaçantes pour les autres.

Beaucoup de mes appelants font la démonstration de ces dynamiques. La réaction raisonnable qui consiste à ne pas faire confiance à un parent qui faisait des promesses qu'il ne tenait jamais en est un exemple classique. Les mécanismes d'adaptation propres à cette situation vont de se faire importun à se trouver des raisons pour garder une distance émotionnelle de sécurité. Quand, dans sa vie d'adulte, cette personne qui s'est déjà fait trahir ne cesse de mettre à l'épreuve, de confronter ou d'accuser tous ceux qui tentent de s'approcher d'elle comme s'ils n'étaient pas dignes de confiance, et ce, sans avoir de preuve pour étayer cette perception, il est clair que cette personne généralise en attribuant le comportement d'un parent décevant à tout individu susceptible de devenir un intime, la poussant éventuellement à éviter toute proximité par peur de se faire blesser.

Et puis, il y a ceux qui choisissent plutôt consciemment de vivre en portant la lettre écarlate « V » pour victime sur la poitrine. Ces gens redoutent tellement les risques associés au changement qu'ils s'accrochent à leurs souffrances. Ces souffrances leur procurent également « des gains secondaires ». Les gains secondaires sont des « avantages » psychologiques et interpersonnels. Ces avantages tournent principalement autour de l'autoprotection que leur procure le fait de contrôler les autres en exigeant d'eux qu'ils fassent des concessions en fonction de leurs propres blessures, peurs ou « malaises ».

Ayant cette identité de victime présente à l'esprit, Kenneth, un de mes auditeurs, m'a écrit en réponse à un appel en ondes qu'il a écouté durant lequel une femme se cramponnait si fort à son passé qu'elle ne voyait pas la beauté des possibilités qu'offre chaque nouvelle journée : « *Vos compétences en tant que thérapeute vous ont sans doute permis de vous familiariser avec ce "sac de merde toute chaude" que tant d'entre nous trimbalent avec eux. Le fait d'imaginer un vrai sac d'ordures nous permet de voir clairement que la personne rationnelle jetterait ou enterrerait simplement le sac en question. Mais nous, les êtres humains, nous insistons souvent pour conserver ce sac avec nous. De temps à autre, nous plongeons la main dans le sac et en remuons le contenu. Oui, ça pue et, oui, c'est offensant, mais c'est NOTRE sac de merde et nous avons l'habitude de le sentir, de le sentir encore, et la sensation chaude de familiarité qu'il nous procure souvent nous réconforte. Si nous le laissions aller, nous l'enterrions ou nous nous en débarrassions, que nous resterait-il pour nous définir ? J'imagine que nous devrions nous créer un nouveau "nous" si nous n'avions pas ce sac de merde puant pour nous définir.* »

Je tiens à dire clairement que personne n'aime souffrir sur le plan émotionnel. « Ce n'est pas ce qui les branche », comme on l'entend dire couramment. Pas du tout. C'est uniquement une question de peur et d'égocentrisme nés du besoin de se protéger et de survivre à sa propre enfance. Malheureusement, une grande partie de la thérapie populaire et de la mentalité qui s'en inspire garde les gens dans l'apitoiement sur soi-même et en mode victime, les empêchant d'être optimistes, de faire preuve d'assurance, d'avoir de l'espoir, de grandir et de changer.

Gail, une de mes auditrices, m'a d'ailleurs écrit pour m'expliquer qu'elle était tombée dans ce piège : « *Dans mon cas, il ne m'était jamais venu à l'esprit de me considérer comme une victime de mon enfance malheureuse jusqu'à ce qu'une autre personne reconnaisse ce fait chez moi. Cela m'a donné la permission de prendre grand plaisir à mon statut de victime et d'en discuter toujours plus souvent semblait-il avec tous ceux qui me témoignaient de la sympathie. Ce n'était jamais difficile pour moi de trouver des participants désireux de m'écouter, car il y avait beaucoup de gens qui souhaitaient ardemment trouver des défauts chez leurs parents.*

« J'ai atteint le point tournant quand j'ai écouté l'enregistrement sur cassette d'une conversation téléphonique que ma sœur et moi avions eue au sujet de nos parents et que j'ai constaté combien nous rejetions sur eux la responsabilité de notre vie malheureuse. J'étais mal à l'aise en m'écoutant leur faire porter le blâme pour TOUTE ma misère, alors qu'il y avait plus de dix ans que je ne vivais plus sous leur toit !

« À ce moment-là, je me suis transformée en ermite, au sens figuratif. Je me suis isolée pendant plusieurs mois de toute personne susceptible de me permettre de perpétuer ce mauvais mode de pensée. Je me suis alors abandonnée à l'acceptation de ma propre responsabilité pour ce qui est de ma situation de vie actuelle. J'en suis venue ainsi à me rendre compte qu'il y a du pouvoir dans l'abandon ; tandis que ma vie s'améliorait, il en allait de même pour ma relation avec mes parents. »

La mentalité du « pauvre moi » se comprend. Il est terrible de s'être fait blesser, torturer, molester, abandonner, délaisser, menacer, utiliser, dégrader, négliger, rudoyer, harceler, trianguler dans des comportements parentaux ou familiaux malsains, ou exposer à d'autres comportements démoralisants ou déshumanisants. Quiconque minimise cette vérité se trouve pris entre l'ignorance et l'insensibilité.

Beaucoup de ces « victimes » trouvent que leur propre mode de vie de victime perpétuelle en est un qui les frustre, les épuise, et les rend improductives et malheureuses. Gerri, une auditrice, a subi des sévices sexuels aux mains d'un demi-frère lorsqu'elle avait dix ans, après avoir été adoptée à la naissance par des parents qui ont divorcé lorsqu'elle avait quatre ans. *« J'ai grandi entièrement avec la mentalité de victime. Tout le tumulte de ma jeune vie a tracé un sentier du "pauvre moi" dans mon cerveau, auquel il m'a été très difficile de m'arracher. Tout ce que je faisais de destructeur ou tout simplement de répréhensible, j'en rejetais la faute sur mon "enfance perturbée". J'ai maintenant vingt-sept ans et je suis en train de devenir "une battante". J'en suis venue à réaliser (par la foi en Dieu et ma compréhension de lui) que peu importe d'où nous venons et quelles* situations sont venues marquer notre vie, nous sommes responsables de la manière dont nous y réagissons. L'histoire biblique de Joseph en est un exemple de choix.*

« Il m'arrive de temps à autre de m'apitoyer légèrement sur moi-même lorsque je souhaiterais que ma relation avec ma mère et mon père adoptifs soit plus étroite et plus franche… mais je réalise qu'en revenant sur le passé on ne va jamais de l'avant.

« Ce que je conseille aux autres, c'est de simplement déterminer où ils veulent se rendre et de se mettre en route. Souhaitez-vous mener une vie heureuse, riche en amour et en stabilité ? Alors, c'est à vous de vous mettre en route dans cette direction. Tout est une question de droit de choisir. Vous pouvez choisir de vivre dans le passé et de regretter ce qui a pu vous arriver ou ce que vous avez perdu, ou encore vous pouvez reconnaître ce qu'a été votre passé et aller de l'avant. Vous ne pourrez jamais atteindre votre avenir si vous ne vous extirpez pas de votre passé. »

« Il m'arrive de temps à autre de m'apitoyer légèrement sur moi-même… », admet Gerri. Il s'agit là d'un point très important. La vérité au sujet de la croissance et du changement d'attitudes et de comportements se présente en deux volets. Premièrement, le changement de nos comportements et de nos attitudes est un moyen plus efficace pour influer sur nos sentiments que ne l'est le fait d'attendre que nos sentiments (irrationnels, imprévisibles, incontrôlables) changent avant de poser des gestes positifs qui nous feront avancer dans la vie. Deuxièmement, le changement et la croissance ne s'effectuent pas en lignes droites ; nous devons apprendre à supporter certaines cicatrices et douleurs pour toujours, tandis qu'elles refluent dans notre cœur et notre cerveau au rythme des marées naturelles des expériences et des défis de la vie. Il n'existe aucun moyen de supprimer les souvenirs horribles d'une enfance difficile.

Toutefois, comme Teresa, une autre auditrice, l'a écrit : « C'est trop facile de se complaire dans l'apitoiement sur soi-même. Ce qui s'est produit s'est produit. J'ai décidé de devenir meilleure que le monstre et de remporter

---

*   Les frères jaloux de Joseph, le fils préféré de Jacob, veulent hâter sa mort, pour se retrouver à leur grande surprise quatorze ans plus tard réunis avec lui lorsqu'une famine les amène à se rendre en Égypte pour y obtenir de l'aide. Par une suite étonnante d'évén ements, Joseph est devenu le bras droit de Pharaon et se montre bienveillant envers ses frères.

la bataille. Ce qui m'est arrivé durant l'enfance n'était pas de ma faute. Mais la manière dont j'ai composé avec tout ça relève de ma responsabilité.»

Même si ce qu'affirme la courageuse Teresa est tout à fait vrai, il faut bien dire que changer est un défi douloureux, difficile et souvent des plus frustrants à relever du fait qu'on se retrouve aux prises avec de vieux modes de pensée et d'action avant même de s'en rendre compte ! Ce fait, Ann, une autre auditrice, le confirme en écrivant : *«Des parents difficiles nous enseignent à nous dénigrer et à nous dégoûter nous-mêmes. Mes parents ont déchiré leur carte de parents proverbiale, comme vous le dites souvent dans votre émission, Dr Laura, et j'ai encore un fouillis intérieur à nettoyer. Je veux vraiment changer ; or, c'est extrêmement difficile et ça prend énormément de temps. À mes yeux et dans mon cœur, la ronde folle que ces parents difficiles ont créée se poursuit et s'intériorise.»*

Tina en est venue, elle aussi, à ce même constat : *« Un jour, j'ai pensé que j'étais guérie. Super ! Merci mon Dieu ! Je suis normale maintenant… passons à autre chose dans la vie. Mais voilà que j'entre dans une autre phase de la vie (par ex. : le mariage, les enfants) et que je me rends compte que je dois traverser une autre étape de guérison. Au début, je déteste avoir à me replonger dans ces souvenirs douloureux, mais maintenant je réalise que Dieu veut que ma guérison s'approfondisse toujours plus tandis que je traverse ma vie d'adulte.»*

Même dans un état de dénégation grave, vous savez qu'on vous a blessé et qu'on vous a causé des torts qui engendrent en vous de la confusion, des souffrances, de la peur et même de la colère. Bien qu'il soit possible que vous vous représentiez clairement l'image d'ensemble des difficultés que vous avez vécues durant l'enfance, il se peut que les «petits détails» ne soient pas aussi évidents à discerner. De plus, mes amis, sachez que la vie est faite de détails.

Ces petits détails concernent :

- La manière précise dont la souffrance liée à votre première enfance contrôle aujourd'hui la manière dont vous interagissez avec les gens.
- Votre disposition à prendre des risques, à vous ouvrir à l'amour et à l'amitié.
- Votre confiance dans les gens.

- Vos actions compulsives et vos pensées obsessionnelles ayant pour but d'attirer l'attention et l'amour.
- Votre façon de régler le cas de tous et de tout afin de compenser le sentiment d'impuissance que vous aviez enfant.
- Le fait de recréer sans cesse dans votre vie d'adulte les situations regrettables de votre enfance afin de régler votre passé comme par magie, et ainsi de suite.

Ce que tout cela signifie, c'est que votre vie se compose maintenant des souffrances d'«hier» mêlées aux déception et aux frustrations d'«aujourd'hui». Beaucoup de gens tentent d'ailleurs de survivre chaque jour en ayant recours à la promiscuité, aux drogues, à l'alcool, au travail, ainsi qu'à d'autres comportements compulsifs, pour étouffer le tumulte intérieur de la souffrance, de la colère et du désespoir. Il faut toutefois en venir un jour à bien comprendre que ces tentatives pour éviter de souffrir engendrent paradoxalement plus encore de souffrances et de problèmes.

Ceux qui sont parvenus à vaincre leur état de victime sont ceux qui s'obligent à emprunter des directions qu'ils savent être saines, en dépit des grands doutes et des fortes craintes qui les freinent. Julie, une autre auditrice, décrit la chose comme le fait de puiser dans «une forte volonté», sans quoi une *vie est vouée à l'alcoolisme et à la toxicomanie. Il faut une forte volonté pour durer toute une vie. Je sais que je ne raffole pas de mon enfance. Je n'y retourne pas très souvent et jamais avec une grande profondeur. Je ne pense pas à tous les "et si".*

«Quand on a eu une enfance malheureuse, je crois que ça nous rend moins portés à compatir avec quelqu'un qui s'en sert comme d'une béquille pour justifier toutes les mauvaises décisions qu'il a prises dans sa vie. Je me considère comme quelqu'un de compatissant, mais je me demande tout le temps : "Quelle est la différence entre moi et lui (elle)?" La différence, c'est que je me rappelle vaguement m'être promis de manière plus ou moins consciente quand j'avais environ huit ans, après que mes parents très ivres se sont querellés de manière particulièrement violente, qu'un jour je me "ferais" une belle vie.

«Je me suis cramponnée à cette promesse. Je l'ai réalisée, et maintenant je ne regarde pas en arrière.»

La plupart des gens qui m'ont envoyé des courriels et des télécopies pour me faire part de leurs réflexions concernant *Enfance malheureuse, vie heureuse* après que j'ai mentionné en ondes que je travaillais à la rédaction de ce livre, ont indiqué qu'ils se montraient beaucoup plus courageux lorsque quelqu'un les épaulait, quelqu'un qui croyait en eux et sur qui ils pouvaient compter.

Pour la plupart des gens, il semblerait que ce quelqu'un soit Dieu. Amy m'a d'ailleurs écrit qu'elle avait fait de certains versets tirés du Psaume 27 sa chanson et son thème par excellence : « Si mon père et ma mère m'abandonnaient, toi, Seigneur, tu me recueillerais. » « Je remplis mon vide intérieur par Dieu », m'écrit Julie.

Pourquoi une relation avec Dieu vient-elle en aide à tant de gens ? Il existe plusieurs réponses à cette question. Premièrement, les gens se sentent aimés, et donc dignes et comme ayant de la valeur. Deuxièmement, les valeurs religieuses et les commandements leur procurent une voie à emprunter quand il se peut qu'on ne leur ait pas même inculqué de principes moraux ou enseigné à résister aux tentations. Les tentations, de même que leur satisfaction immédiate, sont attirantes pour les gens qui souffrent et qui ressentent de la rage. Troisièmement, une perspective religieuse porte vers l'extérieur, alors que l'état de victime porte vers l'intérieur.

Lori m'a écrit au sujet de l'influence bénéfique d'un engagement religieux, en ce sens qu'il favorise la guérison personnelle : *« Le fait d'avoir trouvé à ma vie un but plus noble m'a vraiment aidée. J'essaie d'apporter mon aide chaque fois que cela m'est possible. Je m'efforce de me souvenir de rendre service à Dieu. Donner aux autres et prendre soin d'eux est tellement plus gratifiant que d'être dans ma propre tête. Quand j'ai réalisé que ce que je détestais tant, ce n'était pas vraiment le monde, mais plutôt ce que j'avais dans la tête, c'est alors que je me suis mise à grandir et à changer. »*

Je ne crois pas qu'une personne puisse réussir sa vie toute seule ; je crois qu'on perd son humanité en s'isolant. Il se peut que dans votre cas vous deviez commencer par les AA, la psychothérapie ou un groupe de prière. Il n'en tient qu'à vous d'aller vers les autres. *Enfance malheureuse, vie heureuse* a pour but de vous aider à accepter la vérité au sujet des attaques faites contre votre psychisme, à comprendre votre façon unique de composer avec les événements et en quoi elle influe sur vos pensées et vos actions quotidiennes, et de vous guider vers une vie plus riche en paix et en bonheur.

Il est souvent affolant d'être vulnérable, d'accorder sa confiance et d'aimer quand ce que vous avez appris au sujet de ces comportements durant l'enfance vous amène à trouver raisonnable et sain de plutôt éviter d'agir de la sorte. Si vous n'accomplissez pas ce travail difficile, alors votre enfance a été perdue (échappant à votre volonté), et maintenant vous avez pratiquement décidé de devenir votre propre agresseur, vous privant vous-même d'une vie paisible, joyeuse, satisfaisante, stimulante et exaltante (relevant de votre volonté).

Si vous n'accomplissez pas ce travail difficile, vos décisions risquent de vous conduire à faire directement ou indirectement une victime d'un enfant. À ce sujet, Carol m'a écrit ceci : « *Les sentiments profonds que lui a inspirés sa vie à la maison avec un père ivrogne (comme le mien) vont toujours le suivre, et c'est pour cette raison que je regrette vraiment de ne pas avoir divorcé bien plus tôt. Il faut sortir d'un mauvais mariage, et refuser ainsi de transmettre les sévices à la génération suivante.*

« Je vis seule maintenant, parce que je me suis rendu compte que je ne devais pas apporter mon passé dans une autre relation. Mes enfants se débrouillent bien, mais les cicatrices paraissent dans plusieurs de leurs relations. J'essaie de leur venir en aide en les conseillant lorsque je vois les choses se gâter, et je ne peux qu'espérer qu'ils en viendront tous à trouver la paix et l'amour dans leur vie. »

Je souffre pour toutes les Carol qui tentent de se racheter auprès des victimes innocentes de leurs propres débuts difficiles dans la vie : leurs propres enfants. Lorsque des parents m'appellent pour me raconter les comportements répréhensibles de leurs enfants, qui sont manifestement une réaction au chaos que leurs choix insensés et psychologiquement aveugles ont engendré, je leur conseille de demander pardon à leurs enfants pour le gâchis qu'ils ont fait de la vie de ces derniers. Je leur conseille également de faire remarquer à leurs enfants que les gestes de rébellion de ceux-ci constituent une façon autodestructrice de composer avec l'amertume, les frustrations et les déceptions, qui sont des réactions raisonnables à des situations déraisonnables.

Autrement dit, validez leurs perceptions et leurs sentiments par rapport à leur enfance malheureuse, mais rappelez-leur aussi que ce qu'ils font à ce sujet ne manquera sûrement pas de donner le ton au reste de leur vie ; à eux de choisir entre le ciel et l'enfer.

Vous ne devriez pas vous satisfaire d'être une victime, ni même d'être un survivant. Vous devriez chercher à être un *conquérant,* comme nous suggère une auditrice. Elle m'a écrit : « C'est en conquérant mon enfance, et non en y survivant, que je suis devenue la personne forte que je suis aujourd'hui. »

Il existe une qualité d'esprit extraordinaire qui est capable de pousser quelqu'un à aspirer à conquérir plutôt qu'à survivre. J'espère vous aider à découvrir cet esprit en vous-même.

Rappelez-vous qu'un jour vous serez une note en bas de page de l'histoire du monde. Qu'allez-vous faire entre l'instant présent... et ce jour-là ?

Un

ÊTRE OU NE PAS ÊTRE... UNE VICTIME

Même les fleurs doivent pousser à travers la boue.
—Nancy, une auditrice

Malheureusement, beaucoup de gens sont destinés à souffrir durant l'enfance : coups, viols, torture, abandon, négligence, divorce des parents et remariage subséquent avec de nouveaux enfants ou des demi-frères et des demi-sœurs avec qui rivaliser, alcoolisme ou toxicomanie d'un ou des parents, conséquences excentriques et même dangereuses de la maladie mentale d'un parent, intimidation, insensibilité des parents, attaques psychologiques et émotionnelles, aventures parentales, tumulte familial constant, attentats à la pudeur, violence familiale, parent seul par choix ou par irresponsabilité, et ainsi de suite. Ce sont très certainement les victimes d'adultes égocentriques, pervers, ignorants ou faibles, ou tout cela à la fois ; et, en ce qui me concerne, la faiblesse et l'ignorance n'excusent pas les torts qui en résultent.

AU COMMENCEMENT...

Les appels que je reçois à mon émission de radio proviennent de plus en plus d'enfants, des enfants dont les parents ont fait des victimes. Dans le court laps de temps dont je dispose lors d'un entretien téléphonique reçu au cours d'une émission en direct, je tente de faire quelque chose pour aligner cet enfant qui souffre sur quelque chose de positif auquel il pourra se raccrocher. Samantha, par exemple, est une enfant de neuf ans qui m'a téléphoné dans l'espoir de découvrir comment composer avec une mère qui refuse de prendre soin d'elle et un père qui entre et sort de prison à tout bout de champ.

DR LAURA : Où vis-tu ?

SAMANTHA : Je vis avec ma grand-mère.

DR LAURA : Ta grand-mère ? Ton grand-père est-il là aussi ?

SAMANTHA : Anh-han.

DR LAURA : Es-tu croyante ?

SAMANTHA : Oui.

DR LAURA : Voici ce que je te suggère de faire pour bien composer avec cette situation. Je te suggère de prier Dieu de temps en temps en lui disant : «Mon Dieu, merci, merci, merci de m'avoir donné une grand-mère et un grand-père pour prendre soin de moi.»

SAMANTHA : Ok.

DR LAURA : Comprends-tu pourquoi je te dis ça ?

SAMANTHA : Un peu.

DR LAURA : Dans la vie, nous allons avoir beaucoup de déceptions. C'est le cas de tout le monde, Samantha. Tout le monde. Il y a des déceptions qui sont plus grandes que d'autres. Avoir deux parents sur qui tu ne peux pas compter, c'est une énorme déception. Énorme. Énorme. Je comprends que tu sois blessée et déçue et contrariée et en colère et tout le reste. Sache qu'il y a deux types de personnes dans le monde. Il y a les gens qui vivent ces grandes déceptions et qui passent leur vie dans la tristesse. Puis, il y a les autres qui se disent : «C'est dommage que je vive ces déceptions-là, mais j'ai tellement, tellement de veine parce que j'ai…» Samantha, dis-moi, lesquelles de ces personnes sont les plus heureuses, à ton avis ?

SAMANTHA : Les gens qui sont tristes, mais heureux quand même.

DR LAURA : Tout à fait. Et ce sera ton cas, Samantha. C'est comme ça que tu vas composer avec ce qui t'arrive dans la vie. Tu vas être triste de ne pas pouvoir compter sur ta maman et ton papa, mais tu vas être heureuse qu'il y ait des gens sur qui tu *peux* compter. Et tu vas te faire une vie heureuse.

SAMANTHA : Ok. Au revoir. Merci.

Les appels comme celui de Samantha – et il y en a trop – sont le pire et le meilleur de tous les mondes. J'ai mal pour ces enfants qui souffrent. Je me réjouis de ce qu'ils me téléphonent et que j'aie la possibilité de leur donner une perspective qui, je l'espère, leur fera échapper à une vie marquée par une mentalité de victime.

Connor, un garçon de onze ans, est « aux prises avec un petit problème regrettable ». Il semblerait que son père et sa mère aient été divorcés du plus loin qu'il se rappelle (depuis qu'il avait quatre ans), et chaque fois qu'il voit son père et qu'il doit ensuite le quitter, son départ le fait souffrir atrocement.

CONNOR : Je ne supporte tout simplement plus de le voir partir. Même si je ne devais plus jamais le revoir.

DR LAURA : Connor, aimes-tu les spaghettis ?

CONNOR : Qu'est-ce que ça à voir avec le sujet ? [Bonne question, en fait.]

DR LAURA : Eh bien, aimes-tu les spaghettis ?

CONNOR : Ouais. Pourquoi ?

DR LAURA : Aimes-tu les spaghettis aux boulettes ?

CONNOR : [s'impatientant] Ouais.

DR LAURA : Je raffole des spaghettis aux boulettes. C'est probablement un de mes plats préférés. Ce que tu me dis, Connor, c'est qu'étant donné que je ne peux avoir que deux boulettes et non les trois que je veux, autant que je ne mange pas du tout de spaghettis aux boulettes !

CONNOR : Mais je ne supporte plus de le voir partir.

DR LAURA : C'est le prix que tu paies. Et tout a son prix, Connor. Tu veux voir ton père ? Le prix que tu dois payer, c'est de souffrir de le voir partir. Mais ce qu'il y a de bon dans ça, c'est que tu as l'occasion de le voir. Je lève des poids. Je ne peux pas dire que ça me plaît, mais je le fais parce que c'est le prix à payer pour rester en bonne santé et garder la forme. J'aime être musclée ! Tout a son prix. Pour chaque chose que tu veux vraiment, il y a *quelque chose* que tu dois supporter pour l'avoir.

CONNOR : Merci, Dr Laura.

En parlant à Samantha et à Connor, j'ai eu l'occasion de faire d'une situation regrettable une leçon de vie. Samantha a appris à ne pas faire fi des bénédictions (des grands-parents aimants et affectueux) à cause des malédictions (abandon de la part des parents). Connor a appris que la vie impose généralement un prix (comme des au revoir douloureux) aux choses auxquelles on aspire et on accorde de l'importance (visite de papa).

Les enfants doivent apprendre dès un jeune âge que ces leçons sont des expériences universelles, et non uniquement la croix personnelle horrible qu'ils sont seuls à devoir porter. Les enfants ont plus de facilité à composer avec des situations difficiles, et même horribles, s'ils comprennent et acceptent que les conseils qu'ils reçoivent sont des vérités au sujet de la vie qui valent en tout temps pour tout le monde, et non uniquement une tentative pour les manipuler de manière à les faire minimiser des blessures ou des sentiments de colère justifiés. Si ce sont des vérités concernant une vie réussie qui valent pour tout le monde, ce sont également des leçons essentielles pour les enfants qui ont été des victimes.

En vieillissant, les enfants risquent de laisser leurs blessures et leur colère les pousser à se servir des drogues, du sexe, de la délinquance et de la violence contre eux-mêmes ou contre les autres, ce qui est vraiment inquiétant. Voilà pourquoi il est si désespérément important que ces jeunes aient quelqu'un vers qui se tourner et sur qui compter. Un mentor, un ami de la famille ou un proche, un enseignant, un voisin, un membre du clergé – quelqu'un doit être là pour leur prodiguer tendresse et espoir. Lorsque ce n'est pas le cas, il y en a d'autres pour prendre la place : des pédophiles, des voyous, des profiteurs, et ainsi de suite.

Todd, un garçon de quinze ans, se trouve précisément à ce carrefour. Il m'a téléphoné pour me parler de sa relation avec sa mère. Son père est mort quand il était plus jeune et sa mère avait divorcé d'avec son beau-père quatre ans plus tôt. Après ce divorce, elle est devenue excessivement violente envers lui, allant même jusqu'à le frapper à coups de batte de base-ball. Désespéré et affolé, il a fugué quelques fois. Sa mère a fini par renoncer à ses droits parentaux parce qu'« elle ne pouvait plus me supporter », m'a-t-il dit. Il vit maintenant avec les parents de sa mère.

TODD : J'essaie de me racheter auprès d'elle pour ce qui a pu se produire, mais chaque fois que j'essaie de lui parler soit elle me crie après, soit elle me dit que je ne vaux rien. Elle fait la même chose avec ses parents.

DR LAURA : Est-ce que ça te fait réaliser que son comportement n'a rien à voir avec toi ?

TODD : Oui, je le réalise.

DR LAURA : Ok, parce que tu me disais que tu essayais de te racheter. Ce que ça implique, c'est que tu penses avoir fait quelque chose de mal et que tu dois donc redresser tes torts. Mais de la manière dont tu décris son comportement, on dirait plutôt que c'est elle le problème, et non toi. Est-ce que tu le vois bien ?

TODD : Oui.

Les grands-parents de Todd ne disent pas grand-chose au sujet de sa mère, leur fille. Ils se contentent de dire à leur petit-fils qu'elle traverse des temps difficiles. Il est clair qu'ils se montrent quelque peu protecteurs envers elle, mais du moins ils indiquent clairement à Todd que le problème, c'est son comportement à elle et non le sien.

DR LAURA : Quelle est la question que tu veux me poser ?

TODD : Qu'est-ce que je peux faire afin d'améliorer les choses pour elle ? Je veux juste être capable de lui parler.

Rappelez-vous qu'à ce stade-ci, Todd est orphelin ; un parent est mort, un beau-parent est parti et sa mère est terriblement dangereuse. Il est naturel pour un enfant de vouloir ravoir une « maman », s'il le peut.

DR LAURA : Rien. La part qui te revient, c'est de veiller à ne pas faire dérailler ta vie à cause de la souffrance que ta mère te fait subir. C'est *ça* la part qui te revient. C'est tout ce sur quoi tu as le contrôle. Tu ne peux pas régler ce qui cloche chez elle. Tu dois veiller maintenant à ne pas foutre ta vie en l'air. Et c'est justement ce que font beaucoup de jeunes dans ta situation : ils se jettent dans les drogues, le crime, la violence, le sexe, n'importe quoi pour exprimer leur colère et leurs souffrances, et pour avoir le sentiment passager d'aller mieux. Ce n'est pas un bon plan ! Mais c'est tellement typique. T'es-tu aventuré déjà dans une de ces choses-là ?

TODD : Non.

DR LAURA : Bien. Tu ne dois pas essayer de changer ta mère. C'est à elle que cette tâche revient. La tienne, c'est de ne pas gâcher ta vie parce que tu es fâché et blessé. Penses-tu pouvoir faire ça ?

TODD : Ouais.

DR LAURA : Si tu restes dans le droit chemin, que tu fais attention à toi et à ta santé, lorsque ta mère aura remis de l'ordre dans son cerveau, elle aura quelqu'un de merveilleux avec qui interagir. Mais si tu gâches ta vie, cela aura pour seul effet d'empirer les choses.

TODD : Ok, je comprends ce que vous me dites. J'avais juste besoin de l'entendre de quelqu'un en qui j'ai confiance et que je respecte.

J'ai eu le sentiment à ce moment-là que Todd se sentait soulagé de ne pas être responsable de la déchéance de sa mère ou d'un éventuel rebond. Malheureusement, il y a tellement d'enfants qui subissent des attaques pires encore contre leur innocence, leur esprit et leur corps, et qui vont ensuite dans le monde avec le cœur blessé et assoiffé de paix et de bonheur, mais sans avoir la moindre idée du moyen d'y parvenir. Beaucoup d'entre eux deviennent des adultes qui se débattent, échouent, luttent, souffrent et souvent, à mesure que le cycle se perpétue, en viennent à causer du tort directement ou indirectement à leurs propres enfants.

ET PUIS…

Et puis… beaucoup de gens restent captifs du gâchis de leur enfance – pendant des décennies, parfois à tout jamais, en colère, amers, en mode autodestructeur, déprimés, anxieux, ou simplement en général hors de contrôle et bien loin de toute voie positive. D'une certaine manière, ces gens deviennent les victimes de leur carrière, toujours malheureux, incroyablement exigeants envers autrui, très aigris, croyant que tout leur est dû et ayant généralement le chic pour répandre le découragement autour d'eux. J'ai vu des familles et des amis se sacrifier et faire des pieds et des mains pour servir, soutenir, soigner et faire passer ces gens avant eux, tout cela dans l'espoir bienveillant de leur prêter main-forte et de les « guérir », afin de jouir d'un minimum de paix dans leur propre vie.

Même si je suppose qu'il est parfois possible d'imaginer qu'une personne ait été si traumatisée et se soit retrouvée dans une période de vulnérabilité telle qu'il soit devenu impossible pour elle de jamais connaître le bonheur et de bien fonctionner, je n'y crois pas. Je crois par contre qu'il est beaucoup plus difficile pour certains, en raison des traits de personnalité qui leur sont propres ou de l'ampleur des problèmes qu'ils ont vécus durant l'enfance, que pour d'autres de regagner leurs opportunités et leur potentiel. Dans mon cabinet privé, j'ai vu des gens que je pensais être si perturbés qu'il leur serait peut-être impossible de se faire une vie constructive. Je les écoutais, semaine après semaine, en admiration devant leur courage et leur esprit tandis qu'ils s'efforçaient de faire les meilleurs choix (toujours les plus angoissants) qui leur permettraient d'améliorer leur vie. Puis, il y avait les autres, qui semblaient avoir tant d'atouts dans leur jeu, avec un minimum de contraintes extérieures, mais qui semblaient presque déterminés à ne pas passer le cap du premier chapitre de leur vie.

La question qui s'impose est la suivante : « Qu'est-ce qui amène certaines personnes à se cramponner à l'état de victime et qui en amène d'autres à améliorer leur vie ? » Réponse : le contrôle. Si vous êtes une victime perpétuelle, votre passé est aux commandes de votre présent. Si vous êtes un conquérant, votre présent est sous le contrôle de vos choix, au lieu des souffrances et de l'attrait de votre passé.

Inspirant, n'est-ce pas ? Pourtant, il est si difficile pour certaines personnes de se brancher et de s'en tenir à leur résolution de devenir un conquérant. Pourquoi ? Il y a au moins neuf raisons à cela, ayant toutes trait à un attachement émotionnel à certains types de béquilles. À la longue, ces attachements émotionnels deviennent de *mauvaises habitudes*.

1. L'identité

Quand *la toute première chose* que fait un appelant à mon émission de radio pour se présenter à moi consiste à me faire savoir qu'il :

- est issu d'une famille *perturbée* ;
- est un *survivant* de... un certain comportement parental terrible (alcoolisme, toxicomanie, violence, négligence, abandon, divorce, dérangeant, destructeur, imprévisible) ou une certaine expérience

(attentat à la pudeur, s'être fait harceler en raison d'un certain trait de caractère ou comportement) ;

- *souffre constamment*, ce qu'il démontre en se mettant immédiatement *à pleurer ou à parler d'une voix étranglée par les sanglots* dès qu'il entre en communication ;
- a *une piètre opinion de lui-même* en raison de son enfance ;
- est « sensible » ;

je sais dès lors qu'il ne se perçoit pas comme un individu *ayant* un passé, mais comme un individu entièrement *défini par* son passé.

Chelsea, une auditrice, m'a écrit ceci : « *Continuer d'être une victime est quelque chose que… les gens font dans le but de se donner de la valeur. Ce qu'il y a de triste dans ça, c'est que l'idée qu'ils se font de leur valeur est faussée, ce qui les amène à croire que de faire partie de quelque chose de négatif les rend important.* »

Avec tous les ateliers, les séminaires, les cassettes, les livres, les groupes, les thérapies, les émissions de télé spéciales et courantes, les cercles privés et les bavardoirs auxquels ont accès ceux qui ont vécu, ou croient avoir vécu, des difficultés durant l'enfance, il est naturel que des personnes gravitent autour d'eux afin d'y trouver un certain réconfort dans le sentiment d'appartenance. Malheureusement, il y a des gens qui restent captifs de leur processus de pensée et de leurs comportements destructeurs et négatifs du simple fait qu'il s'agit du prix à payer pour appartenir à un groupe de gens « qui se ressemblent ». Rester dans ce mode victime veut dire « avoir de la compagnie » ; par conséquent, le fait d'aller de l'avant menace d'entraîner solitude et risques émotionnels.

Il est vrai que bon nombre de ces canaux ont aidé des gens à se sentir suffisamment à l'aise pour admettre des vérités douloureuses concernant leur enfance, leur ont procuré le courage et l'engagement nécessaire pour aller de l'avant dans la vie, et ont fourni à beaucoup de gens les ressources dont ils avaient besoin. Toutefois, il est aussi vrai qu'il existe un statut sublime qu'on accorde à ceux qui ont souffert, ainsi qu'un puits sans fond de compassion, de compréhension, d'affection – et d'attention – auquel il est difficile de renoncer.

L'identité de victime devient une mauvaise habitude.

2. Les récompenses

Le fait de se complaire dans sa misère exige attention et sympathie. La plupart des gens ont bon cœur et ne veulent rien de plus que d'en soulager d'autres de leurs souffrances. Trop de ces gens bien intentionnés sacrifient une trop grande part de leur vie et de leur énergie pour le faire même s'ils ont la preuve que leurs efforts sont vains. Quoi qu'il en soit, ils se sentent néanmoins coupables de renoncer. Ces relations sont douloureusement à sens unique, puisque «celui qui souffre» est perpétuellement dans le besoin et donc non disponible pour rendre la pareille.

« Je suis d'avis que celui qui joue à la victime en obtient les récompenses. Il choisit de s'entourer de gens qui sont prêts à jouer le jeu et à répondre à ses besoins. Il est difficile de faire face à la vérité et de changer. Je sais que ma vie a pris un tournant lorsque mon mari, qui était alors mon petit ami, après m'avoir écouté déblatérer encore une fois contre mon terrible père et me prendre en pitié, m'a regardée dans les yeux et m'a demandé : "Pendant combien de temps encore vas-tu être en colère contre ton père ?" Du coup, je me suis mise à brailler, et je me suis sentie littéralement en train d'abandonner la colère et le fardeau et le blâme. Je pouvais voir, d'après son regard, qu'il n'allait pas supporter toute sa vie "des histoires de mauvais père" et "des parties d'apitoiement sur soi-même". Il souhaitait avoir une femme en bonne santé et je voulais passer le reste de ma vie avec lui. Alors, j'ai changé et j'en ai été formidablement récompensée.

« Par contre, le mari de ma sœur supporte ses jérémiades, la voix de petite fille qu'elle prend quand elle cherche à le manipuler afin de l'amener à faire quelque chose pour elle. Quant à mon frère, il se choisit des petites amies toujours plus jeunes, de moins en moins mûres et sûres d'elles, qui attendent de moins en moins de choses de lui. C'est ce qu'ils choisissent pour eux-mêmes.

« J'ai choisi autre chose, pour ma part », m'a écrit une auditrice anonyme.

Il est difficile de faire face à la vérité et d'apporter des changements dans sa vie. Il faut y travailler dur. Et le fait est que beaucoup de gens s'entourent de personnes qui leur permettent de faire du surplace. Ces dernières redoutent de dire la vérité à leur ami ou à leur partenaire, par crainte de les blesser. Le plus triste, c'est que le fait de blesser en est venu à constituer dans notre société un crime de lèse-majesté, ce qui est regrettable, car les blessures temporaires qui éveillent à des possibilités positives sont un petit prix à payer pour sauver littéralement une vie d'une misère vouée à la gaspiller.

Les récompenses deviennent une habitude.

3. La routine

Regardons les choses en face : même quand il est improductif ou laid, le connu est « confortable ». Oui, même la douleur peut être confortable. Au moins, vous savez à quoi vous attendre et vous avez développé des moyens de ne pas vous faire trop dépasser par l'inconnu.

Par exemple, il y a des gens qui se cramponnent trop à la notion selon laquelle comme leurs parents étaient peu affectueux, ils doivent être eux-mêmes peu attachants. Ainsi donc, soit qu'ils s'isolent, soit qu'ils s'arrangent tout le temps pour être en relation avec des gens qui sont peu affectueux et peu attachants. Bien que ces relations soient blessantes et décevantes, ils savent déjà à quoi s'attendre et comment composer avec elles, ce qui fait qu'ils ont trop peur d'y renoncer. Au lieu de cela, ils parlent d'espoir, du fait qu'ils méritent probablement ou qu'ils doivent être responsables d'une manière ou d'une autre du mauvais comportement de leur parent.

La pensée de mettre en péril une relation avec une personne affectueuse qui risquerait de ne pas les aimer après avoir appris à les connaître, est beaucoup plus menaçante que de ne pas avoir l'amour d'une personne difficile qui ne sait pas aimer de toute manière.

Une femme de trente-trois ans m'a téléphoné pour me poser une question. Mais quand elle s'est mise à me parler du fait qu'il y avait treize ans qu'elle fréquentait un certain gars par intermittence, c'est là où je suis intervenue.

DR LAURA : À quoi sert-il de fréquenter quelqu'un pendant treize ans ? Qu'est-il advenu de la notion selon laquelle après deux ans de fréquentations une décision devrait être prise concernant un engagement matrimonial ?

JENNIFER : Eh bien, il y a eu des problèmes. Et je me suis simplement mise à vivre avec lui...

DR LAURA : Les gens mariés vivent ensemble, les gens qui ne le sont pas tremblent parce qu'ils ne veulent pas de la solitude mais qu'ils ne veulent pas non plus d'une obligation ; or, l'obligation compte parmi les principaux éléments de l'amour.

JENNIFER : Ok, je tremblais. Puis, j'ai découvert qu'il entretenait une liaison depuis quatre ans avec une autre femme.

DR LAURA : Ainsi, après treize années tumultueuses, un tremblement sans engagement et une liaison de quatre ans derrière votre dos... quelle est votre question ?

JENNIFER : Devrais-je l'affronter par rapport à cette liaison ?

DR LAURA : [en criant presque] Pourquoi ? À quoi bon ? Vous voulez l'entendre dire : « Aïe, désolé, elle ne représentait vraiment rien pour moi pendant les quatre années où j'ai eu des relations sexuelles avec elle, où je lui ai fait des cadeaux et où je lui ai dit que je l'aimais derrière ton dos. Je t'aime vraiment, chérie. » ? Pardonnez-moi, mais ça ne vous semble pas stupide ?

JENNIFER : Eh bien, j'ai encore de l'espoir en ce qui concerne cette relation.

DR LAURA : Non, ce n'est pas que vous ayez encore de l'espoir en ce qui concerne cette relation, c'est que vous avez trop peur d'avoir une vraie relation. Réfléchissez-y, et nous en reparlerons quand vous serez prête à regarder les choses en face. La clé, ici, c'est l'absence d'indignation. Plutôt que de vous indigner, vous êtes prête à faire comme si rien ne s'était passé. Aussi malsain que cela puisse être, c'est clairement une situation dans laquelle, malheureusement, vous vous sentez à l'aise.

JENNIFER : Ça a probablement quelque chose à voir avec mon enfance.

DR LAURA : Probablement. J'espère que vous y réfléchirez longuement.

Les routines familières deviennent de mauvaises habitudes.

4. La revanche

Quand j'avais un cabinet privé, je travaillais avec un grand nombre d'adolescents et de jeunes adultes qui semblaient déterminés à se montrer destructifs. Pourtant, ces jeunes avaient beaucoup de potentiel sur les plans personnel et professionnel. Mais ils étaient tout disposés à gâcher les possibilités positives que recelait leur avenir simplement pour causer des ravages. Ils échoueraient et seraient forcés de rentrer à la maison. Ils finiraient dans des institutions psychiatriques ou en prison. Ils en feraient voir de toutes les couleurs à leur famille, tandis que leurs parents et leurs frères et sœurs essayeraient de les secourir, de les calmer, de les soutenir, de les menacer ou de les sermonner quant aux comportements illégaux, dangereux ou autodestructeurs qu'ils manifesteraient au moyen des drogues, de relations sexuelles risquées qui conduiraient à la naissance d'enfants illégitimes ou à des maladies, d'une conduite périlleuse, de méfaits ou de crimes.

Ce que j'ai découvert, c'est que beaucoup de ces jeunes se vengeaient de la vie de famille qui les avait blessés ou déçus. Ils s'imaginaient que ces comportements terribles leur permettraient de s'approprier le pouvoir et le contrôle qui leur avait fait défaut durant l'enfance. Ils avaient également trouvé un moyen évident pour exprimer toute leur colère et le doute de soi auxquels ont donné lieu leurs problèmes familiaux lorsqu'ils étaient enfants.

Certaines choses se manifestaient de manière plus précise. Si, par exemple, un parent en particulier les avait vicieusement dénigrés du fait qu'ils n'excellaient pas suffisamment à l'école ou dans les sports, ils faisaient en sorte d'échouer ou de se faire expulser de l'équipe. Si un parent en particulier exerçait un contrôle insupportable en matière d'apparence ou de tenue vestimentaire, ils allaient tout à l'opposé de ces exigences, en se soumettant au piercing, en portant des grunges, ou en devenant excessivement gros ou maigres.

C'était également déconcertant de voir avec quelle fréquence ils se vengeaient du « bon » parent, celui qui ne leur avait pas fait subir de sévices mais qui ne les avait pas protégés, en faisant subir à ce soi-disant « bon » parent le même sort qu'ils avaient subi aux mains du « mauvais » parent. Ils risquaient également de faire subir la même chose à leurs frères et sœurs qui se débrouillaient mieux qu'eux dans la vie.

La vengeance devient une mauvaise habitude.

5. La dépendance

Beaucoup d'adultes qui ont été privés d'affection, d'attention et d'approbation lorsqu'ils étaient enfants font souvent porter aux autres le sentiment d'être responsables de leur bonheur. Ils dénigrent les activités, les passe-temps, les réalisations, les amis, les intérêts, la croissance et le bonheur de leurs proches, de leur conjoint ou conjointe et de leurs amis. Ils sont semblables à des vampires, se nourrissant du sang d'autrui, exigeant sans cesse, n'étant jamais contentés, étant toujours tristes, en voulant toujours plus, n'étant jamais satisfaits, n'étant jamais heureux. Leurs amis et leurs proches doivent cacher leurs joies et leurs réussites, de manière à ne pas « blesser » la « victime », ainsi qu'à éviter les représailles, qui vont de la crise de dépression, aux accès de colère et aux récriminations, aux éclats concernant leur triste histoire, leurs deuils personnels, leur malchance, leurs blessures et leurs souffrances.

La dépendance devient une habitude.

6. Les excuses

Angela, une auditrice, a écrit ceci : « *Je crois que, si certaines personnes persistent à être des victimes, c'est parce qu'elles ont toujours ainsi une excuse pour expliquer que leur vie soit devenue ce qu'elle est. C'est effrayant de sortir de soi-même, de changer, de courir le risque de faire des erreurs et d'assumer la responsabilité de vos propres décisions. Et si vous agissez comme si quelqu'un d'autre était responsable de votre vie et aux commandes de votre vie, alors vous n'êtes pas responsable de vos décisions et de vos erreurs. Vous avez tout le loisir d'en reporter la responsabilité sur quelqu'un autre. Ainsi donc, vous avez toute liberté d'agir à votre guise, même s'il ne s'agit pas d'une bonne décision ou que cela blessera les autres.* »

Tant d'appelants sont tombés dans le piège de « l'excuse des sévices subis » en acceptant les comportements répréhensibles d'autrui ainsi que les leurs. Le travail auprès de gens qui s'identifiaient comme des enfants écorchés en convalescence, des survivants, en est venu à constituer une immense entreprise lucrative dans les années 1970 et 1980. Pour nourrir cet ogre, il semblait qu'à peu près tout ce que les gens pouvaient ressentir ou faire était relié à un traumatisme survenu durant l'enfance. C'était difficile de trouver quelqu'un qui venait en thérapie pour tout autre problème ou toute autre perspective.

Lorsque je demandais à quelqu'un s'il avait une idée de ce qui pouvait être à l'origine d'une décision, d'une réaction ou d'un geste, il

n'était pas rare qu'on me réponde : « une piètre opinion de moi-même…
à cause des sévices », « la confusion… à cause des sévices », « les craintes… à cause des sévices », « les réactions émotionnelles… à cause des
sévices », et ainsi de suite. Et c'était *là* que sa perspicacité s'arrêtait net.
Il semblait que cela lui suffisait de mettre la responsabilité non sur lui-
même – ou sur le compte du manque de courage, de compassion ou de sens
commun –, mais sur cette chose nébuleuse qu'avait été le traumatisme ou
les sévices qu'il avait subis durant l'enfance. Il se satisfaisait du fait que
la relation de cause à effet l'exonérait de toute autre responsabilité ou
culpabilité. Pour lui, elle expliquait tout. Le traumatisme qu'il avait subi
durant l'enfance l'excusait et le délivrait de la responsabilité d'assumer les
torts qu'il s'était causés à lui-même ou aux autres.

Les excuses deviennent une habitude.

7. Éviter les défis

Personne n'attend grand-chose des gens qui souffrent. En fait, il
semble cruel d'exiger de la part des gens qui sont embourbés dans de
vieilles douleurs et misères qu'ils nous rendent des comptes ou qu'ils se
responsabilisent.

Je parle avec des maris qui ne savent plus vers qui se tourner lorsque leur femme refuse d'avoir des relations sexuelles avec eux à cause
des attentats à la pudeur qu'elles ont subis durant l'enfance. Je parle
avec des femmes qui ne savent plus vers qui se tourner parce que leur
mari est toujours en colère à cause des mauvais traitements qu'il a subis
durant l'enfance. Ces maris et ces femmes ont de la compassion, bien
entendu, mais cette compassion les empêche d'exiger ce qui devrait
faire partie de l'intimité : l'être le plus sain et le plus affectueux qu'il y
a en chaque personne. Par ailleurs, cette compassion les fait continuer
d'aspirer sans fin à l'amour et à un bon mariage.

Les gens « écorchés » évitent également les défis (apprendre ou
essayer de nouvelles choses), qui risquent de leur occasionner un échec
douloureux ; mais ils évitent aussi toute réussite, qui les amènerait
à quitter le lieu morne et familier où ils s'apitoient sur eux-mêmes et où
ils obtiennent le soutien d'autrui.

Ashley, qui avait connu tout cela, a écrit : *« Je suis d'avis qu'une
enfance malheureuse, c'est comme un trou profond ; c'est très difficile*

de s'en extirper, mais en y travaillant dur et avec un peu d'aide, la chose est possible. Pour moi, le plus dur aura été de désapprendre certains comportements et mécanismes de défense que j'avais acquis durant l'enfance, comme pleurer pour obtenir ce que je veux, me montrer horriblement pessimiste, trouver que je ne mérite pas mon mari et mes enfants, redouter continuellement que quelque chose de bien « tourne au vinaigre » et me méfier des gens qui me sont les plus proches.

« Par la grâce de Dieu et avec le soutien de mon mari, j'ai choisi de travailler à surmonter ces obstacles, pour ensuite être en mesure de travailler chaque jour à me rendre maître de ma vie. Cela devient un peu plus facile chaque jour, tandis que ma « nouvelle vie » devient de plus en plus confortable. Aujourd'hui, je suis si heureuse d'avoir fait le choix de surmonter mon enfance malheureuse et de me rendre maître de ma propre vie. »

Bien entendu, le plus grand défi à relever consiste à résister aux programmes dans votre cerveau qui vous empêchent d'utiliser tout votre potentiel en tant qu'être humain.

Éviter les défis est un moyen de rester « en sécurité ». L'ironie dans tout cela, c'est que plus vous serez « en sécurité », moins votre vie aura de profondeur et de relief.

Éviter les défis devient une habitude.

8. Le centre de l'univers

« Les sévices tendent à nous rendre très égocentriques. Ayant subi des sévices sexuels et psychologiques dès l'âge de trois ans, j'ai toujours eu pour plus grand problème celui de ne pas avoir d'estime de moi-même, l'impression d'avoir probablement mérité d'être blessée et que nul ne s'en préoccupait. Je suis devenue volage, toxicomane et alcoolique. J'avais un problème avec toutes les formes d'autorité. J'étais habitée par l'amertume, la rancune et la colère, et j'avais des crises d'angoisse et j'étais très déprimée. Je vivais dans mes sentiments », m'expliqua Audrey, une auditrice.

Disons les choses franchement : Quand notre jeunesse n'est qu'une suite de menaces contre notre raison et notre corps, il est difficile de ne pas « vivre dans nos sentiments ». Malheureusement, cela risque de devenir un mode de vie entravant votre croissance et votre joie, que procure généralement le fait d'accorder son attention aux autres plutôt qu'à soi-même.

Plus pressant encore que le désir de simplement attirer l'attention, il y a la résolution infantile d'être le Centre du monde avec à peu près tout le monde. Cela vous assure non seulement qu'on prendra soin de vous à perpétuité, mais encore que vous n'aurez jamais à répondre aux besoins ou aux sentiments de personne d'autre.

Une jeune femme m'a téléphoné dernièrement pour me dire que sa relation avec son petit ami battait de l'aile. Il semblait que, chaque fois qu'il essayait de lui parler au sujet d'un problème dans leur relation, elle se mettait à pleurer et il devait laisser tomber. Il commençait à être frustré, et elle craignait de le voir mettre fin à leurs fréquentations.

Durant notre conversation téléphonique, je l'ai réprimandée parce qu'elle parlait de sa voix de petite fille. Je lui ai demandé où elle avait appris à contrôler et à manipuler les autres par ce comportement. Au début, elle s'en est défendue. J'ai donc insisté. Puis, elle a fini par avouer.

« Mes parents ont divorcé et c'était difficile d'attirer l'attention de l'un comme de l'autre. Ils étaient occupés à s'en vouloir l'un à l'autre et à remettre chacun leur vie sur les rails. Mais si je pleurais, je sanglotais et je me mettais en colère, ils laissaient tout tomber, surtout mon père, pour s'occuper de moi. Si bien que j'ai dû apprendre qu'en pleurant je pouvais les détourner de leurs affaires pour les amener à se tourner vers moi », m'expliqua-t-elle.

Je lui ai dit qu'elle se servait maintenant du même manège pour contrôler son petit ami. Lorsqu'il a des inquiétudes, des griefs ou des critiques à formuler, qu'ils la concernent ou non, en se mettant à pleurer elle sollicite de lui son côté chevaleresque et l'amène à renoncer à l'expression de son point de vue pour s'occuper tendrement d'elle. Je lui ai demandé d'y réfléchir jusqu'au lendemain, de discuter de notre conversation avec son petit ami, et de me rappeler le lendemain.

C'est ce qu'elle a fait, et je me suis entretenue le lendemain avec ce qui semblait être une toute autre femme !

« Je n'arrive pas à croire combien je me sens soulagée d'avoir enfin compris ma soi-disant sensibilité. Je l'ai manipulé depuis le début ! C'est ainsi que j'attirais l'attention et que j'obtenais des choses de mon père après leur divorce. Et quand mon petit ami avait le moindre sujet de se plaindre de moi, j'ouvrais simplement les vannes et je braquais les projecteurs sur moi. Quand je lui ai expliqué tout ça hier soir, je me suis sentie vraiment soulagée d'un poids, et si libre. Nous discutons maintenant de manière très ouverte et je ne me suis jamais sentie si proche de lui. S'il y a un problème, je veux en entendre parler afin que nous améliorions les choses. C'est un gars formidable et je ne veux pas le perdre ! Trois fois merci à vous. »

Comme j'aimerais que toutes les transformations se déroulent aussi bien et aussi rapidement !

L'homme s'y prend très différemment pour devenir le Centre de l'univers. Il n'a pas recours aux larmes de douleur. Il a plus tendance à se replier sur lui-même et à boire, ou à dominer et à blesser par ses paroles ou la violence physique. Ce faisant, il tient continuellement sa famille entière sur le qui-vive par ses humeurs et lui fait craindre de « l'amorcer ». Il devient ainsi le Centre de l'univers, celui qu'on dorlote et qu'on protège en raison des craintes de sa famille.

Lorsque je m'entretiens avec de tels hommes au cours de mon émission de radio, j'essaie toujours de les amener à comprendre en quoi leurs propres vieilles douleurs (mal aimés) et peurs d'être mis à nu (dévoiler une faiblesse ou d'horribles « secrets » de leur enfance, comme un attentat à la pudeur) nuisent à leur capacité de permettre à une femme de leur donner ce dont tout homme a besoin, ce dont ils ont besoin mais qu'ils n'arrivent pas à admettre, à risquer ou à juger digne de leur confiance. Je leur recommande souvent de demander à leur femme de les serrer dans leurs bras, de simplement les tenir contre elles et de leur caresser les cheveux. Croyez-le ou non, c'est horriblement difficile pour beaucoup de ces hommes de s'imaginer en train de le faire. Ils ont vécu si longtemps sans tendresse, ils ont travaillé si dur pour survivre à cette perte en refusant d'en avoir besoin, ils redoutent tellement de montrer leur vulnérabilité et de se faire blesser ou rejeter de nouveau qu'il leur faut un courage monumental pour dire simplement à leur femme : « Je suis triste, tu veux bien me tenir dans tes bras ? »

Oh, mais quand ils le font... comme c'est beau à voir !

Être le Centre de l'univers est une mauvaise habitude.

9. Changer fait peur et est difficile

« Le pire héritage avec lequel quelqu'un puisse vivre après avoir subi des sévices durant l'enfance, c'est d'ignorer comment mener une vie d'adulte normale, équilibrée et saine ! J'ai dû apprendre, en tant qu'adulte, à me comporter avec maturité, comme une épouse et comme un parent, à prendre soin de moi-même, à gérer le stress, à être stable », écrit Carol, une auditrice.

Si vous alliez dans une pâtisserie, que vous y voyiez toutes sortes de merveilleux gâteaux et que vous vous disiez qu'il serait formidable d'en confectionner un, mais que vous n'aviez jamais vu de farine, de lait, de beurre, de sucre, de sel, de levure, de chocolat, de spatule, de tôle, ni même de four, par où commenceriez-vous ? Vous n'y arriveriez pas. Vous auriez besoin que quelqu'un vous montre comment faire. Nous apprenons tous à vivre en fonction des outils et des leçons de vie que nous donnent nos parents durant l'enfance. Si ces leçons sont faussées, un univers parallèle malsain s'est créé pour vous, un univers qui ne vous permettra pas de vous épanouir sur les plans émotionnel et interpersonnel dans notre monde réel avec votre propre entourage. Vos options et vos possibilités sembleront sérieusement restreintes et vous vous enfoncerez lamentablement, ce qui se comprend.

Cammi, une autre auditrice, a écrit : *« J'en suis venue à reconnaître le type de vie que je voulais pour moi-même et à savoir que je ne l'obtiendrais jamais en jouant sans cesse à la victime, ce que j'ai tout de même essayé, pour être franche, jusqu'à l'âge de vingt-neuf ans. Tout ça pour me rendre compte que ça ne fonctionnait tout simplement pas, alors je parle par expérience, même si c'est triste à dire. Bonté divine que c'était épuisant de gâcher ma vie ! »*

Une fois que vous vous êtes fait une idée de l'endroit où vous voulez vous rendre et de ce que vous devez faire pour vous y rendre, vous avez encore un dur trajet à parcourir. Ce qui est familier est confortable, même quand ce n'est ni sain ni gratifiant. Ce qui est sain et gratifiant n'est pas familier, et donc menaçant et inconfortable.

Le grand-père de Cammi (le père de sa mère) lui a fait subir des sévices sexuels et a méchamment dénigré le père de celle-ci sans que personne ne dise ni ne fasse quoi que ce soit contre lui. Cammi a fini par en parler à un voisin. Cela a rendu sa mère folle de rage ; non, pas de découvrir l'attentat à la pudeur, mais qu'un voisin sache quelque chose de « mal » au sujet de son père. Aucune accusation n'a jamais été portée contre lui, la mère a trouvé des excuses à son père, on a fait comme si rien ne s'était produit et on a permis au grand-père de continuer de vivre au sein de la famille.

Par conséquent, Cammi ne savait pas du tout comment défendre quoi que ce soit, y compris elle-même. Elle s'est mise à manger excessivement et à fréquenter de mauvais garçons, ce qui a plus ou moins fonctionné pendant un certain temps. Mais il y avait une petite voix qui lui murmurait à l'oreille qu'elle avait perdu les pédales et qu'elle devait changer. Elle est allée en thérapie, mais vraiment en thérapie pour travailler dur, pas seulement pour faire acte de présence et se plaindre pendant une heure.

« J'ai fini par apprendre à me défendre après m'être laissée consumer par la colère, la rage et le ressentiment pendant des années, me détruisant en même temps. Vous savez, aussi fou que ça puisse paraître, c'est comme si les adultes dans ma vie me montraient que les attentats à la pudeur étaient acceptables, mais je savais en mon for intérieur que ce n'était pas le cas. Pourtant, je composais avec tout ça en me faisant du mal à moi-même pour me détruire. »

Cammi en est venue au point où elle n'a plus voulu jouer au jeu du blâme (c'est l'attentat à la pudeur lui-même qui est à blâmer) pour ce qui était de *ses* mauvais comportements. Il s'agit ici d'un point subtil et important. Bien sûr, sa famille est à blâmer pour les sévices qu'elle a subis étant enfant ; son grand-père l'a agressée sexuellement, et ses parents ne l'ont pas protégée et n'ont pas exigé que justice soit faite. Mais sa famille n'est pas à blâmer pour le fait que Cammi ait choisi de mal se comporter ; c'est elle qui a décidé de mal s'alimenter et d'être volage.

Quand Cammi a dit à sa mère et au reste de sa famille qu'ils avaient eu tort d'agir comme ils l'avaient fait et qu'ils l'avaient blessée, elle rejetait à juste titre la responsabilité de *leurs* actions sur eux. Elle a accepté la réalité selon laquelle ses parents étaient faibles et qu'ils avaient choisi de fermer les yeux sur le mal. Elle a accepté le fait qu'*ils* ont eu tort, qu'ils ont été faibles et qu'ils ont mal agi – et non elle.

Aujourd'hui, elle est devenue une personne courageuse. Elle ne se contente plus de refouler ses émotions (en avalant des tonnes de nourriture), mais elle compose sans tarder avec les situations et les gens qui se présentent à elle, en faisant preuve de franchise et de bravoure.

« *Nous avons tous un passé, certains sont mieux que d'autres, certains sont pires que d'autres. Or, enfants, nous ne pouvons contrôler ce qui nous arrive la plupart du temps. Mais en tant qu'adultes, nous le pouvons. Pour certains, le fait de rester dans leurs souffrances les préserve contre la nécessité de saisir les merveilleuses occasions qui s'offrent à eux tandis qu'ils grandissent. La croissance exige que nous sortions de notre zone de sécurité* [même la souffrance, si elle est bien connue, devient une zone de sécurité], *ce qui requiert un travail acharné et, disons-le, il y a des gens qui ne sont tout simplement pas à la hauteur du défi à relever.* »

Joyce, une auditrice, résume le mieux les difficultés que comporte la réalisation d'un changement :

« *Mes problèmes me donnent du fil à retordre tous les jours, et j'en suis venue à réaliser qu'ils font autant partie de moi que mon sourire, mes yeux et le type de crème glacée qui me plaît. Avec ça, je vois que je peux choisir de développer de bonnes habitudes, et même si j'ai été formée pendant vingt-neuf ans à réagir aux situations de manière négative, la LIBERTÉ se présente quand j'arrive à faire un choix différent.*

« *J'ai un mari extraordinaire qui m'a aidée à "apprendre à aimer". Et je crois vraiment que l'amour est un choix. Ce choix peut changer votre mauvaise humeur, votre séance de critique ou votre soi-disant "mauvaise journée". Alors, à tous ceux d'entre vous qui croient qu'il est trop tard ou qu'il y a trop longtemps qu'ils sont négatifs, je dis que c'est de la foutaise ! Je suis la preuve vivante que Dieu peut changer votre vie si vous êtes disposé à le laisser prendre le volant avec vous pour le reste du trajet.* »

Il y a plusieurs années, lorsque l'idée m'est venue d'écrire le présent livre, j'ai invité les gens sur mon site web à m'écrire pour me raconter leur enfance malheureuse et la manière dont ils en étaient venus à connaître une vie heureuse. J'ai reçu plusieurs milliers de réponses, car cette question trouve un écho dans une certaine mesure chez presque tout le monde. Je souhaitais obtenir la réponse à ma question concernant l'influence qui avait fait la différence la plus positive dans leur vie. La réponse qui est venue au premier rang, c'est Dieu et la religion ; au second rang, quelqu'un qui avait cru en eux, qui avait pris leur défense et qui avait exigé qu'ils donnent le meilleur d'eux-mêmes.

Une femme dont le père alcoolique s'était fait tuer dans un bar, et dont la mère manipulatrice et dominatrice risquait perpétuellement de se suicider, a écrit ceci : « *La vie est une série de choix, et ceux que j'ai faits, par la grâce de Dieu, m'ont rendue libre. Cela n'a pas été facile et il y a encore des moments où je dois réprimer une tendance à la dépression, mais avec l'aide de Dieu et de mon cher mari, j'y réussis. J'essaie de me rappeler que la dépression est une forme de NOMBRI-LISME et que la vie ne tourne pas autour de moi.* » Elle a signé sa lettre : « Une personne bénie ».

Lorsqu'une personne a été profondément blessée durant l'enfance, il est très difficile pour elle de se défaire des mécanismes de défense, des tactiques de manipulation, des perceptions faussées, des émotions non maîtrisées et du désespoir qui la poussent vers la dépression et l'angoisse. À dire vrai, il y aura toujours chez elle un combat qui se livrera entre le passé et le présent. Elle devra user de patience, de courage et de persévérance pour s'en tenir au programme plus sain et plus positif. Ce sera le combat de toute une vie. Ce qui est triste, c'est qu'il y a des gens qui embrassent la sécurité et maudissent le changement.

La peur du changement est une mauvaise habitude.

Mais vous devez changer, si vous espérez connaître une vie riche de sens, d'agrément, de paix et de joie. Comme l'a fait remarquer Linda, une auditrice : «*Laisser votre passé contrôler votre vie revient à laisser un fourgon de queue diriger un train. Tout ça est derrière vous, maintenant.* »

L'attitude de Linda est la bonne, et tous ceux qui se démènent pour surmonter leur passé lui donnent raison, bien que cela ne soit pas facile. Dans le prochain chapitre, j'aborderai les qualités qu'il faut posséder pour cheminer vers cette vie heureuse et les difficultés qui jalonneront le chemin à parcourir.

Deux

CHEMINER VERS UNE VIE HEUREUSE

J'en avais assez d'être si fâchée et perturbée. L'heure était venue pour moi de laisser aller le passé et de vivre ma vie comme je devais vraiment la vivre. Tout ce que je voulais, c'était être heureuse… Bien sûr, c'est encore un combat de tous les jours pour moi.

—Holly, une auditrice

Les enfances malheureuses sont monnaie courante, et ne relèvent aucunement de notre volonté. Il n'est pas facile de se créer une vie heureuse après avoir eu une enfance malheureuse, mais cela relève de notre volonté. Durant une enfance malheureuse, nous luttons contre des forces extérieures. Pour en venir à connaître une vie heureuse, le combat se livre toutefois contre des forces intérieures, qui sont nous-mêmes.

VOUS VOULEZ RIRE ! JE SUIS MON PROPRE PROBLÈME ?

Angela a téléphoné à mon émission parce qu'elle était obsédée par un petit ami qui l'avait rejetée un an auparavant.

DR LAURA : Ça fait très mal de se faire larguer.

ANGELA : Ouais, alors, eh bien, je pense que… il m'a traitée… Je lui ai permis de me traiter de manière vraiment horrible, et je pense savoir que ça ne fonctionnera jamais et que ça ne sert à rien de même penser à lui, et pourtant, j'ai tendance à vouloir ressasser le passé…

DR LAURA : Quand vous ressassez le passé, à quoi pensez-vous plus précisément ?

ANGELA : Oh, ma foi… hum… aux bons moments qu'on a eus ; aux choses qu'on a faites.

DR LAURA : Alors vous faites du blanchiment de souvenirs.

ANGELA : Ouais, c'est ça.

J'ai alors essayé d'amener Angela à me dire pourquoi il l'avait larguée. Au début, elle s'est contentée de me dire que lorsqu'ils avaient des problèmes dans leur relation il avait tendance à composer avec la situation en claquant la porte. Mais il revenait toujours. La question restait donc la même, à savoir pourquoi il l'avait larguée pour de bon. Elle s'évertuait tellement à éviter de répondre à ma question que j'en suis venue à comprendre qu'il y avait quelque chose de sombre qui était profondément ancré en elle.

DR LAURA : Selon vous, quelle en est la raison ?

ANGELA : Selon moi… eh bien, c'est juste que…

DR LAURA : Ok, Angela, essayons une chose. Que craignez-vous le plus que soit la raison de son départ ?

J'ai dû lui poser la question à trois reprises avant qu'elle entre en elle-même pour y puiser la réponse.

ANGELA : (d'une voix très basse) Que je suis désagréable et horrible, et que personne ne veut être avec moi.

DR LAURA : Et d'après vous, comment cette notion vous est-elle venue à l'esprit pour la première fois ?

ANGELA : Quand j'étais petite.

DR LAURA : Et comment cette notion vous est-elle venue quand vous étiez petite ?

Les parents d'Angela étaient tous les deux alcooliques et avaient la critique facile. Elle m'a décrit sa mère comme étant instable et lui disant constamment des choses horribles la concernant. Elle m'a indiqué que sa mère était formidable lorsqu'elle était sobre, ce qui fait qu'elle se contentait d'attendre tranquillement que celle-ci se dégrise. Enfant, elle n'a jamais parlé de sa vie familiale tumultueuse jusqu'au jour où, à l'âge de douze ans, elle a dû quitter la maison après que sa mère s'est mise à faire preuve d'une plus grande violence en pointant une arme vers elle.

Le parallèle entre sa relation avec une mère difficile aux mains de qui elle a subi des sévices et un petit ami difficile aux mains de qui elle subissait des sévices est évident. Et les choses se sont envenimées. Un travailleur social l'a confiée à son père, qui s'est empressé de s'en défaire en l'envoyant dans un pensionnat.

Ainsi donc, sa mère la terrorisait et la dénigrait, et son père s'est débarrassé d'elle. Or, aujourd'hui, sa plus grande peur est que son petit ami la largue parce qu'elle est désagréable et horrible. N'est-ce pas là une conclusion raisonnable dans l'esprit d'un enfant, si l'on considère ce que ses parents ont fait?

DR LAURA : Votre plus grande peur, c'est que votre ancien petit ami, qui est aussi froid et instable que votre mère et aussi capable de vous abandonner que votre père, ne veuille pas de vous parce que vous devez être désagréable; et si votre mère et votre père ne vous ont vraiment pas aimée et désirée, pourquoi serait-ce le cas de qui que ce soit? Vous vivez votre vie d'adulte en présumant que vos deux parents avaient raison. Vous vous démenez pour convaincre un petit ami difficile et enclin au rejet de vous aimer comme s'il était un parent de substitution, pour en venir à obtenir ainsi «l'amour d'une mère».

Cela ne peut pas fonctionner. Voyez-vous en quoi cette façon de faire est vouée à l'échec depuis le début?

ANGELA : (d'une petite voix) Ouais, c'est ça.

DR LAURA : Parce que, si vous choisissez des vauriens, ils ne vont pas vous aimer, ce qui fait que vous n'obtiendrez jamais ce que vous voulez. Vous perdez votre vie à essayer de vous attirer «une mère de substitution». Vous risquez de vous y employer jusqu'au jour de votre mort, à moins que vous choisissiez d'agir autrement.

J'ai bien fait comprendre à Angela que sa mère l'avait torturée et que son père l'avait abandonnée, ce qui faisait d'elle une victime, mais qu'elle était devenue aujourd'hui son propre tortionnaire et qu'elle se laissait elle-même tomber.

DR LAURA : Et voilà, c'est tout à fait vous. Vous répétez votre histoire. C'est maintenant vous qui vous infligez ce traitement. Vous veillez à être maintenant une victime. Vous étiez une victime non consentante lorsque vous étiez enfant, mais vous vous portez maintenant volontaire comme victime !

Une fois que l'écart entre ses émotions (liées aux sévices et au rejet que lui ont fait subir ses parents) et son intelligence (sa prise de conscience du fait que son enfance lui fait mal et qu'il lui est impossible de regagner ce qu'elle a perdu en réformant un petit ami vaurien) était devenu clair dans l'esprit d'Angela, la question suivante était de savoir... et maintenant ?

ET MAINTENANT ?

Il y a au moins dix qualités à posséder pour échapper à l'état de victime et pour changer sa vie de victime en celle d'un vainqueur.

1. La capacité de se regarder dans le miroir

Les miroirs ne mentent pas. Rappelez-vous lorsque la méchante belle-mère de Blanche Neige demandait : « Miroir, miroir, dis-moi qui est la plus belle. » La réponse a gâché sa journée, mais elle a obtenu la vérité. Et il en sera de même pour vous. Il est possible que la réponse que vous obtiendrez gâche votre journée au début, mais, comme on le disait si souvent dans les années 1960, la vérité vous affranchira.

Alors, regardez-vous dans le miroir et demandez-lui : « Miroir, miroir, quelle est *maintenant, aujourd'hui même*, la personne la plus injurieuse de toutes ? » Ne vous mettez pas à argumenter avec le miroir s'il vous répond : « Vous ! » Je sais que vous voudrez lui répliquer : « Mais ma mère est tellement manipulatrice. Mon père est si autoritaire. Ma petite amie ou mon petit ami est si méchante ou méchant. Tout le monde me laisse tomber et me blesse ! Je n'y peux rien si j'ai les sentiments que j'ai ! »

Ouf ! L'avez-vous sorti de votre système, maintenant ? Non ? Eh bien, accrochez-vous et restez avec moi.

Est-ce que de considérer le fait que l'ennemi de votre sérénité, de votre fonctionnalité et de votre bonheur se trouve *en vous-même* vous met en colère parce que vous vous sentez plus persécuté encore par ce qui semble être un «blâme» de plus? Je comprends cette réaction, qui est raisonnable. Mais si c'est ce que vous percevez comme étant la mauvaise nouvelle, voici l'excellente nouvelle: si le problème est ce que vous *vous faites* à vous-même, cela signifie que c'est *vous* qui avez le *pouvoir* et l'*autorité* et le *choix* de changer les choses.

« *Pendant toute mon adolescence et jusque vers le milieu de la vingtaine, j'ai fait des choix terribles : drogues, promiscuité, abandon de mes études* », m'a écrit Wendy, une auditrice.

Voilà un exemple d'expérience du miroir: Wendy admet *avoir fait des choix terribles*. Il s'agit d'un tout autre mode de pensée que «Le diable m'a poussée à le faire!» ou «Je n'ai pas pu m'empêcher de...» ou «On dirait qu'il n'y a que des mauvaises choses qui m'arrivent.»

Elle ajoute ensuite: « *Je permettais à mon vécu* [enfance] *de me dicter mon identité, et je n'assumais pas la responsabilité de ce que j'étais devenue.* »

Le miroir lui a dit la vérité: ce que Wendy était devenue relevait de *sa* responsabilité, et *elle* s'était mal servie de ce pouvoir, si bien qu'elle l'avait utilisé contre elle-même.

« *J'ai fini par réaliser que j'avais le choix des décisions que je prenais, ce qui s'est avéré très puissant. Depuis lors, ma vie a changé du tout au tout. Bien que je ne sois pas fière des choix que j'ai faits à l'époque, je suis heureuse d'en être venue à acquérir la force de caractère que je possède aujourd'hui au moyen de l'adversité. Je ne suis plus une victime.* »

Un instant! Cela implique-t-il que d'être une victime durant l'enfance soit voulu? Non, absolument pas. Avoir été une victime durant l'enfance est un simple fait. Des choses regrettables se sont produites dans votre vie lorsque vous n'étiez qu'un enfant sans défense et dépendant, ou elles ne se sont pas produites. Il s'agit là d'un fait. Mais voici le miracle dans tout cela, selon moi: **Vous n'êtes pas le simple produit de votre vécu, vous êtes le produit de ce que vous faites de et avec ce vécu.** Avoir *été* une victime durant l'enfance n'est pas quelque chose qu'on a voulu. Continuer d'*être* une victime en tant qu'adulte est voulu.

Voilà un sentiment que tant d'auditeurs expriment dans les lettres qu'ils m'adressent. Alana, une auditrice, m'a confié ceci: « *Vais-je choisir de continuer de manger des citrons amers en grimaçant de dégoût et en essayant de découvrir ce que j'ai bien pu faire pour mériter les citrons amers ? Ou devrais-je me concentrer sur ce que me fait éprouver le goût des citrons amers ? Ou vais-je faire manger des citrons amers aux gens de mon entourage ? Devrais-je prendre l'habitude de manger des citrons amers, en prétextant que je n'ai pas d'autre choix ? Ou devrais-je en faire de la limonade ? Ça peut être plus facile à dire qu'à faire, mais peu importe, il s'agit d'un choix, et personne n'a jamais dit que de faire la bonne chose serait toujours facile. Je fais un choix, tout simplement. »*

Comme je l'ai mentionné précédemment, et que je crois devoir répéter du fait que nous ne percevons jamais tout à fait bien l'image d'ensemble lorsque nos émotions sont sollicitées, il existe un lien direct entre les difficultés ou les traumatismes de l'enfance et les décisions autodestructrices que nous prenons aujourd'hui. Nous ne réalisons pas toujours que nous nous efforçons fondamentalement de rectifier notre hier en visionnant à répétition le vieux film d'amateur avec les personnages d'aujourd'hui, en nous demandant tout de même : « Pourquoi cette situation n'arrête pas de m'arriver ? » Étant donné qu'il est impossible de changer notre histoire, il s'agit ici d'une tentative tout à fait vaine. Néanmoins, les gens éprouvent encore cette douleur. Que pouvons-nous y faire ? Où va cette douleur quand on essaie de vivre une vie heureuse, et qu'on prend des décisions solides, courageuses et saines ?

La douleur est toujours là, bien qu'elle diminue d'intensité, comme un tissu coloré pâlit quand on le laisse au soleil ; mais elle est toujours là. Pouvons-nous en faire quelque chose de positif ? À cela, Deborah nous répond ainsi : *« Je crois qu'à cinquante ans, je me trouve maintenant là où j'aurais dû me trouver à vingt-cinq ans. Heureusement, d'ici mes quatre-vingts ans, j'aurai enfin le sentiment d'être devenue grande, que je pourrai enfin dire au revoir pour toujours à la petite fille perdue qui se cache encore en moi. Elle est là, et j'ai probablement encore besoin qu'elle me rappelle parfois tout le chemin que j'ai parcouru jusqu'ici. »*

La perception positive que Deborah entretient de cette petite enfant perdue constitue pour elle un indicateur de croissance. Quel moyen merveilleux de réutiliser la souffrance liée à l'enfance !

Endosser la responsabilité a quelque chose de libérateur.

2. La capacité de supporter la douleur

Une autre auditrice m'a révélé ceci : « *Bien que j'en sois venue à comprendre que je suis une bonne personne, encore aujourd'hui, lorsque mon patron me fait venir dans son bureau, ma première réaction est de me demander : « Qu'est-ce que j'ai fait de travers ? » J'ai encore de la difficulté à me faire des amis, mais je m'y efforce, en faisant du bénévolat à l'école et à l'église. Je ne crains pas de prendre des décisions, bonnes ou mauvaises, et j'ai appris à vivre avec mes échecs.* »

La plupart des gens qui me téléphonent au cours de mon émission veulent savoir par quel tour de magie ils pourraient bien faire disparaître leurs sentiments négatifs en totalité et à tout jamais. Ils sont souvent fâchés ou contrariés lorsque je leur réponds qu'un tel coup de baguette n'existe pas. Une vie heureuse s'obtient à force de *supporter*. Or, il ne s'agit pas là d'une réponse qui plaît habituellement. Notre culture actuelle, qui prône une pilule pour tous les maux, physiques ou émotionnels, exige un remède qui soit instantané, simple, intégral et permanent.

Holly a écrit ce qui suit au sujet de ses difficultés : « *Une des plus grandes difficultés que j'éprouve encore est celle d'arriver à surmonter une mauvaise estime de soi et à croire vraiment que j'ai de la valeur. C'est du travail tout ça, c'est sûr, mais je suis d'avis que tout ce qui en vaut la peine dans la vie exige qu'on y travaille.* »

Bien entendu, il est plus facile de faire la bonne chose quand on n'a pas à faire taire des messages provenant continuellement de son propre esprit comme ceux-ci :

- Tu ne vaux pas grand-chose.
- Dans la vie, il n'y a que laideur.
- Les relations personnelles sont une menace.
- Les efforts et les intentions ne servent à rien, car la vie est injuste.
- Tu ne pourras jamais être heureux.
- Personne ne pourrait t'aimer.
- Rien de ce que tu essaies de faire ne vaut quoi que ce soit.
- La vie ne rime à rien.
- Tu es trop écorché pour t'améliorer ou faire mieux.
- Ta bonté ne fera que te rendre faible et vulnérable.
- Ta vulnérabilité ne t'attirera que des blessures.

Je me suis entretenue avec trop de gens en ondes chez qui une ou plusieurs de ces pensées s'étaient ancrées pour de bon, leur ravissant ainsi toute possibilité de connaître la paix et le bonheur, et de réussir leur vie. Ils croient que, pour aller de l'avant, ils doivent d'abord éliminer ces pensées, ces souffrances et ces peurs. Je leur fais donc savoir qu'ils ne peuvent pas les jeter par la fenêtre de leur voiture, ils doivent cheminer avec elles tapies dans le coffre.

Il faut du courage pour foncer de l'avant quand vos émotions vous disent : « Danger ! À quoi bon ? Rien n'a d'importance ! Tu n'y arriveras pas ! » J'en compare l'expérience au fait de couper le pilotage automatique pour piloter un avion en mode manuel ; choisir de fonctionner en mode manuel veut dire avoir recours à votre volonté, à votre intellect, à votre foi dans le fait qu'il y a quelque chose de plus, de différent et de mieux qui vous attend et que vous devez fonctionner en faisant presque fi des signaux négatifs qui hurlent en vous.

N'attendez pas que la souffrance s'en aille, car elle ne partira jamais. Par contre, vous pouvez la combattre en vivant des moments, des expériences et des relations de qualité. Vous en viendrez ainsi à imposer à cette souffrance tant de merveilleuses interruptions qu'elle en deviendra plus facile à tolérer et moins puissante dans votre vie.

Supporter a quelque chose de libérateur.

3. L'acceptation

Je me rappelle une femme en particulier, dans la cinquantaine, que je voyais en thérapie concernant divers problèmes qu'elle avait. Il s'agissait d'un cas intéressant en ce sens qu'on aurait dit qu'elle cherchait presque des moyens de se faire blesser et d'en être contrariée. C'était une femme gentille et intelligente, très facile à aimer et compétente. Pourtant, d'une façon presque enfantine, elle ne cessait de chercher à se faire consoler par sa mère. Je peux vous assurer que sa mère était terriblement froide, critique, indifférente, distante sur le plan émotionnel, difficile et égocentrique, pour ne dire que ça. S'il y avait une tentative vaine, c'était certainement pour cette femme d'essayer de rendre sa mère pleine de sollicitude, chaleureuse, secourable, intéressée, tendre ou obligeante.

Lorsqu'elle s'est présentée à une énième séance, blessée de l'indifférence et de la contrariété perçues dans la réponse de sa mère quand elle lui avait téléphoné au sujet d'un problème, je lui ai dit qu'elle aurait beau s'escrimer à changer King Kong en simple chimpanzé, elle n'y arriverait pas. J'imagine que cette image mentale a fini par lui faire voir la réalité, car ses yeux se sont ouverts incroyablement grands, puis elle s'est mise à sangloter tout doucement pendant un moment.

Elle avait passé toute sa vie à essayer de faire en sorte que sa mère se comporte comme une mère envers elle. Et lorsque ses tentatives échouaient, elle redoublait d'ardeur. Peut-être que la fois suivante, elle réussirait. Peut-être que la fois suivante, sa mère se montrerait tendre avec elle, et que par conséquent elle se sentirait mieux dans sa peau. Mais ce comportement vain, autodestructeur et compulsif, finalement, n'a eu d'autre effet que de la garder prisonnière d'une enfance décevante.

« Est-ce que je suis censée n'avoir aucune relation avec elle ? » m'a-t-elle demandé.

À cela, j'ai répondu : « Je ne crois pas qu'en éliminant complètement votre mère de votre vie réglera quoi que ce soit. En fait, je crois que cela risquerait d'envenimer les choses, du fait qu'il se pourrait que vous vous mettiez à être obsédée par ce qu'elle pense de vous, et par un sentiment d'incomplétude et de solitude que vous procurerait l'absence de toute interaction avec elle. Je crois plutôt que vous devriez accepter la personne qu'elle est, ce qu'elle peut et ne peut pas offrir, et que vous ne changerez rien en elle ou entre vous et elle. »

Le concept de l'acceptation semble en être un qui soit difficile. Je le définis comme le fait de renoncer à combattre quelque chose. Cela ne signifie pas pour autant que vous épousiez ce quelque chose, qu'il vous plaise par la suite ou que vous soyez d'accord avec lui. Cela veut simplement (pardonnez-moi l'emploi de ce mot) dire que vous ne le combattrez plus. La situation est ce qu'elle est, et il n'en tient plus qu'à vous maintenant de déterminer ce que vous voulez en faire, ou faire malgré elle.

J'ai conseillé à cette femme en particulier de téléphoner à sa mère seulement pour lui communiquer quelque chose de positif, ou pour lui demander un conseil précis ou son opinion par rapport à quelque chose qui n'est pas chargé d'émotions, ou pour s'informer de sa journée, de son travail ou de ses massifs de fleurs, ou encore pour simplement parler de tout et de rien.

Il faut plus de courage pour s'adapter à la réalité (ou l'accepter) qu'il n'en faut pour l'éviter. En s'entretenant avec sa mère de manière plus digne d'une adulte, elle en viendra à la percevoir davantage avec les yeux d'une adulte et, fait intéressant, il en ira de même pour sa mère. La dynamique entre elles changera du tout au tout. Elles se mettront à interagir de manière plus saine, sans devoir en venir à une confrontation enflammée ou à une rupture dramatique de la relation.

Leah, une auditrice : *« Je n'ai jamais eu le sentiment que mes parents* m'écoutaient ou comprenaient ce que je ressentais. J'ai composé avec la réalité de mon enfance et je suis passée à la vie d'adulte que je me suis choisie. Je suis très reconnaissante pour les traits de caractère positifs que j'ai hérités de mes parents... J'avais l'habitude de demander à ma mère de m'aider à régler les problèmes que j'avais, quels qu'ils étaient, et elle me répondait habituellement avec dédain : "Je l'ignore, va savoir." Eh bien, je tiens à ce que vous sachiez que je suis aujourd'hui quelqu'un qui réussit bien dans la vente, qui arrive à savoir ce qu'elle doit savoir la plupart du temps et qui ne baisse jamais les bras avant d'avoir épuisé toutes les solutions possibles. »*

Est-ce que l'acceptation nous garantit « de progresser sans heurts » vers une vie heureuse ? Non. Il s'agit toujours d'un combat à livrer. Dans sa lettre, Leah poursuit ainsi : *« On se sent à l'aise de faire les choses de la mauvaise manière. Le combat est incessant. Ma vie a été une suite de défis qui, à mon avis, ne m'auraient pas tant posé de problèmes si mes parents m'avaient mieux guidée et comprise. Mon chemin a été tortueux, mais je suis parvenue à avancer. Je dirais que mon sens commun, et mon bon jugement, me viennent des épreuves que j'ai dû surmonter. »*

Au lieu d'essayer de rendre ses parents plus « parentaux » en mettant la pagaille et en cherchant à les forcer à venir à son secours ou à réparer les pots cassés, et plutôt que de se chercher une mère de substitution qui comblerait leurs lacunes, Leah a choisi de ne pas s'abandonner aux

---

* Son père était un incurable coureur de jupons, alors que sa mère était dépassée par ses six enfants. Les deux instiguaient des querelles entre les enfants, probablement dans le but d'échapper à leurs propres émotions. Ils n'étaient jamais disponibles pour enseigner quoi que ce soit à leurs enfants ou les soutenir, du fait qu'ils étaient trop absorbés par leurs propres drames.

mauvais souvenirs et au blâme que ses sœurs ont refusé de laisser aller. Elle a accepté la vérité et les limites de ses parents, et s'est engagée à être, dans un sens, son propre bon parent.

L'acceptation a quelque chose de libérateur.

4. Lâcher prise

Holly, une auditrice, a trente-sept ans. Ses parents ont divorcé lorsqu'elle avait deux ans et sa sœur trois. Ses parents les ont séparées et les ont envoyées vivre chez deux couples de grands-parents différents. À sept ans, on l'a renvoyée vivre avec son père et la nouvelle femme de celui-ci. Sa sœur est restée chez les grands-parents. Holly a vécu avec une demi-sœur et deux demi-frères. Son père était un homme violent sur le plan physique.

Holly m'a écrit : « *Quand on est enfant, tout ça nous semble normal et on n'a pas la moindre idée de l'effet que ça aura sur la suite de notre vie. J'ai toujours su que je n'aurais jamais dû avoir à ressentir ce que j'ai ressenti, mais ce n'est qu'au cours des dernières années que j'en suis venue à prendre conscience de toutes les conséquences de mon enfance.*

« *Ce sont plusieurs conversations que j'ai eues avec ma sœur qui ont vraiment rendu les choses claires comme de l'eau de roche. L'ampleur de sa colère et de son amertume était on ne peut plus évidente. C'est alors que j'ai réalisé que je ressentais la même chose, mais je ne voulais pas avoir cet effet sur les gens et je ne voulais plus me sentir comme ça. On ne peut blâmer ses parents éternellement. Il vient un moment où il faut prendre les commandes de sa vie et veiller à ce qu'elle soit heureuse et normale, et arrêter de ressasser le passé. Ça ne sert à rien de le laisser nous faire souffrir et nous perturber.* »

Permettez-moi de rendre quelque chose parfaitement clair : la colère, la déception, la souffrance et les blessures qui résultent d'une enfance malheureuse sont justifiées. Vous avez une réaction émotionnelle raisonnable à des expériences et des circonstances déraisonnables.

Cela dit, l'âme, l'esprit et le corps humains ne sont capables de composer qu'avec un nombre limité de choses en même temps. L'attention que vous accordez à l'amertume réduit l'attention que vous pourriez accorder à l'opéra, à prodiguer de la tendresse à votre enfant, à apprendre quelque chose de nouveau, à la voile, à faire des œuvres caritatives, à exprimer votre créativité, à savourer de la joie, et ainsi de suite. Cela revient à une question de qualité de vie.

Quand je vous suggère de «lâcher prise», je ne veux pas dire que vous deviez «avaler», pas plus que je ne vous propose la dénégation. Lâcher prise veut dire ne pas permettre aux mauvaises pensées, aux mauvais souvenirs et aux mauvais sentiments liés à votre enfance malheureuse de vous priver de toute joie que pourrait vous procurer une vie heureuse.

Dale, un auditeur, a écrit : « *Mon premier mariage a duré vingt-trois ans et il n'aurait jamais dû dépasser le cap des deux ans. J'ai passé beaucoup de rage sur ma femme, comme mon père l'a fait sur ma mère. Mon mariage suivant a duré quinze ans… J'étais plus vieux et légèrement mûri par l'expérience, mais j'avais encore beaucoup de COLÈRE MAL CANALISÉE. On peut faire le nécessaire pour réussir, peu importe combien de colère ou de tristesse on ressent. Ou encore, on peut faire comme j'ai fait pendant longtemps : s'apitoyer à n'en plus finir sur soi-même, tout ça pour en venir à se rendre compte que personne ne se soucie de soi non plus maintenant ! Il faut faire de grands efforts, et je me demande souvent combien de tristesse et de torts j'ai pu causer par ces situations.*

« *Bien qu'il n'y ait rien que je puisse faire par rapport au passé, j'essaie maintenant de vivre chaque jour comme si c'était le dernier. J'ai trouvé le moyen de m'engager dans une relation sérieuse et empreinte d'amour au cours des trois dernières années, et elle m'a promis de m'épouser cet été. Et je lui ai dit que je ne me remarierai plus jamais !* »

Cela fait réfléchir de réaliser que votre apitoiement sur vous-même est une horrible épée à deux tranchants. À force de toujours remuer la tristesse et la colère, d'un côté vous vous coupez vous-même, et de l'autre vous coupez d'autres personnes… y compris ceux que vous aimez.

Lisa, une auditrice, a écrit qu'on ne l'avait jamais privée de nourriture, violée ou brûlée avec des cigarettes durant l'enfance, qui s'est néanmoins avérée très malheureuse. « *Je semble avoir assez bien tourné, mais j'ai semé ma part de pagaille. Quand je rumine le passé, j'ai tendance à gâcher la sauce. Quand je me tourne vers l'avenir, je fonctionne assez bien. Le plus grand défi à relever pour nous tous, peu importe combien notre enfance a pu être misérable, consiste à continuer d'aller de l'avant à grands pas. Pour moi, le plus difficile, c'est de traduire cette connaissance objective en expérience personnelle quotidienne.*

« Le meilleur moyen que je connaisse pour continuer de garder les yeux fixés sur l'avenir consiste à être la meilleure mère que je puisse être pour ma fille, et c'est ce que je tente de faire chaque jour. Que je me sente perdue ou non, je suis son guide, et rien ne pourrait justifier que je la laisse se sentir perdue avec moi. J'ai la possibilité de casser la chaîne. C'est beaucoup de travail. »

Un des principaux points morts que connaissent les gens qui ont eu une enfance malheureuse est leur incapacité de voir en quoi leurs « souffrances » influent sur les autres, ou parfois leur incapacité de se soucier de ce en quoi leurs souffrances affectent les autres. Il se peut que vous soyez si absorbé dans vos efforts pour régler les questions du passé ou y remédier en souffrant continuellement de vos mauvaises relations parentales, ce qui était à prévoir, que vous ne réalisiez pas combien vous causez de souffrances et de deuils à vos propres enfants et à votre conjoint ou conjointe. Il est possible que non seulement vous vous comportiez mal directement avec eux (comme c'était le cas de Dale et de sa colère mal dirigée), mais encore que votre souffrance ou votre indignation constante par rapport à des offenses, des incompréhensions, des déceptions, des contrariétés et ainsi de suite, toutes prévisibles, jette une ombre sombre sur votre foyer.

À une auditrice qui me téléphonait pour se plaindre de sa « famille perturbée », j'ai répondu : « Madame, vos griefs concernant votre mère, votre père et qui que ce soit d'autre sont raisonnables. Ce qui ne l'est pas, par contre, c'est la quantité de temps que vous passez à être triste, blessée ou en colère au sujet des choses que vous *savez* qu'ils diront et feront. Combien de cette contrariété constante exprimez-vous à votre mari ? Combien de cette contrariété constante vous amène à ne pas vous sentir la force d'être la meilleure mère qu'il vous soit possible d'être pour vos enfants ? Compagne pour vos amis ? Amie pour vos voisins ? LÂCHEZ PRISE, ENFIN !

Je m'efforce d'amener ces appelants à prendre conscience de la responsabilité qu'ils ont envers leur famille et de les convaincre d'arrêter de ramener continuellement du linge sale chez eux et de l'éparpiller partout dans la maison. Bien entendu, vous devriez soulever certaines questions avec votre conjoint ou conjointe, afin d'obtenir son aide pour vous en sortir. Mais ce n'est habituellement pas ce qui se produit. Ce qui se passe, c'est que vous vous servez de votre famille pour vous dorloter alors que vous laissez délibérément les puces vous mordre, sollicitant même des morsures en continuant de vous abandonner aux mauvaises vieilles dynamiques dont vous avez hérité de votre famille perturbée. Vous ne souhaitez pas vraiment prendre de médicaments contre les puces. Vous voulez simplement que votre conjoint ou conjointe se sente mal pour vous et vous dorlote pour faire passer la douleur. C'est mal, mal, mal, et égoïste !

L'illustration dont je me suis servie sur les ondes avec des gens qui devaient lâcher prise les amène à imaginer que toutes les frustrations et toute l'agonie liées à leur enfance malheureuse sont aspirées dans un ballon ayant une quantité égale d'hélium. Je leur demande ensuite d'attendre d'être prêts, puis de lâcher la ficelle et de regarder le ballon s'envoler, jusqu'à ce qu'ils le perdent de vue.

Ils en éprouvent habituellement un soulagement, mais ensuite un malaise, quand ils réalisent qu'ils doivent maintenant se cramponner à autre chose. Je leur suggère alors de se cramponner à leur propre potentiel, à l'amour sain de leurs amis et de leurs proches, et à des liens spirituels qui les guideront et les consoleront.

Lâcher prise a quelque chose de libérateur.

5. Remplacer les mauvaises habitudes

Le problème que crée une enfance malheureuse, c'est qu'elle vous fait acquérir de mauvaises façons de voir les choses, de les ressentir, d'y réagir et de vous comporter dans un contexte tout sauf constructif – et que vous ne devriez absolument pas étendre au reste de votre vie. C'est pourtant contre ce que vous avez appris, ce qui vous est bien connu, ce dont vous avez l'habitude et ce à quoi vous ne souhaitez pas renoncer facilement, sans quoi vous vous sentiriez tout nu et sans le moindre pouvoir, que vous devriez vous protéger.

Mais ce n'est tout simplement pas rationnel ni constructif de traiter le monde comme s'il s'agissait d'un remake de votre enfance, et c'est pourtant exactement ce que vous faites quand vous :

• vous montrez toujours soupçonneux des motifs des autres et que vous les croyez capables du pire ;

- abordez de nouvelles situations avec négativisme, en vous attendant à ce que le pire vous tombe dessus.

Je crois qu'il peut arriver que, consumé par des émotions et des pensées confuses, vous trouviez extrêmement difficile de discerner si vous vous comportez de manière qui convient à la situation de l'heure. Ici encore, je vous conseille de passer en pilotage manuel. Une auditrice, connaissant bien la nécessité de se mettre en pilotage manuel pour surmonter les mauvaises habitudes comportementales, a écrit ceci : « *On se sent à l'aise de faire les choses de la "mauvaise" manière. Je me demande continuellement ce qui résultera d'une certaine décision, et si je la prends en me fondant sur la façon de faire que j'ai apprise durant l'enfance ou si c'est une décision dont je serais moi-même, en tant qu'adulte responsable, satisfaite. Il est parfois difficile de ne pas se laisser glisser en mode auto sabotage. Quand je me vois emprunter une route qui ressemble à une autre que mes parents ont empruntée, je le reconnais habituellement et je fais demi-tour.* »

Une des dimensions parmi les plus difficiles d'une vie heureuse consiste précisément à se remettre en question, avec honnêteté, comme je le fais avec les gens qui me téléphonent en ondes. Des gens me soumettent des problèmes et il m'apparaît clairement qu'ils ne réfléchissent pas du tout à ce qu'est leur vie – ils ne font *que réagir* à toutes leurs nouvelles expériences comme si rien de nouveau ne s'était produit depuis leur enfance – et je les mets au défi de se montrer logiques. Cela met probablement l'appelant et l'auditeur mal à l'aise, et doit parfois leur sembler brutal lorsque je les mets au défi de faire face au fait qu'eux-mêmes :

- se montrent cruels ou contrariants parce qu'ils redoutent de se faire blesser ;
- traitent tous les hommes ou toutes les femmes comme s'il s'agissait de leur propre père ou mère difficile ;
- réduisent leurs propres possibilités dans la vie en permettant à une vieille perception négative de soi-même de limiter leurs efforts ;
- vivent dans le passé et évitent les bénédictions d'un présent et d'un avenir meilleurs ;
- sont maintenant leur propre agresseur.

Je les force à répondre à des questions lorsqu'ils ont peut-être envie de pleurer, de se plaindre, de s'expliquer, de décrire, de s'excuser, et ainsi de suite ; des questions comme celles qui suivent :

« Avez-vous pour but dans la vie d'être heureux et en paix, et de réaliser quelque chose de significatif ? »

« Oui, bien sûr », me répond-on habituellement.

« En quoi ce que vous êtes en train de faire contribue-t-il à cette fin ? »

« Eh bien, en rien, j'imagine. »

« Alors, pourquoi le faire ou continuer de le faire ? »

« Je l'ignore. J'imagine que c'est tout simplement ce qui m'arrive et que je ne sais pas quoi faire d'autre. »

« Alors, ça vous occasionne un malaise et de la peur de faire n'importe quoi d'autre que ce que vous avez l'habitude de faire ? »

« Oui. »

« D'après vous, quelle est la solution ? »

« J'imagine que je vais devoir m'habituer à être mal à l'aise et à avoir peur. Je ne sais tout simplement pas comment améliorer les choses. »

« C'est curieux, d'une certaine manière, que vous perceviez le fait de prendre des risques pour réaliser des choses "saines" comme étant douloureux, alors que vous avez tellement l'habitude de souffrir qu'on pourrait s'attendre à ce que vous vous montriez plus brave devant la souffrance. »

Il s'agit là d'une prise de conscience tellement importante à faire. Pourquoi quelqu'un qui a l'habitude de souffrir redoute-t-il de souffrir ? Une vie heureuse exige qu'on compose avec de vraies souffrances, même quand on n'a pas eu une enfance malheureuse. Dans un sens, cette souffrance semble plus intimidante et plus menaçante que la vieille souffrance à laquelle on est habitué. Pourquoi ? La même vieille réponse : on est à l'aise avec ce qu'on connaît, même dans le cas de quelque chose de laid. Les nouvelles souffrances causées par un deuil, un échec, une déception, des tragédies, des trahisons, des maladies et la mort ont, dans l'esprit de beaucoup de gens qui ont eu une enfance malheureuse, la capacité de prouver que leur pire crainte est fondée : leur indignité, et le fait que leurs parents et eux-mêmes étant enfants avaient raison à leur propre sujet ! Cette peur est pire que les sévices récurrents, car ainsi tout espoir serait perdu.

Le seul moyen de s'en sortir consiste à prendre de nouveaux risques et à se rappeler que de mauvaises choses arrivent à de bonnes personnes, et non uniquement aux « mauvais enfants ». Une auditrice m'a d'ailleurs écrit ceci : « *Je me suis empêtrée dans plusieurs mauvaises relations, pour finir par réaliser combien mes besoins étaient grands, combien j'étais désespérée, et que je télégraphiais cette réalité aux pourritures qui font leurs proies de femmes comme celle que j'étais.* » Elle savait qu'elle constituait la partie de l'image qui devait changer, du fait que la foudre ne pouvait frapper au même endroit deux fois de suite ; c'était elle le paratonnerre. Pour agir différemment, il faudrait qu'elle fasse « comme si » elle était un beau parti, et risquer de s'attirer le jugement et peut-être le rejet d'un « bon gars ».

Pour grandir et changer, vous devez essentiellement courir le risque de mettre en doute les perceptions négatives liées à votre enfance, agir « comme si » vous aviez de la valeur, et risquer d'essuyer un échec ou un rejet pour prouver la véracité du « comme si » !

Comme Michelle l'a écrit : « *J'ai dû apprendre que la vie est un choix. J'exerce énormément de contrôle sur à peu près tout dans ma vie. Me mettre en colère lorsque je dois faire la queue à l'épicerie ou lire une revue à potins et garder mon sang-froid ? Jeter mon roman à la corbeille et abandonner la partie ou demander le point de vue d'un autre agent encore une fois ? Apprendre à dresser mon chien ou simplement me dire que je ne suis pas parvenue à être une bonne maîtresse pour lui ? Passer l'après-midi à regarder d'anciens petits amis sur Internet simplement pour pouvoir me frotter les mains à bon compte, ou encore me satisfaire et être très heureuse de l'homme extraordinaire que j'ai ?*

« *Mon frère a épousé une chipie grossière doublée d'une brute, et il est très malheureux. Il refuse de prendre sa vie en main de quelque manière que ce soit. Je peux le comprendre, mais il ne veut rien entendre… C'est trop difficile pour lui de changer. Ses enfants vont en souffrir et vont transmettre cet héritage.* »

Remplacer de mauvaises habitudes a quelque chose de libérateur.

6. Aller vers les autres

Les gens qui sont captifs de leur enfance malheureuse tendent parfois à aller vers les autres dans le seul but d'obtenir de l'affection, de l'attention, une capitulation et de l'approbation, sans nécessairement souhaiter rendre la pareille. Cela s'explique par le fait que le manque d'amour ou de paix dont s'est caractérisée votre enfance vous a laissé sur votre appétit, en créant en vous un creux à remplir quelque part dans votre esprit, vos tripes ou votre cœur. Le besoin de remplir cet espace devient insatiable, comme si vous tentiez de remplir une baignoire au fond troué. Pourquoi ? Toute tentative pour combler un espace qui aurait dû l'être par des parents aimants, un foyer intact, des petites tapes d'affection plutôt que de la violence, et ainsi de suite, se complique en raison du fantasme simultané et impossible de vous sentir ainsi complètement « guéri », et que le passé sera ainsi rectifié.

Au fil des ans, j'ai expliqué à des appelants qu'il leur sera possible et bénéfique de « combler cet espace » seulement s'ils reconnaissent que le passé reste une cicatrice. Cet effort de remplissage concerne alors la vie que vous menez actuellement avec des gens sains, gentils, encourageants et positifs et votre participation à des activités qui amélioreront votre vie. La première situation fera de vous un « preneur » perpétuel ; la seconde fera de vous un être humain qui sait donner et aimer.

Il est très important et nécessaire que vous alliez vers les autres, bien que cela puisse être parfois affolant et risqué, j'en conviens, quand on s'efforce de se bâtir une vie heureuse. La plupart des gens parmi les milliers qui m'ont raconté l'histoire de leur vie en vue de la rédaction du présent livre m'ont indiqué que quelqu'un qui croyait en eux avait fait toute la différence entre la possibilité pour eux de rester perdus et celle de trouver la paix et le bonheur.

Il y a plusieurs années, lorsque j'avais mon cabinet privé, je voyais en consultation une femme qui avait presque mon âge et qui avait eu une enfance malheureuse. Devenue adulte, elle n'arrivait pas à bien fonctionner dans ses relations intimes avec les hommes, se comportait un peu à la Marilyn Monroe et était toxicomane. Après avoir travaillé pendant des années avec elle, par intermittence, ce qui m'a permis de réaliser qu'elle était intelligente, de la soutenir durant ses études universitaires (elle est devenue infirmière), de lui donner des vêtements de ma propre garde-robe afin qu'elle puisse s'habiller pour aller au travail et en classe, de lui fournir des lettres de recommandation pour ses entretiens d'embauche, lorsque j'ai eu la certitude qu'elle était sur la bonne voie, je lui ai demandé ce qui dans sa thérapie avait fait la plus grande différence dans sa vie. J'imagine que je m'attendais tout égoïstement à l'entendre attribuer un si grand pouvoir de « guérison » sur elle à une intervention brillante ou à une parole d'une sagesse inouïe de ma part. Quelle leçon d'humilité cela a été de me faire servir cette réponse, dont je n'oublierai jamais la signification profonde : « Vous avez cru en moi. »

Simple comme bonjour. « Vous avez cru en moi. » Je me rappelle avoir été renversée. Ce fut une merveilleuse leçon pour moi ; ce n'était pas une question de technique, mais d'humanité. Et elle avait bien raison, car j'ai effectivement cru en elle. Franchement, j'étais étonnée de ses progrès. Il se peut que je lui aie suggéré de faire des études, mais c'est elle qui, pour les réaliser, a fait face à ses démons. Il se peut que je lui aie fourni de bonnes recommandations pour qu'on l'engage, mais c'est elle qui s'est présentée au travail chaque jour et qui a travaillé du mieux qu'elle le pouvait.

Parce qu'elle me respectait et que je l'ai soutenue, elle en est venue à croire en elle-même. En y réfléchissant bien, voilà précisément ce que de bonnes aptitudes parentales sont censées accomplir en premier lieu. Vous admirez vos parents, et quand ils sont fiers de vous, vous avez alors de l'assurance. Si vous n'en avez jamais eue de leur part, vous aboutissez avec une insécurité et un manque de confiance en soi qui sont difficiles, mais pas impossibles, à éliminer.

Dans une autre série de séances avec cette même femme, nous avons abordé la question de la colère qu'elle ressentait d'en être encore à quarante ans à se démener pour grandir et faire quelque chose d'elle-même. Elle s'est mise à arpenter furieusement mon bureau en pointant du doigt mes diplômes, et en hurlant qu'elle avait le même âge que moi et qu'elle était pourtant à mille lieues d'où je me trouvais.

Je lui ai répondu : « Oui, je suis plus établie et plus concentrée dans ma vie que vous ne l'êtes. Mais je n'ai pas eu à me hisser hors du trou profond dont vous avez dû vous extirper. J'ignore où j'en serais rendue si je m'étais retrouvée dans un trou pareil. Vous ne pouvez pas nous comparer l'une à l'autre. Vous ne pouvez que vous considérer avec fierté, parce que beaucoup de gens se contentent de mariner dans leur propre trou. Ce n'est pas ce que vous avez fait. Vous vous êtes battue. Vous avez gagné. Vous vous débrouillez superbement bien. Je suis fière de vous.

Et vous ne pouvez pas comparer la progression de votre vie à la mienne, puisque nous n'avons pas eu le même point de départ. Pas le même du tout. Et je ne sais pas, on ne saura jamais, si j'aurais fait preuve d'autant de courage que vous.»

Misty, une auditrice, a écrit: «*Une fois que vous avez pris la décision de changer, vous devez acquérir une bonne connaissance d'abord du problème et ensuite du moyen de le régler. Rares sont les gens capables d'y parvenir par eux-mêmes, ce qui explique que les enseignants, les pasteurs et les mentors sont si importants. Nous ne pouvons changer ce qui échappe à notre connaissance. Nous pouvons tout faire si nous connaissons quelqu'un qui croit en nous et qui est là pour nous encourager. Les enfants des ligues mineures qui ont quelqu'un pour les applaudir jouent beaucoup mieux.*»

Kathleen a grandi sous le toit d'un père alcoolique qui «fonctionnait», en ce sens qu'il était propriétaire de sa propre entreprise prospère et qu'il pourvoyait bien à la subsistance de sa famille. Malheureusement, la consommation d'alcool conduit souvent aux mauvais traitements des enfants et de l'épouse. Kathleen croit qu'elle a été bénie d'avoir pu se lier d'amitié avec des gens qui étaient issus de familles aimantes et tendres. Elle a pu voir ainsi qu'il existait une autre façon de gérer sa vie et de se faire traiter. Elle a appris à aimer par l'intermédiaire de ces familles. Kathleen a écrit: «*Je dirais que la vie reflète la direction qu'on lui donne. Alors, je CHOISIS de diriger ma vie de façon différente de celle qu'on m'a enseignée à la maison, en raison de ce que j'ai vu dans une famille aimante et tendre. La vie est faite de CHOIX!*

«*J'ai réalisé en côtoyant des familles "normales" que je n'avais pas les problèmes auxquels mon père aurait voulu me faire croire, mais que c'était plutôt lui le problème. Si j'avais été isolée, comme c'est si souvent le cas dans les familles perturbées, et que j'avais perçu le monde uniquement par les yeux de mon père, je serais probablement très perturbée aujourd'hui.*»

Tout compte fait, vous devez être prêt à laisser les gens vous voir tel que vous êtes, à vraiment apprendre à vous connaître, à vous conseiller, à vous soutenir et même à vous ramener sur le droit chemin quand vous vous égarez.

Aller vers les autres a quelque chose de libérateur.

7. La spiritualité

Une des choses parmi les plus insidieuses qu'on puisse hériter d'une enfance malheureuse est l'attitude d'autodéfense qu'engendrent les sévices ou la négligence. Quand vous êtes continuellement sur le qui-vive, afin de veiller à ne pas vous faire blesser de nouveau, le monde devient un lieu peu sûr et vous en venez à concentrer votre vie sur ce que vous ressentez ; «vous» devenez le centre de l'univers.

Comme un auditeur l'a écrit : *«Nous devons tous apprendre à aimer les autres. Les enfants à qui cela n'est pas enseigné en viennent à avoir le cœur dur et à être très égoïstes. Les gens les plus tristes du monde sont ceux qui font passer leur petite personne avant tout et qui ne se soucient pas des autres. Ils finissent tout seuls. Ces gens tournent mal, du fait qu'ils ne se préoccupent pas de ceux à qui ils font du tort.»*

Les familles saines enseignent aux enfants à faire preuve de compassion et d'amour envers les autres, principalement par la manière dont leurs membres se traitent entre eux, la relation conjugale des parents revêtant une importance particulière. Je suis affolée de constater avec quelle fréquence un mari/père ou une femme/mère me téléphonent et me disent que leurs enfants ne sont pas maltraités ou contrariés puisque les mauvais comportements se limitent sous leur toit aux adultes. Ils se leurrent. Avez-vous déjà vu une de ces publicités télévisées dans lesquelles le mari et la femme sont gentils l'un envers l'autre et où les enfants observent la scène idyllique à la dérobée ? L'enfant est toujours au septième ciel, il se laisse porter par leur amour et il est heureux que celui-ci se reflète sur lui. Eh bien, l'inverse est tout aussi vrai ; lorsque les parents font preuve de cruauté et de mépris l'un envers l'autre, les enfants sont en enfer, minés par leur haine et meurtris par son ressac.

Cet égocentrisme n'est que souffrance : une soif spirituelle et émotionnelle, de l'autodéfense, des peurs, des malaises, ainsi qu'une perception faussée du sens de sa propre vie.

Dans le cas de beaucoup de gens qui se font du tort sur le plan émotionnel, il devient primordial dans la vie d'assurer sa survie à tout prix. J'ai mis beaucoup d'auditeurs au défi de me dire quelle était la raison ultime de leur existence. Au début, ma question les choque, ne s'imaginant pas vraiment qu'il y ait une sorte de «devoir cosmique» qu'ils s'arrangent pour remettre en retard. J'insiste alors pour leur faire comprendre que c'est le cas ; qu'ils ont certains talents, certaines aptitudes, du potentiel et des missions à accomplir dans le monde – et que tout cela est mis en veilleuse en attendant qu'ils lèchent leurs plaies émotionnelles.

Une auditrice m'a écrit qu'elle avait eu une conversation avec la fille d'un autre père alcoolique qui lui a dit que celle-ci s'était entretenue avec son propre frère de trente ans qui rejetait la responsabilité de tous ses échecs sur leur père, comme si l'alcoolisme de leur père avait gâché toute possibilité ou tout espoir pour le frère de mener une vie décente. Elle a répondu à son frère : « C'étaient les dix-huit premières années de ta vie ; et maintenant, que vas-tu faire de celles qui te restent à vivre ? »

Voilà précisément une des raisons pour lesquelles je me montre si prudente quand il s'agit de suggérer une thérapie aux gens dont la colère et les souffrances remontent à l'enfance. Une trop grande partie de la psychothérapie destinée au grand public amène à se concentrer sur la douleur, la rage et le passé, semaine après semaine après semaine. J'ai dit à des gens en ondes qu'ils parlaient tellement d'eux-mêmes et s'analysaient tellement eux-mêmes que leur monde s'en trouvait restreint à tel point qu'il ne leur permettait plus de voir la beauté et l'espoir, pas plus que les torts qu'ils causaient aux autres, non seulement par leur négligence à l'égard de ces derniers, mais encore par le sentiment d'avoir droit à certaines choses du fait qu'ils s'imaginaient que leurs souffrances les rendaient spéciaux et plus importants que l'autre dans n'importe quelle relation.

J'aurais plutôt tendance à leur suggérer de prier, ce qui me vaut habituellement un grognement de leur part. Je leur fais alors remarquer que la souffrance, la peur, l'injustice, la cruauté et la déception sont des réalités éternelles et universelles de l'expérience humaine, et non quelque chose de triste qui leur est propre. De plus, étant donné qu'il nous est impossible de retrouver ce que nous avons perdu un jour, à savoir une enfance heureuse, il ne nous reste que deux possibilités : la première consiste à rester dans le passé jusqu'à la fin de notre vie ; la seconde consiste à décider d'être un magnifique lever de soleil sur la vie d'autrui.

Vous remarquerez que la seconde possibilité est axée sur le monde extérieur. Or, il s'agit ici d'un fait important. Le meilleur moyen de contrer la tristesse est d'être soi-même le moyen par lequel la tristesse est éliminée chez quelqu'un d'autre. Voilà d'ailleurs la fonction première d'une instruction religieuse : vous enseigner que vous faites partie de quelque chose de plus grand que vous-même, et que vous comptez en vertu de ce que vous apportez aux autres et au monde. La formation spirituelle est axée sur l'extérieur, et non sur l'intérieur. La concentration sur l'intérieur est comparable à de la moisissure. La concentration sur l'extérieur est comparable à un bon bol d'air frais.

La spiritualité a tout à voir avec l'ouverture sur l'extérieur. Non, elle n'efface pas le passé, et ne guérit pas toutes les blessures. Mais il faut bien dire que rien ne le peut. Par contre, vous pouvez décider que le jour d'aujourd'hui, étant le premier du reste de votre vie, vous procure l'occasion d'*être* la personne aimante que vous aimeriez avoir dans votre propre vie. Vivre pour quelque chose ou quelqu'un d'autre que nous-mêmes constitue le principal moyen par lequel nous donnons tous un sens et de la valeur à notre vie.

La spiritualité a quelque chose de libérateur.

8. La perspective

« Je dois vous dire que le fait d'être allée en Inde à deux reprises au cours des cinq dernières années m'a fait réaliser que rien ne saurait être pire que ça ! Alors, pour être brève, je crois qu'il s'agit de compter ses bénédictions chaque jour. Bien entendu, il y a des gens qui n'arrivent pas à trouver le moyen de se tirer d'affaire aussi "facilement" que moi... mais je recommanderais qu'on leur donne un miroir, qu'on les mette dans une pièce capitonnée et qu'on les laisse y réfléchir un moment. Je sais que ça semble un peu simple comme solution, mais ça a pourtant fonctionné avec moi. »

Cette lettre m'a été adressée par une femme qui m'expliquait que son enfance au contact de parents très malades tous les deux avait fait d'elle une loque humaine, sur les plans émotionnel et psychologique. Elle était consciente d'avoir hérité d'une tonne de problèmes en grandissant et elle avait fini par se faire interner dans un institut psychiatrique en Hollande, son pays natal.

« En Hollande, vous devez vous faire interner vous-même et on vous donne douze semaines dans un service psychiatrique hospitalier pour découvrir ce qui doit être fait vous concernant avant de vous faire envoyer dans un "asile". J'y suis parvenue en dix semaines. Ce fut presque

une expérience "d'abandon à Dieu"… le meilleur moment de ma vie, soit dit en passant. J'ai travaillé très dur avec deux psychiatres, et j'ai fini par comprendre que, si je ne pouvais pas me suicider, autant que je savoure le parcours… ce qui fait que… la vie me plaît merveilleusement depuis.

« Je compte mes bénédictions chaque jour et j'ai en horreur les gens qui se complaisent dans leur statut de victime. »

Les expériences reliées à la perspective sont celles qui vous font quitter votre île personnelle de victime pour vous amener dans le monde avec le reste de l'humanité. Non seulement pourrez-vous voir alors les options qui s'offrent à vous pour ce qui est de donner et de participer au monde en général, mais encore j'espère que vous pourrez voir que vous perdez un temps précieux en continuant de vous plaindre du passé et en négligeant de profiter des occasions que vous avez de vivre heureux maintenant et pour toujours.

Voilà pourquoi j'insiste tant auprès des gens qui souffrent encore de leur enfance malheureuse pour qu'ils s'engagent à faire du bénévolat, à s'investir dans des causes caritatives, à apporter leur soutien aux gens institutionnalisés, et à se consacrer à tout ce qui leur permettra de voir que la souffrance est une expérience universelle et de connaître la joie d'apporter la paix à quelqu'un – ce qui est exaltant.

La bonne perspective est également synonyme de la capacité, sans nier ou blanchir votre passé ou les membres difficiles ou dangereux de votre famille, de choisir les choses qui ont de la valeur et qui sont faites de bon cœur.

J'ai passé beaucoup de temps à essayer de convaincre les gens de regarder les pétales de fleurs, et non uniquement les épines, la terre, les vers et le fertilisant. Quand un appelant se plaint de s'être fait abandonner par ses parents et élever par des parents adoptifs ou d'autres proches, je leur parle de la bénédiction d'avoir été secouru par des gens qui ont chamboulé leur propre vie afin d'être là pour lui.

Lorsqu'une jeune femme me téléphone pour me dire combien elle est triste que son père, qui l'a abandonnée des lustres auparavant, ne sera pas là le jour de son mariage pour la conduire à l'autel, je lui rappelle qu'elle est bénie d'avoir un beau-père qui est entré en scène et s'est porté volontaire pour s'occuper d'elle avec tendresse et de manière responsable.

Quand un homme me téléphone pour me parler de la colère qu'il éprouve envers sa mère abusive, je lui fais remarquer qu'il a maintenant une épouse qui l'aime et qui se montre patiente par rapport aux souffrances liées au passé qu'il exprime en s'apitoyant sur son sort. Je lui rappelle que son comportement pourrait la rendre tellement folle qu'elle pourrait se mettre à se comporter comme sa mère, et qu'il vaudrait peut-être mieux pour lui qu'il se détende et qu'il jouisse du fruit sain, qu'il a récolté en se choisissant une bonne épouse.

Au fond, lorsque des gens qui me téléphonent sont coincés en mode victime, je leur rappelle qu'ils sont en vie, et que c'est là la plus grande bénédiction de toutes, car ils ont encore le temps d'en venir *finalement* à connaître le bonheur.

Une bonne perspective a quelque chose de libérateur.

9. Les passe-temps

Je gage que vous trouvez ce sujet ridicule et qu'il n'a pas sa place dans une liste de concepts aussi profonds que ceux à l'étude. Eh bien, il se peut que ce soit justement là où réside votre problème ! Le fait d'être continuellement triste, déprimé, fâché et blessé, et de s'attendre à ce que cela reste pareil, est non seulement négatif, mais encore épuisant ! Par ailleurs, le fait de se sentir mal perpétue le fait de se sentir mal. Je réalise qu'il y a des gens qui hésitent à se sentir bien parce qu'ils se cramponnent de toutes leurs forces à leur statut de victime, sans quoi les gens de leur entourage les obligeraient à vivre conformément à une norme d'existence plus élevée, et qu'adviendrait-il ensuite de toute leur «personne meurtrie» – qui leur attire de l'attention, de l'affection, de l'approbation – et de leur dispense spéciale en matière de réciprocité et de responsabilité ? Mais il est tout aussi vrai que le fait de se sentir bien amène ce sentiment à se perpétuer.

Les distractions ont du bon, et les passe-temps fournissent à votre esprit l'occasion de passer des questions sombres à un domaine de créativité, d'activité constructrice, de croissance et de changements positifs, de découverte et de nouvelle connaissance, à un sentiment de compétence, à des défis stimulants, à de nouveaux amis – et peut-être à l'acquisition d'une toute nouvelle perception des possibilités de la vie.

Il est probable qu'une des meilleures choses que j'aie faites pour moi-même ait été d'apprendre à faire de la voile. Quand nous avons emménagé près de l'océan, j'ai décidé d'acheter un petit hors-bord juste pour me balader un peu. À la dernière minute, je me suis dit que je devrais peut-être prendre une leçon de voile juste pour voir à quoi cela ressemblait, mais j'étais convaincue que la voile n'était pas pour moi – tout ce qui n'atteindrait pas la vitesse du double moteur d'un hors-bord serait bien trop lent pour me plaire ! Je glissais sur l'eau depuis à peine vingt minutes avec ma monitrice, Helene Webb, qui m'avait déjà fait gouverner et manœuvrer la grand-voile (yahoo !), quand j'ai pris conscience de la beauté du vent dans les voiles et sur mon visage. J'étais tout simplement ébahie par le sentiment d'avancer tranquillement dans l'eau avec le vent pour seul propulseur. Alors, quand j'ai manœuvré pour contourner (en passant d'un bord à l'autre du mât) autour de la bouée à cloche sur laquelle une dizaine d'otaries s'étaient empilées, j'ai été gagnée pour la vie. Je me suis immédiatement inscrite au cours de navigation à quille pour débutants et aujourd'hui, deux ans plus tard, j'ai une tonne de trophées de course à mon actif ; mais, plus important encore, je me suis laissée émouvoir par la sérénité et le défi de me retrouver au large, et d'avoir à composer avec les courants et les vents marins.

Quand je me sens triste, dépassée, négative, frustrée, en colère… je vais simplement sur l'océan, et mon esprit et mon âme se purifient.

Les passe-temps ont quelque chose de libérateur.

10. L'attitude

Je me souviens d'avoir regardé un documentaire télévisé portant sur des pays en voie de développement. L'interviewer a abordé un homme incroyablement âgé, à qui il ne restait que la peau et les os, accroupi sur son maigre derrière, tenant un bâton dans une main pour garder l'équilibre et gesticulant de l'autre tandis qu'il parlait en arborant un large sourire presque entièrement édenté. L'interviewer lui a demandé s'il était heureux. Aussi incroyable que cela puisse paraître, ce vieil homme à l'allure pitoyable lui a répondu : «Oui.» L'interviewer lui a alors demandé : «Comment pouvez-vous être heureux ? Vous avez une hutte pour maison, peu de nourriture, presque aucuns biens. Comment pouvez-vous être heureux ?» Le vieil homme a souri de nouveau en lui répondant quelque chose comme : « Je suis encore vivant, ce qui me permet de passer du temps avec mes amis et ma famille. »

Voilà tout.

Et au cas où vous ne l'auriez pas encore entendue, voici une petite histoire : Un grand-père s'entretient avec son petit-fils au sujet des deux loups qui occupent sa tête. Un des loups est amer, en colère, plein de ressentiment, hypersensible, et il se mord même les pattes. L'autre loup est satisfait, gentil, ouvert, tendre, coopératif et amical. « Ces deux loups se querellent continuellement. » Alarmé, le petit-fils demande : « Qui gagnera, grand-papa ? »

« Celui que je nourris. »

Une attitude positive a quelque chose de libérateur.

Trois

LA CLOSURE* OU LA TÉNACITÉ

La vie est injuste! La vie n'est pas facile! En matière de réussite et de bonheur, il n'existe aucun livre d'instruction ni secret. Le bonheur s'apprend, et s'entretient au moyen du caractère et de la force. Dieu crée des miracles pour que nous nous les appropriions si nous avons l'intelligence de les accomplir.
—un auditeur anonyme

Je déteste le mot « closure »!
—Carole, une auditrice

Dans les années 1980, le concept du « traumatisme » est devenu un diagnostic officiel, et on s'est mis à axer les recherches et les traitements sur les présumés avantages de « s'extérioriser » et de « faire face à son passé ». De toute évidence, les gens qui sont tenaces (souffrent, supportent, passent à autre chose) ne sont pas ceux qui se présentent dans des cabinets de thérapeutes, pas plus qu'ils ne se portent volontaires dans le cadre de projets de recherche portant sur la souffrance issue d'un traumatisme aigu ou survenu durant l'enfance. Ainsi donc, tout l'accent a toujours porté sur la perturbation, sans qu'on porte une attention égale aux leçons qu'ont tirées ceux qui ont composé avec leur passé, et qui constituent la majorité. Il semblerait que nous pourrions en apprendre davantage sur les moyens de venir en aide aux gens qui souffrent de traumatismes

---

* Ndt: Faute d'un meilleur terme en français, nous avons choisi de garder le terme «closure», qui est en train de se franciser et qui désigne le processus consistant à porter sur son passé un regard exhaustif et réfléchi pour en venir à le mettre derrière soi une bonne fois pour toutes.

passés en étudiant les combats et les actions de ceux qui les ont surmontés sans souffrir pendant une période anormalement longue ni déroger à leur parcours de vie, et sans intervention «professionnelle» intensive. Voilà d'ailleurs ce que je vous offre dans le présent chapitre.

Depuis 1995, environ, lorsque est apparu le terme anglais «closure» pour la toute première fois, l'industrie du counselling s'est arrogé ce concept, en nous menaçant et nous promettant tout à la fois que nous ne parviendrions jamais à être heureux et à bien fonctionner dans la vie sans amener notre histoire émotionnelle à une conclusion satisfaisante, connue sous le nom de «closure». Cette closure exigeait un long examen de l'histoire des sévices ou des déceptions subis et peut-être des années de thérapie, sans mentionner une confrontation ou plus avec la ou les personnes qui avaient contribué à notre passé douloureux. On disait des gens qui affirmaient se débrouiller de manière satisfaisante dans la vie sans fournir tous ces efforts qu'ils étaient en dénégation, qu'ils minimisaient leurs véritables problèmes, qu'ils évitaient d'y faire face et qu'ils s'en distrayaient. La menace qu'on percevait était la suivante : si ces comportements soi-disant «répressifs» persistaient, ils nous amèneraient un moment donné à vivre une éruption émotionnelle et à cracher une lave psychologique destructrice dans toutes les directions.

Si après une thérapie de closure nous avions encore des pensées douloureuses par rapport à notre passé, ou que nous devions lutter contre notre être intérieur, maussade ou en colère, il devenait alors évident que la closure ne s'était pas produite et que nous devions nous immerger de nouveau dans les entrailles de l'industrie multimillionnaire de la thérapie axée sur le rétablissement après un traumatisme.

Si je ne m'abuse, en règle générale le fait de se remémorer encore et toujours les souvenirs d'un traumatisme risque d'avoir pour effet de vous rendre de plus en plus malade, comme trop d'entre vous l'ont probablement déjà découvert. De plus, je me suis longtemps inquiétée de ce que j'avais vu un monde des soins de la santé sociale et mentale *insister pour qu'on soit malade* en raison d'une certaine expérience, ou pour qu'on s'étiquette comme étant la victime de «quelque chose» qui est survenu durant l'enfance. Regardons les choses en face, depuis l'enfance on nous apprend que, si nous avons mal au ventre, nous n'irons pas à l'école, nous n'aurons pas à faire nos corvées et nous obtiendrons beaucoup d'attention pleine de sollicitude. Être « malade » ou malheureux n'est pas sans avoir sa récompense.

Il ne fait aucun doute que le monde de la psychothérapie est devenu fou dans les années 1980, lorsqu'il a diagnostiqué presque toutes les femmes ayant des problèmes émotionnels comme ayant été victime de sévices sexuels qu'elles s'en soient souvenues ou non ; d'où le fameux syndrome des souvenirs réprimés que nous démentons aujourd'hui. L'agenda hystérique, toxique et féministe selon lequel « toutes les femmes sont des victimes » a forcé celles-ci à se percevoir comme des survivantes de traumatismes et des victimes, même si elles n'avaient vécu qu'un événement mineur qu'elles pourraient probablement mettre simplement sur une tablette de leur mémoire pour ensuite poursuivre leur vie.

Il y a des gens, comme Julie, une auditrice, qui ont résisté à ces pressions parfois bien intentionnées, mais néanmoins destructrices. Dans la lettre que Julie m'a adressée, elle se décrivait comme l'adulte de sa famille, qui se composait d'un père ivrogne, d'une mère dépressive et suicidaire, ainsi que d'un frère aîné qui fermait les yeux sur toute la situation. Lorsque Julie avait neuf ans, sa mère lui a demandé ce qu'elle devrait faire par rapport à son père et à toute la famille. Elle a répondu à sa mère que maman devrait mettre papa dehors parce que tout le monde était misérable et que personne n'était en sécurité. Sa mère s'est alors mise à lui crier après pour ensuite ne plus lui adresser un seul mot pendant des jours entiers, probablement parce que l'idée de prendre les rênes en main et d'assumer ses responsabilités était bien trop affolante pour elle et qu'elle était trop faible pour le faire.

Lorsque Julie avait seize ans, sa mère a fini par se découvrir assez de courage pour quitter ce foyer violent. Julie et son frère ont travaillé pour contribuer à subvenir à leurs besoins à tous les trois. Elle se souvient avoir alors connu quelques moments « normaux » en famille, comme elle l'a écrit.

« J'ai décidé que je ne laisserais pas mon enfance dicter sa conduite à la femme que j'étais censée devenir. Je me montrais polie envers mon père lorsqu'il me téléphonait le jour de mon anniversaire chaque année (les seules fois où il me téléphonait), mais le reste du temps je ne pensais pas vraiment à lui. Je suis entrée dans le domaine du soutien médical et me suis retrouvée entourée d'infirmières, de travailleurs sociaux *et de psychologues, qui, à mesure que l'amitié s'installait, me disaient que je devais en venir à faire de la "closure" par rapport à mon père et que je ne fonctionnerais jamais bien à moins que je ne le "confronte" au sujet de mon enfance.»*

Heureusement, Julie a fait confiance à son propre instinct et ne s'est pas livrée à cette confrontation. Au lieu de cela, à quiconque remettait sa décision en cause elle disait qu'elle aimait son père pour lui avoir donné la vie et pour avoir été son héros lorsqu'elle était toute petite, mais qu'elle croyait devoir se détourner de cette partie de sa vie afin de pouvoir tourner toute son énergie vers sa famille en tant qu'adulte.

« J'ai eu beaucoup de mal à faire comprendre à ma famille et à mes amis bien intentionnés que ce n'est pas parce qu'une personne décide d'éliminer quelqu'un de sa vie qu'elle a pour autant des sentiments négatifs à exorciser. Cela signifie simplement que j'ai résolu de laisser les souffrances du passé derrière moi.»

Malheureusement, dans le domaine de la psychothérapie, la sagesse conventionnelle soutient depuis les vingt dernières années environ que les gens qui vivent des choses laides dans l'enfance, ou qui ont été inutilement traumatisés par une quelconque expérience de la vie, doivent revenir sans cesse sur le sujet afin d'arriver à en triompher. Les adultes qui ont subi des sévices durant l'enfance ont dû non seulement en parler à répétition, mais encore confronter formellement la personne qui les leur a fait subir et «le lui faire bien sentir» en lui rappelant l'histoire et en rejetant sur elle la responsabilité des souffrances, des difficultés et des combats qu'ils vivaient encore. Or, je crois que dans la grande majorité des cas, mis à part les cas devant être portés devant les tribunaux, cela s'avère plus préjudiciable que curatif.

On entretenait alors, comme on le fait encore beaucoup de nos jours, la notion selon laquelle il est impossible d'aller de l'avant dans la vie sans que le processus de closure se soit produit, comme si ce processus consistait à mettre un bouchon sur une bouteille pour y enfermer vos souffrances afin de les tenir à l'écart de votre vie actuelle.

Le terme même de «closure» implique un point final, une cessation. Tellement de gens me téléphonent pour me dire qu'ils veulent que les pensées, les sentiments et les souvenirs s'en aillent. Ils me disent: «Vous savez, mettre le point final.» Ils deviennent très contrariés lorsque je leur dis qu'il leur est impossible d'effacer leur vécu de leur mémoire ou de la priver de tout effet à moins de retirer une grande partie de leur cortex cérébral, ou à moins qu'ils soient continuellement gelés ou saouls, ou qu'ils soient dans le coma, ou qu'ils mènent une vie folle au point de n'avoir plus le temps de ruminer.

Un Chuck sans la moindre vitalité m'a téléphoné sur les ondes pour me dire qu'il n'arrivait plus à supporter la perception négative qu'il avait de la vie et de lui-même. Il était au début de la trentaine, il avait une bonne épouse et il était père de trois enfants qu'il aimait.

Dr LAURA : Alors, Chuck, vous êtes de ceux qui angoissent par rapport à ce qui ne se trouve pas dans leur coupe à moitié pleine, alors que d'autres se délectent et se réjouissent de ce qui se trouve dans leur coupe à moitié pleine ?

CHUCK : Ouais. Je ne peux pas m'en empêcher. Des pensées négatives me viennent à l'esprit, suivies par d'autres pensées négatives. J'ai subi beaucoup de sévices durant l'enfance.

Dr LAURA : (évitant intentionnellement le sujet des sévices) Oui, vous avez raison, les pensées et les souvenirs négatifs ne se gênent pas pour inviter les sentiments négatifs à prendre un verre en leur compagnie. Il n'y a aucun doute là-dessus. Mais il y a quelque chose que vous pouvez faire chaque fois que cela se produit !

CHUCK : Quoi ?

Dr LAURA : Eh bien, il me semble que puisque vous êtes en bonne santé, que vous réussissez bien votre vie professionnelle, que votre épouse est gentille, que vos trois enfants sont agréables… vous avez beaucoup en votre faveur. Ai-je raison de le prétendre ?

CHUCK : Oui, mais je reste négatif, même si je suis conscient de ces bonnes choses.

Dr LAURA : Ok, Chuck, fermez-les yeux et imaginez-vous au lit avec votre femme. Sentez sa peau douce contre la vôtre et suscitez en vous le sentiment d'être enlevé dans les airs que vous ressentez lorsque vous faites l'amour. Dites-le-moi lorsque vous y serez.

CHUCK : J'y suis.

Dr LAURA : C'est merveilleux ?

CHUCK : (avec enthousiasme) Oh, oui !

Dr Laura : Ok, Chuck, maintenant fermez les yeux et remettez-vous dans cet horrible contexte de votre enfance dont vous souffrez encore. Ne me dites pas de quoi il s'agit, faites-moi simplement savoir quand vous y serez.

Chuck : (quelques instants de silence et puis d'une voix lasse) J'y suis.

Dr Laura : Maintenant, je veux que vous détourniez votre attention. Gardez les yeux fermés, revenez à la scène qui se joue actuellement dans votre vie, en train de faire l'amour à votre femme, à la douceur de sa peau, à l'amour de ses lèvres. Arrivez-vous à retenir les mauvaises images et les mauvais sentiments lorsque vous faites ça ?

Chuck : Non, je n'y arrive pas. Alors, vous me dites que je dois faire des efforts conscients ? Je dois surmonter l'habitude que j'ai d'entretenir ces pensées lorsqu'elles surgissent dans mon esprit ?

Dr Laura : Vous semblez trouver qu'il s'agit d'une mauvaise idée. Chuck, vous avez le pouvoir de détourner vos pensées de votre passé fait de laideur pour les tourner vers le présent fait de beauté que vous vous êtes bâti. Vous avez ce pouvoir.

Ce moment précis a été un point tournant dans la vie de Chuck, et probablement que beaucoup d'autres auditeurs se sont également identifiés à lui. Lorsque j'ai parlé de «pouvoir», j'ai mis le doigt précisément sur ce qui empêche des gens de tourner le dos aux conséquences émotionnelles de leur enfance dramatique : le sentiment d'impuissance, l'incapacité de protester ou celle de se protéger.

Chuck : Oh, mon Dieu ! Le pouvoir ! C'est renversant. Vous savez, je me suis toujours senti impuissant à cause de ce qui m'était arrivé quand j'étais enfant. Le sentiment d'impuissance est au cœur même de ma souffrance, c'était ça mon problème.

Dr Laura : Vous étiez impuissant à l'époque, en tant qu'enfant ; mais vous n'êtes plus impuissant maintenant, en tant qu'adulte. Vous avez le pouvoir de la volonté, qui vous permet de prendre ce qu'il y a de beau dans votre vie d'aujourd'hui et de l'utiliser pour surmonter les pensées et les souvenirs d'hier. Vous ne pouvez pas vous trouver en esprit dans deux endroits à la fois ; et Chuck, vous vous devez de choisir. Vous en avez le pouvoir !

L'attitude de Chuck, en l'espace des trois ou quatre minutes que nous avons parlé ensemble en ondes, lui a permis de passer de la défaite aux commandes. Vous remarquerez que je n'ai jamais eu à l'entendre me raconter dans les faits « ce qui lui était arrivé », car peu importe comment il était arrivé dans ce trou et peu importe ce qui se trouvait dans ce trou avec lui, il n'y avait qu'une seule issue possible : le pouvoir qu'il avait de remplacer instantanément les mauvais sentiments et les mauvais souvenirs du passé par les sentiments et les souvenirs agréables du présent.

À ceux parmi vous qui croient ne pas avoir de pensées et de sentiments positifs dont vous servir comme substituts aux souvenirs mauvais et tristes qui vous habitent le plus souvent, j'ai trois choses à dire : 1) faites de meilleurs choix et assumez-les, 2) cherchez mieux, ils sont là, et 3) vous en viendrez à vous sentir plus à l'aise avec les bons sentiments et à avoir besoin de les éprouver, je vous le promets.

Cette expérience avec Chuck constitue le meilleur exemple dont je dispose pour expliquer ce qu'est exactement la closure. Il n'y a pas de fin à la prise de conscience de vos sentiments douloureux et des souvenirs qui les suscitent, mais il y a une certaine fin aux sentiments et aux souvenirs qui vous envahissent et vous plongent dans le désespoir. Vous et Chuck disposez maintenant d'un outil très important pour livrer le combat intérieur contre vos vieux ennemis : *votre volonté* de vivre heureux et en paix. Votre volonté de ne plus être *l'esclave* mais *le maître* de votre vie *maintenant* est la clé qui déverrouillera les chaînes qui vous gardent captif de votre misérable passé.

Aucun être humain ne peut vous procurer la paix. Il s'agit d'un don que vous vous faites à vous-même.

Une de mes amies qui semble en savoir long au sujet des gens qui ont une histoire particulièrement triste m'a fait savoir par courriel qu'elle attendait avec impatience la sortie du présent livre, dans l'espoir d'y découvrir la raison pour laquelle certains de ses amis se complaisent dans l'apitoiement sur soi-même alors que d'autres se débrouillent bien dans la vie. Voilà une bonne question. Pourquoi quelqu'un choisirait-il de ne pas employer son pouvoir pour se bâtir une vie agréable ? Selon moi, cette situation tient aux dix facteurs suivants, dont j'ai expliqué certains dans le chapitre un. Je crois qu'il est important que je vous rebatte les oreilles avec ces facteurs, car vous devrez faire face à chacun afin de permettre à votre propre persévérance de s'épanouir.

1. La *peur* est ce qui domine la pensée (et si tout le monde se mettait à vous blesser, et si ce que vos agresseurs ont dit de vous ou vous ont fait éprouver par rapport à vous-même *était* vrai ?).
2. L'*ignorance* du pouvoir que vous avez de faire en sorte que les choses soient différentes aujourd'hui.
3. Les faiblesses de *caractère* (le manque de courage et de volonté).
4. L'*isolement* par rapport au soutien (une distance autoprotectrice).
5. Le *style de vie habituel* (ce qui nous est connu, aussi laid soit-il, est sécurisant, puis vous le remettez en question ; tout changement provoque de l'angoisse).
6. Les *avantages secondaires* (étant donné que vous «souffrez», vous contrôlez les autres, vous les manipulez au moyen de la culpabilité, et vous vous disculpez du fait de ne pas assumer vos responsabilités).
7. L'*identité* (vous résumez votre personne aux souffrances que vous avez endurées).
8. L'*égocentrisme* (vos relations et vos expériences se définissent toutes en fonction de ce qu'elles vous font ressentir ou de l'incidence qu'elles ont sur vous).
9. La *pensée négative* (aucune réjouissance du fait que votre coupe *est* à moitié pleine).
10. La *paresse* (le simple fait de ne pas vous relever les manches et de «faire ce que vous avez à faire»).

Il est donné à tous de battre toutes ou seulement quelques-unes des cartes qu'on a en main. Une femme m'a téléphoné dernièrement pour se plaindre de ce qu'elle ignorait pourquoi elle n'arrivait pas à être intime avec son petit ami. J'ai dû faire des pieds et des mains pour l'amener à me dire si elle disait cela au sens sexuel, personnel ou les deux. Nous en sommes venues à la conclusion qu'il s'agissait d'un mélange moitié-moitié. Elle était au début de la trentaine, elle n'avait jamais (nº 5) entretenu de relation à long terme (nº 4) parce que, m'a-t-elle dit : «J'ai peur (nº 1) de quelque chose et j'ignore de quoi au juste.»

Je lui ai dit qu'il se pouvait qu'elle craigne de découvrir que sa plus grande peur était justifiée, qu'étant donné que son ou ses parents n'étaient pas tendres envers elle ou la maltraitaient, elle ne méritait pas (n°7) d'être aimée. «Définissez-vous l'intimité comme étant le fait pour l'homme, ou un ami, de découvrir des choses vous concernant qui sont loin d'être admirables, et que par conséquent il ne vous aimera plus ? Qu'en fait il vous jugera négativement et vous rejettera ? Et que, pour vous protéger d'éventuelles souffrances, vous ne lui permettez jamais de vous voir telle que vous êtes ? Qu'au fond vous jouez la carte de la sécurité ?» (n°3 et n°10)

Elle m'a répondu par l'affirmative.

«Réalisez-vous que *tous les êtres humains*, quelle qu'a pu être leur enfance, redoutent exactement la même chose ? Réalisez-vous que tout le monde veut se faire accepter, admirer et aimer ? Réalisez-vous que l'expérience la plus dévastatrice que tout être humain puisse vivre est celle de se faire rejeter et abandonner ? Réalisez-vous que cette réalité ne vous appartient tout simplement pas en propre du fait que vous avez souffert dans le passé ?»

«Non, je n'ai jamais vu les choses sous cet angle-là.» (n°2)

«Eh bien, ma chère, vous allez devoir assumer les mêmes risques, pertes, gains, échecs et réussites auxquels le reste d'entre nous, êtres humains, devons faire face. Dix années de thérapie ne vous feront pas échapper aux lois naturelles de la physique : tout risque génère un mélange de victoires et parfois d'échecs. C'est comme ça, voilà tout ! Vous allez devoir courir des risques, comme nous tous. C'est le côté de la vie qui exige du courage.»

À cela, elle m'a répondu : «Aïe, des risques. Oui, j'imagine que vous avez raison. J'ai évité jusqu'ici de courir des risques.» (n°3)

«Non seulement ça, mais si vous vous cramponnez à votre "sécurité" en vous tenant à distance émotionnelle et physique de votre petit ami, vous lui faites subir exactement ce que vous ne voulez pas vivre vous-même : le rejet !» (n°6)

«Je ne voyais même pas les choses sous cet angle-là.»

«Par ailleurs, ai-je ajouté, réalisez-vous que vous êtes la personne la plus égocentrique que vous ayez dans votre propre vie ?» (n°6 et n°8)

Elle m'a répondu : «C'est exactement ce que mon petit ami m'a dit hier soir. Bonté divine, je n'ai jamais voulu me voir comme ça !»

«Hé, ma fille, tu as un homme qui reste avec toi contre vents et marées, ne va pas tout gâcher.» (n°9)

J'ai poursuivi en lui expliquant que ce qui nous permet d'entrer en relation avec les autres, ce qui améliore nos chances de nous faire admirer, apprécier et aimer, et ce qui donne un sens à notre vie et qui la rend heureuse, c'est le fait d'être centré sur ce que nous avons à offrir à quelqu'un d'autre! En fait, je l'ai invitée à chanter «moi, moi, moi, moi, moi» avec moi pendant à peu près cinq secondes. Puis, je lui ai demandé de raccrocher, de se mettre ensuite à chanter «toi, toi, toi, toi, toi» et de me rappeler une semaine plus tard. Vous voyez! La thérapie peut être amusante!

VOTRE VIE VUE DANS UN RÉTROVISEUR

Une autre auditrice anonyme m'a écrit ceci concernant sa «recherche de closure»: *«Avant, je pensais que la "closure" était importante, mais plus je vieillis plus je réalise que ce que j'ai de mieux à faire, c'est de* lâcher *prise et de passer à autre chose dans la vie. La recherche de closure m'amène trop à me concentrer sur les mauvaises choses, plutôt que sur mes options et mon potentiel.*

«C'est une telle perte de temps que de regarder par le rétroviseur quand on conduit en marche avant dans la vie, et j'encouragerais les autres à cesser de regarder leurs cicatrices et à se mettre à nourrir la partie en eux qui est saine, en dépit d'une enfance horrible.

«Pourquoi ai-je mieux réussi que mes frères et sœurs? Je l'ignore. Nous avons tous grandi dans le même enfer. Je pourrais vous parler longuement des circonstances entourant ma jeunesse. Et je peux vous dire, Dr Laura, que cela aurait été TELLEMENT PLUS FACILE pour moi de passer ma vie à boire et à m'apitoyer sur moi-même. Mais j'ai décidé, il y a longtemps, que ma vie avait plus à m'offrir.»

Une décision? Celle de ne pas ruminer et de ne pas souffrir? La décision de limiter l'incidence négative qu'auraient pu avoir les expériences traumatisantes des débuts de votre vie sur votre capacité d'aimer la vie aujourd'hui? Une décision?

Il semblerait que pour la plupart des gens ce soit une question de décision: *«Mon frère et moi avons tous les deux choisi des chemins qui allaient nuire à notre bien-être, et mon frère, maintenant âgé de trente et un ans, est en prison parce qu'il a choisi d'emprunter la route qui mène à la violence et au crime. Quand j'avais quatorze ans, j'ai fait ce que font la plupart des filles qui n'ont pas eu de père et dont la mère était méchante et dégradante, je me suis mise à chercher l'amour dans les endroits où je n'allais jamais le trouver, à fumer du pot et à boire, si bien qu'à quinze ans je me suis retrouvée enceinte de ma fille. À dix-sept ans, je me suis retrouvée enceinte de nouveau, mais cette fois-là j'ai mis l'enfant en adoption, sachant que je ne pourrais pas donner une bonne vie à deux enfants.*

« Ensuite, j'ai rencontré l'homme de mes rêves et je l'ai épousé à l'âge de vingt ans ; six ans plus tard, nous sommes encore mariés. Nous avons ma fille avec nous, qui a maintenant dix ans, qui n'imagine pas le moins du monde qu'elle est le fruit de ma promiscuité d'adolescente, car mon mari l'a acceptée dès l'instant où il l'a rencontrée et l'a même adoptée un an après m'avoir épousée.

« Là où je veux en venir, c'est que j'espère que beaucoup de femmes qui vous téléphonent en ondes et se sentent indignes en raison de la manière dont elles ont été élevées suivront vos conseils. À cause de tout ce que j'ai vécu, si je m'étais fiée à certaines choses de la "psychologie populaire", je passerais mon temps à me diminuer, à rejeter la responsabilité de mes problèmes sur mon père et ma mère, et je ne procurerais pas une vie agréable à mes enfants et à mon mari. Je ne me sers pas du divorce, des viols, des coups, des mauvaises conditions de vie, de la mère qui se foutait du tiers comme du quart, ou de quoi que ce soit pour justifier autre chose que le fait que tout cela m'a rendue plus forte, et je sais maintenant que j'ai une bonne vie en dépit de tout cela. »

Il y a des gens qui ont du mal à prendre cette décision, et cela se comprend. J'ai reçu l'appel de Julie, dont le mari a depuis six ans une relation par intermittence avec sa mère, qu'on a diagnostiquée comme souffrant de troubles mentaux. Quand je lui ai demandé ce qui avait poussé son mari à cesser de côtoyer sa mère encore une fois, Julie m'a dit que lorsque la mère se mettait en colère à propos de quelque chose, elle cessait de téléphoner et de parler. Ce « quelque chose », c'était que sa mère jugeait que son fils ne lui téléphonait pas et ne lui rendait pas visite assez souvent. Bref, il ne lui prêtait pas suffisamment attention.

Julie m'a dit qu'il avait été difficile pour son mari et le frère de celui-ci de grandir avec une mère aussi sensible et aussi coercitive.

Sa question pour moi concernait le fait que son mari et sa mère ne s'étaient pas adressé la parole depuis un an, mais que celle-ci continuait d'envoyer des cartes de Noël, des cartes de fête et des cartes d'anniversaire de mariage par la poste.

Je lui ai dit, sans qu'elle ne le remarque : « C'est gentil. »

Julie a poursuivi en disant : « Lorsqu'elle fait ça, mon mari en est tout retourné parce que toutes ses émotions le rattrapent. »

« Julie, vous devez dire à votre mari qu'à l'âge où il est rendu il doit accepter que c'est le mieux que sa mère puisse faire. Il doit apprendre à apprécier le don des cartes, sans se servir de chacune de ces cartes comme d'une détente pour déclencher en lui le deuil de ce qu'il n'a pas eu ou aurait si sa mère avait été chaleureuse et douce. Recevoir des cartes vaut mieux que de ne pas recevoir de cartes. Dites-lui de ne pas dénigrer l'assiette de spaghettis parce qu'il y manque cinquante brins. C'est le mieux que sa mère puisse faire. »

« Dr Laura, devrait-il prendre le téléphone et l'appeler ? »

« Bien sûr, pour la remercier de sa carte. Et il doit accepter que c'est sa mère, et qu'elle est limitée. C'est probablement une des choses parmi les plus importantes que les gens doivent apprendre à faire par rapport à leur situation parentale "difficile". Elle n'est pas méchante, elle est irritante, elle est torturée dans son propre esprit. Elle se sent plus à l'aise d'envoyer des cartes que d'interagir dans la vraie vie. C'est le mieux qu'elle soit capable de faire. Elle ne veut probablement pas le blesser, elle est entièrement centrée sur ses souffrances. C'est un être humain limité, qui en souffre elle-même.

« Votre mari doit grandir un peu, et apprendre à voir les cinquante brins de spaghetti qu'il a dans son assiette. Il doit en venir à se rendre à la boîte aux lettres et à se dire : "C'est gentil, au moins elle m'envoie une carte." Il doit y arriver, sans quoi *il* gâchera sa vie d'adulte, et non sa vie à elle. Elle est prévisible et fidèle à elle-même. Votre mari doit en arriver à se persuader qu'elle ne se transformera pas en Supermaman, et peut mettre de la distance émotionnelle entre son propre bien-être immédiat et les comportements prévisibles de sa mère. »

Une autre auditrice m'a écrit avec une admiration profonde pour la manière dont son mari composait avec les souffrances que lui avait fait subir son horrible mère durant l'enfance : « *[...] parce que, si je vous racontais le genre d'enfance qu'il a vécu, vous vous imagineriez qu'il serait devenu un père complètement nul, un toxicomane et un perdant. Ce qui m'émerveille le plus, c'est de voir ce que mon mari est devenu. Mon mari ne passe jamais une seule seconde à s'apitoyer sur lui-même. Il se remémore parfois le passé, mais jamais pour broyer du noir, et toujours pour en tirer des leçons et grandir par le fait même. Il considère son enfance comme un exemple de ce qu'il ne veut pas obtenir de la vie.*

« Je suis renversée qu'il sache même aimer. Il a choisi de se montrer poli et gentil envers sa mère, mais il a déterminé de mener une vie complètement différente, en s'entourant de gens bien et décents. »

Je suis persuadée qu'en fonction de la psychothérapie d'aujourd'hui, on jugerait que cet homme réprime ses sentiments, est en dénégation et risque d'exploser (pour tomber dans l'alcoolisme ou la toxicomanie, la maladie mentale, la violence) lorsque tout reviendra un jour à la surface. Toutefois, des facteurs contredisent cette soi-disant situation inévitable :

• Il ne se cache rien à lui-même, ayant reconnu et accepté la vérité douloureuse et laide des mauvaises expériences de son enfance, plutôt que de nier ces expériences et de blanchir les agresseurs.

• Il est probablement conscient de ses points de vulnérabilité, qui résultent de ce qu'il a vécu dans sa prime jeunesse, et ne leur permet pas de diriger sa vie ni de lui dicter sa conduite.

• Il a fait le lien entre les traumatismes de son enfance, et de ses comportements inadéquats et improductifs, d'une part, et son mode de pensée et ses sentiments actuels, d'autre part. Et il reste maître de tout cela.

• Il accepte que ses démons le tenaillent de temps à autre, mais qu'il peut y survivre sans se dire qu'il y a quelque chose qui cloche chez lui.

• Il a fait des choix de vie qui lui permettent de se réaliser, qui sont exaltants et qui lui procurent de la satisfaction.

• Il fait partie d'une famille saine qu'il a contribué à créer, et qui lui procure du soutien et qui l'aide à grandir.

Or, ce n'est pas la façon d'être d'une personne qui connaîtra autre chose qu'une vie meilleure que celle qu'elle a connue dans le passé.

OUAIS, MAIS QU'EN EST-IL D'UNE DEMANDE DE PARDON ?

Certains d'entre vous sont convaincus qu'ils ne peuvent aller de l'avant et n'iront pas de l'avant de manière plus satisfaisante à moins qu'ils n'obtiennent des gens qui les ont blessés soit une reconnaissance des torts causés, soit une demande de pardon pour ceux-ci. De toute évidence, cette équation comporte un problème si ces gens sont morts ou s'ils n'ont pas changé d'une molécule !

Quoi qu'il en soit, quand, enfants, nous nous battions et que nos parents nous faisaient nous serrer la main en nous disant l'un à l'autre que nous étions désolés, nous renoncions habituellement à la rage et nous redevenions amis. Je crois qu'en raison de ces nombreuses expériences bénéfiques, vous croyez que la même chose devrait se produire dans votre vie d'adulte. Mais ce n'est généralement pas le cas, même quand la demande de pardon est sincère. Pourquoi ? Parce que, contrairement aux quelques minutes ou heures qui s'écoulaient entre la mauvaise action et la demande de pardon lorsque vous étiez enfant, l'incidence d'une enfance malheureuse s'étend sur des années, même des décennies, tandis que se développaient en vous le sentiment d'avoir de la valeur ; votre perspective de l'espoir, de la vie et des possibilités qui s'offraient à vous ; la capacité de faire confiance et de courir des risques ; ainsi que la foi en Dieu et en l'amour. Il y a, littéralement, trop de choses qui se sont produites pour permettre qu'une demande de pardon puisse changer grand-chose à tout cela, en réalité.

Miriam, une auditrice, m'a écrit ceci au sujet des demandes de pardon : « *En 1984, quand mon père, qui m'avait fait subir des sévices sexuels depuis l'âge de 4 ans jusqu'à mes 13 ou 14 ans, s'est retrouvé en train de mourir du cancer, je l'ai affronté. Je l'ai accusé d'avoir gâché ma vie (à l'époque, j'avais 34 ans) et je me dirigeais tout droit vers l'alcoolisme, la promiscuité et l'incapacité de payer mes factures, etc. Quoi qu'il en soit, mon père m'a dit qu'il n'avait pas gâché ma vie, et que je me servais de lui comme prétexte pour continuer de la gâcher moi-même.*

« *Durant mon vol de retour, j'ai repensé à ce qu'il m'avait dit. Il n'a jamais nié m'avoir blessée et il n'a jamais dit qu'il était désolé, mais il m'a donné de quoi réfléchir. Et, autant que je détestais lui donner raison, j'ai dû reconnaître que je rejetais sur lui la responsabilité de toutes les erreurs que j'avais commises.*

« *C'est difficile à faire, mais je dois donner le mérite à mon père pour m'avoir fait faire un virage dans ma vie. J'ai alors réalisé que j'étais bel et bien aux commandes de ma vie. J'ai cessé dès lors de fréquenter les bars, je me suis mise à être une vraie mère pour mon fils et j'ai commencé à payer mes factures. J'ai encore parfois de la difficulté à honorer mes obligations financières. Je souffre encore de dépression, et de dépenser de l'argent semble encore me faire du bien. Je ne bois plus, ce qui a éliminé la promiscuité dans ma vie. Il m'arrive parfois de ne pas parvenir à dissiper le nuage que j'ai au-dessus de la tête… ce qui s'est produit sur son lit de mort m'a sauvé la vie.* »*

Miriam n'a pas obtenu la demande de pardon qu'elle espérait. En fait, vous pourriez dire que son père a rejeté la responsabilité de sa vie entière sur elle, encore une autre forme de sévice ? Cela est possible, dans un sens, mais son agresseur l'a appelée, ironiquement, à faire face au fait que de dérailler et de rester hors des rails sont les résultats de deux forces différentes. Les mauvais traitements de son père les ont fait dérailler, elle et ses frères et sœurs ; par la suite, elle était toutefois seule aux commandes de son train parfois cahotant.

Une question demeure : Est-ce possible qu'une personne ayant été profondément meurtrie par une enfance malheureuse en vienne un jour à vivre une vie vraiment heureuse ? Je réponds absolument par l'affirmative à cette question, en ajoutant une mise en garde : si une vie heureuse pouvait s'illustrer par une tranche de fromage, il y a des vies qui seraient plus comme le fromage américain, d'autres comme le gruyère, avec des trous dedans. Quoi qu'il en soit, tout cela est du fromage – ce qui vaut mieux que du vieux lait caillé.

Gina m'a écrit qu'elle pouvait « *[…] certainement sympathiser avec ceux qui avaient connu dans la vie des débuts marqués par des*

---

* Elle dit avoir des frères et des sœurs qui sont tous encore toxicomanes, alcooliques, obèses, divorcés plusieurs fois et malheureux en général.

sévices perturbateurs. Je l'ai vécu moi-même. Il ne sert à rien de ruminer sa douleur, parce que le passé est passé.

« *Rien ne saurait y changer quoi que ce soit. On ne peut pas forcer des agresseurs à demander pardon, et même si on le souhaitait, leur demande de pardon ne changerait rien à ce qu'ils ont fait. Le changement doit venir du for intérieur de la personne qui a subi les sévices. Voilà tout. On doit prendre la décision d'aller de l'avant, de lâcher prise et de vivre.* »

Mark, un homme de quarante-deux ans marié depuis dix-huit ans à une femme merveilleuse qui lui a donné deux beaux enfants, une fille de dix-sept ans et un fils de quinze ans, m'a téléphoné pour me consulter parce qu'il avait encore des questions à régler par rapport à son père, qui avait attendu seize ans pour entrer dans sa vie.

MARK : Chaque fois qu'il me donne des petites tapes dans le dos lorsque nous nous retrouvons au temps des fêtes, je ne peux m'empêcher de me crisper. Ai-je tort de réagir ainsi ?

DR LAURA : Quel est le problème qui n'a pas été résolu ?

MARK : Eh bien, j'imagine que c'est le fait qu'il n'ait pas été là du tout jusqu'à mes seize ans.

DR LAURA : Monsieur, comment imaginez-vous résoudre ce problème ?

MARK : J'ai essayé de lui en parler.

DR LAURA : Mais Mark, comment pourrez-vous jamais rectifier l'histoire ?

MARK : J'imagine que vous avez raison.

DR LAURA : Que pourrait-il dire ou faire pour changer les années qui se sont écoulées entre votre naissance et vos seize ans ?

MARK : Je ne sais pas. J'imagine que de me dire « Je suis désolé » serait un début.

DR LAURA : Si vous le croyez, dites-lui simplement : « Papa, j'ai besoin de t'entendre me dire que tu es désolé. » Vous devez avoir le courage de le lui dire et de cesser de jouer la comédie à Noël et à l'Action de grâce, puis de vous crisper sous l'effet de votre propre refus de faire preuve d'honnêteté. Je suppose que c'est parce que vous ne voulez pas vous faire rejeter et abandonner deux fois ! Rappelez-vous, cela ne changera vraiment rien à votre histoire, mais il se peut que de le voir accepter sa part de responsabilités dans les torts causés vous fasse vous sentir mieux en ce moment. Mais Mark, il se peut aussi que son contact physique ne vous mette pas plus à l'aise pour autant. Ce sentiment d'aise en sa compagnie ne pourra croître qu'avec le temps. Une demande de pardon n'a rien à voir AVEC LE PASSÉ, MAIS TOUT À VOIR AVEC LA POSSIBILITÉ D'UN AVENIR, N'EST-CE PAS ?

MARK : Oui, je le vois bien maintenant.

Permettez-moi de me répéter : « Une demande de pardon n'a rien à voir avec le passé, mais tout à voir avec la possibilité d'un avenir. » Je crois qu'il s'agit ici d'un concept très important. Hier est rempli non seulement des mauvaises actions d'une personne pour lesquelles il semblerait normal qu'elle vous demande pardon, mais encore de votre agonie et des conséquences de vos propres mauvais choix pour avoir mal réagi à ces mauvaises actions. La demande de pardon ne diminuera aucun des derniers problèmes, qui sont devenus partie intégrante de votre être, de votre perception du monde en général et de vos réactions émotionnelles réflexives.

Les demandes de pardon provenant de ceux qui ont contribué à rendre votre enfance malheureuse sont bonnes à prendre, mais pas nécessaires pour vous façonner une vie heureuse. Pour en revenir à l'idée que je vous ai soumise au début du présent chapitre, qui consiste à questionner ceux qui se perçoivent comme les conquérants de leur enfance malheureuse, j'ai demandé à mes auditeurs de visiter mon site web (*www.drlaura.com*, en anglais seulement) et de répondre aux six questions que j'y pose concernant le concept de « closure ». J'ai reçu des centaines de réponses enthousiastes de la part de gens qui s'identifiaient à cette réussite.

Pour chaque question, j'ai dressé la liste des réponses les plus importantes et les plus souvent exprimées. On a beaucoup à apprendre de ces réponses. La première chose que vous découvrirez, c'est que presque tous les participants reconnaissent que la closure n'est pas vraiment une question de passé, ni de permanence, du tout.

SIX QUESTIONS CONCERNANT LA CLOSURE

Question 1 : Comment définiriez-vous la closure ?

~ « Bien que certaines personnes soient tentées de définir la closure comme le fait de recevoir un "je suis désolé, j'ai eu tort" de la part de la partie contrevenante, la closure se définit selon moi comme la décision de cesser d'être obsédée par mon enfance et de m'attendre à ce que quelque chose se produise qui améliorera tout. »

~ « La closure, c'est la capacité de mettre quelque chose derrière soi. Il s'agit de composer avec la situation assez bien pour qu'elle ne vienne plus vous harceler chaque jour ou nuire au bon déroulement de votre vie. »

~ « Je considère la closure comme le fait d'aller de l'avant dans la vie, de vivre au présent plutôt que d'être obsédé par le passé. La closure n'est pas synonyme d'amnésie, pas plus que de haine envers votre histoire, ou de revanche. La closure se produit lorsque vous acceptez le passé pour ce qu'il est, que vous acceptez le rôle que vous y avez joué ou l'absence de pouvoir que vous aviez dans la situation, que vous reconnaissez les leçons apprises et que vous en tirez avantage. Si vous vous concentrez sur la création de la réalité actuelle telle que vous la voulez, qui vous conduira à l'avenir que vous souhaitez connaître, vous permettez à la closure de se produire. »

~ « La closure n'est pas une correction, mais une acceptation. Lorsque vous permettez que la closure, ou l'acceptation, ait lieu, vous êtes en mesure d'aller de l'avant sans animosité. Mais si vous continuez de ruminer le passé, vous continuerez de lui appartenir ! »

Résumé : La closure ne consiste pas à mettre un couvercle sur la réalité de votre enfance malheureuse ; ni à ne plus souffrir ou à ne plus être en colère, sentiments qui sont probablement tous les deux des réactions justifiées ; ni à refuser de se souvenir des horreurs et des déceptions de votre passé ; pas plus qu'à ne pas tenir ceux qui vous ont fait du tort pour responsables de ce tort ou de s'améliorer, même si c'était bien ! ; ni à ne jamais vous surprendre en train de réagir comme si le présent était le passé. Dans la vraie vie, les fins et la closure n'existent pas réellement. Même la mort de quelqu'un qui vous a fait du mal par le passé vous laisse malgré tout avec cette histoire. Quel espoir reste-t-il donc, alors ? Il y a tout lieu d'espérer, si vous êtes assez flexible pour détourner votre attention du passé pour la tourner vers ce que vous souhaitez avoir le reste de votre vie.

La closure serait plutôt un engagement envers une vie déterminée par vos choix et vos actions, et non simplement une réaction aux souffrances passées.

Question 2 : Comment peut-on obtenir la closure ?

~ «La force intérieure nécessaire pour aller de l'avant. Il faut comprendre que seuls les choix sains sont des options acceptables. Il faut que vous ayez la force intérieure nécessaire pour aller de l'avant, et que vous combliez le fossé qui s'est créé dans le passé en faisant des choix plus sains qui auront des effets plus positifs sur votre vie. Je sais devoir être forte chaque jour pour me lever et vivre ma vie, compte tenu de ce que j'ai vécu enfant.»

~ «Si vous aimez vous trouver là où vous en êtes rendu dans la vie, vous perdez votre temps et votre énergie à détester là où vous étiez. Si vous partiez en voyage et que vous vous retrouviez en train de débouler une montagne, de tomber dans un ravin, de vous faire emporter par un courant très fort, de dévaler une chute pour ensuite vous réveiller dans une vallée magnifique baignée de chauds rayons de soleil, avec des bassins d'eau fraîche, une profusion de fruits et des amis qui vous aiment beaucoup, pourquoi perdriez-vous votre temps à maudire le voyage qui vous aurait conduit jusqu'au paradis ?»

~ «En célébrant la vie, et par le pouvoir de la volonté. Tirez la chasse sur toute cette histoire et pour vous permettre de mettre un point final officiel à cette période de votre vie.»

~ «En vous tenant occupé et en ne passant pas trop de temps à penser à vous-même, et aussi en comptant vos bénédictions ; quand je trouve que la vie est difficile, je me dis que j'aurais pu naître au Bangladesh.»

~ «La closure s'obtient au moyen d'une attitude de pardon, et quand vous vous concentrez sur le potentiel positif de votre avenir.»

Résumé : Comme vous pouvez le constater, tout le monde perçoit la closure comme étant quelque chose qu'on fait, soit concrètement de sa vie et de ses relations, soit de sa propre attitude, en choisissant de regarder droit devant et non en arrière en se plaignant.

Une vie heureuse exige du caractère, pour vivre avec détermination et faire les bons choix, et du courage, pour courir des risques et supporter souffrances et craintes.

Question 3 : Qu'est-ce qui va à l'encontre de la closure ?

~ «Nourrir les pensées empreintes de colère et de frustration… vous n'avez plus à subir ça!»

~ «Continuer de vous exposer aux mêmes gens, lieux ou situations lorsqu'il serait mieux de s'en séparer.»

~ «N'aspirer qu'à ce qui est connu et redouter l'inconnu. La création exige un travail acharné; il faut du courage pour se refaire soi-même et se bâtir une nouvelle vie, surtout si vous vous sentez faible et que vous manquez d'assurance. Plutôt que de vous concentrer sur vos faiblesses, qui alimentent vos insécurités, félicitez-vous d'avoir eu la force de survivre et d'avoir été disposé à changer.»

~ «Consulter le mauvais thérapeute, car tout ce que vous ferez alors, ce sera de vous complaire dans un apitoiement sur soi-même qui vous rendra trop égocentrique.»

~ «Continuer d'essayer inexorablement de changer votre passé, en vous disant par exemple que, si vous donnez à votre mère tout ce qu'elle veut, il se peut qu'elle finisse par vous aimer ou que, si vous faites tout ce que votre père vous dit de faire, il cessera peut-être de vous rudoyer. Renoncez-y, ça ne fonctionne pas.»

Résumé : En termes simples, ce qui sépare votre passé amer de votre futur meilleur, c'est votre tentative pour atteindre l'autre extrémité de la piscine à la nage sans accepter de quitter l'extrémité où vous vous trouvez!

Question 4 : La closure est-elle une solution permanente ?

~ «Voilà une question chargée de sens. Rien n'est permanent, du fait que la vie évolue; le futur se bâtit par le présent et déjoue le passé. Des impondérables se produiront qui vous rappelleront des émotions passées et un temps révolu; apprenez à reconnaître ces émotions lorsqu'elles surgissent et gardez présent à l'esprit que vous êtes maintenant aux commandes de votre vie. De nouvelles circonstances

créeront de nouveaux modèles, et maintenant que votre vie a changé, vous ne devez plus vous attendre à ce que l'histoire se répète.
Rappelez-vous que vous pouvez maîtriser vos réactions ; nos réactions sont souvent ce qui provoque l'événement suivant – de
nouvelles réactions susciteront une nouvelle série d'événements. »

~ « Non, vous aurez presque toujours de petits rappels. »

~ « Pour moi, la closure signifiait que je ne me laisserais plus contra-
rier par des circonstances prédéterminées. Toutefois, lorsqu'un inconnu
vous aborde dans un centre commercial et se mette à vous poser
toutes sortes de questions indiscrètes ou qu'un film vous remue les
tripes, il est impossible que vous ne vous en trouviez pas perturbé.
Le fait que j'aie maintenant la paix dans ma vie en général rend
toutefois ces événements moins traumatisants. »

~ « Oui, si elle met fin à un comportement destructeur. »

~ « La closure n'est pas une cure, et n'est donc pas une solution permanente. »

Résumé : Ce qui est dans votre passé est dans vos souvenirs et vos
entrailles. Il y aura des moments tant prévisibles que spontanés où le
passé s'érigera devant vous et vous mettra au défi de régresser jusqu'à
vivre dans la peur et le dégoût de vous-même. Ce qui vous différencie
de ceux pour qui c'est le cas, ce sont votre force d'âme et vos liens avec
les gens qui vous aiment ; ces deux facteurs vous garderont stable, concentré, en bout de ligne triomphalement en paix et déterminé à savourer
la vie.

Question 5 : **Quels avantages la closure comporte-t-elle ?**

~ « La paix. »

~ « Vous prenez les rênes de votre vie, vous dormez mieux et vous aimez mieux. Le fait de pouvoir vous investir davantage dans l'aide
à autrui plutôt que de toujours et seulement vous perdre dans vos
propres problèmes. »

~ « Le plus grand avantage pour moi a été de renoncer à la colère que
j'avais accumulée intérieurement. Cela ne s'est pas produit du jour
au lendemain, mais juste la décision de ne plus la laisser dominer
ma vie a été un soulagement. Ma relation avec mes parents est

devenue facile maintenant que je n'essaie plus de leur arracher des demandes de pardon [et des compensations].»
~ «J'espère que je récolterai en fin de compte l'avantage d'évacuer mes émotions négatives et de vivre un changement qui m'amènera à développer des émotions plus positives comme la joie, l'espoir et l'appréciation.»
~ «J'ai eu besoin de closure pour vivre dans la réalité. Je ne suis pas stupide, mais quand je mets mes œillères et que je réagis comme la petite fille blessée que j'étais, même si j'évolue dans mon monde d'adulte, je gâche tout.»

Résumé : L'avantage que comporte la closure est de vous permettre de mener concrètement une vie mieux remplie et plus riche, plutôt que d'être un exemple de développement avorté.

Question 6 : **La closure est-elle nécessaire à une vie heureuse ?**
~ «Je sais que c'est mon cas ! Elle m'aide à détruire de vieux modèles. Autrement, je me retrouverais captif de vieilles habitudes.»
~ «Il est nécessaire de vivre dans la réalité présente pour connaître une vie heureuse.»
~ «La closure s'avère absolument nécessaire à une vie heureuse. Nous vivons tous des déceptions et des souffrances. Si nous y revenons sans cesse, nous risquons de nous faire consumer par elles. Si nous acceptons qu'il y a des choses qui échappent totalement à notre volonté [comme notre histoire], il nous est possible d'aller de l'avant.»
~ «Oui, car nous pouvons dès lors nous consacrer à venir en aide aux autres plutôt qu'à nous perdre dans nos propres problèmes. Il en résulte une vie beaucoup plus satisfaisante.»
~ «En fait, vous ne pouvez pas compter sur la closure pour rendre votre vie heureuse ; vous devez essayer de rendre votre vie heureuse, et espérer que ce faisant la closure se produira.»

Résumé : C'est la dernière réponse qui me plaît le plus. Si vous consultez ma définition de la ténacité, vous verrez qu'il s'agit uniquement de mener une vie de qualité, et aucunement de rectifier le passé. Vous verrez aussi que, pour mener une vie heureuse, il n'est absolument pas nécessaire d'avoir connu une enfance de qualité ; il faut pour cela faire preuve de courage, d'engagement et de capacité d'agir, sans quoi vous ne pourrez pas accomplir les choses qui définissent et créent une vie heureuse. Tandis que votre vie progressera ainsi, la force avec laquelle votre enfance malheureuse influera sur votre vie ou y nuira ira en diminuant. C'est le comportement qui change en premier, les éléments émotionnels suivent le comportement, et rarement l'inverse.

En conclusion, une auditrice m'a écrit : « *J'ignore si ce sera utile, mais je vous dirai que j'avais des amis qui parlaient tout le temps de «faire de la closure» par rapport à leur enfance, leurs relations, etc., et je croyais qu'il s'agissait là de quelque chose de tangible qu'il me serait possible un jour de réaliser. Bref, à vingt-neuf ans, lorsque j'étais sur le point d'avoir mon premier enfant, je me suis dit : "Combien de temps me faudra-t-il encore ?" Ce qui fait que j'ai arrêté d'attendre après ça et que j'ai décidé de vivre une vie heureuse.* »

Cette décision, mes amis, c'est toute la soi-disant closure dont vous avez besoin ! Ici, j'aimerais troquer officiellement le terme closure contre celui de *ténacité*. La ténacité est la qualité qui améliore vraiment la vie, et non un quelconque concept selon lequel certaines choses seraient terminées une fois pour toutes.

La ténacité implique que vous :

- êtes motivé à améliorer les choses ;
- êtes disposé à former des relations empreintes de confiance ;
- allez identifier et reconnaître les situations de vie qui déclenchent des crises émotionnelles faisant écho à votre enfance malheureuse et vous efforcer de maîtriser vos réactions, pour en venir à regagner la maîtrise de vos sentiments, au lieu d'en être l'esclave ;
- changiez votre perception faussée des gens et des situations, en donnant aux gens de votre entourage le bénéfice du doute et en vous engageant à communiquer.

Faire preuve de ténacité, c'est s'adapter (mieux se conformer aux expériences et aux défis d'aujourd'hui) et tolérer (permettre des frustrations sans se rebeller contre la vie, les autres et soi-même) la vie telle qu'elle est, plutôt que de la voir à travers le prisme des misères et des gens misérables du passé. Cette transformation exige quelque chose de votre part (par opposition à la closure, qui est quelque chose qui est censé vous arriver) :

1. Développer des intérêts (des distractions, ne pas se contenter de vivre, mais créer !).
2. Développer ses dons et ses talents uniques (votre existence compte pour la communauté mondiale).
3. Faire preuve d'autodiscipline (persévérer dans vos efforts positifs en dépit de l'ennui, des tentations, de la paresse ou d'une vague de négativité par rapport au passé).
4. Être disposé à espérer et à rêver (apprécier le don béni de la vie et de l'amour).
5. S'ouvrir aux nouvelles idées (renoncer à la rigidité au profit de certaines options et possibilités).
6. Tolérer la détresse (accepter les épines avec les pétales).
7. Voir clair dans ses points sensibles, ses perceptions et ses réactions (assumer la responsabilité de vos actions).
8. Tourner son attention vers le bien-être d'autrui (la compassion produit la joie).
9. Déterminer de donner à sa vie et à son travail une structure philosophique (un sens, un but).
10. User de patience envers soi-même, autrui et la vie (la paix intérieure).

Vous pouvez décider de vous montrer tenace.

Et rappelez-vous qu'à compter de la présente page, et pour le reste de votre vie, le mot d'ordre est *ténacité* et non *closure*.

Quatre

AU SUJET DE VOS PARENTS...

Hum, je vous appelle aujourd'hui parce que je viens de sortir du cabinet de mon thérapeute, et, hum, j'ai des problèmes avec – eh bien, toute ma vie j'ai eu des problèmes avec mon père, et...
—James, un appelant

Je ne sais pas ce que je devrais ressentir et quoi faire... Je veux dire, c'est ma mère...
—Rhonda, une appelante

LES ÉLÉPHANTS NE RONRONNENT PAS

Une auditrice m'a écrit ceci: «*J'ai remarqué que bon nombre des personnes qui vous appellent se plaignent que leurs parents ne sont pas comme ils le voudraient. Vous m'avez aidée à composer avec ma propre déception envers mon père il y a quelques années en me disant: "Si j'avais un chihuahua et que je voulais qu'il soit un doberman, j'aurais beau redoubler de gentillesse envers lui ou espérer que la transformation se fasse, il ne se changerait pas pour autant en doberman."*

«*La première fois que je vous ai entendue dire ça, Dr Laura, je me suis sentie en train de laisser aller la souffrance, la colère et la déception que je nourrissais depuis l'enfance. Jamais auparavant, ni jamais depuis, une illustration n'a influé aussi complètement sur la qualité de ma vie. Je suis maintenant capable d'interagir avec mon père et de me sentir heureuse par la suite, car je n'interagis plus avec lui en m'attendant à recevoir quelque chose que je le sais incapable de me donner. Je suis satisfaite de ce que j'obtiens de lui, car je reconnais que c'est là tout ce qu'il peut me donner ou me donnera. Or, comme je ne cherche plus à obtenir davantage de lui, je peux me détendre et être calme, sans passer des heures à sangloter par la suite. Merci.»*

Abandonner «l'espoir» que votre mère ou votre père devienne un jour le parent affectueux, gentil, prêt à vous soutenir, encourageant, agréable et compréhensif que vous aimeriez tant avoir semble être absolument déprimant comme perspective, ce qui se comprend. Il se peut que votre père ou votre mère ne se transforme jamais en parent du tonnerre parce qu'il/elle souffre d'une maladie mentale, qu'il/elle soit mauvais, méchant, terriblement égocentrique, insensible, fâché, faible, qu'il/elle ait des défauts invétérés ou qu'il/elle soit tout simplement mort. Il se peut même qu'il/elle ne soit tout simplement pas très intelligent, futé ou perspicace en matière d'éducation des enfants ou quand il s'agit d'interagir avec des enfants devenus adultes. Il est possible qu'il/elle n'ait jamais assez de courage pour en venir un jour à admettre qu'il/elle a fait du tort à ses enfants; qu'il/elle ne s'engage jamais à grandir et à changer.

Le fait d'«abandonner l'espoir» signifie-t-il nécessairement que vous deviez renoncer à être en relation avec ce parent? Pas nécessairement. Toutefois, je vous le recommande fortement s'il persiste à agir de manière destructrice ou dangereuse envers vous et votre nouvelle famille, si vous en avez une. (Nous reviendrons plus loin sur le moyen d'éloigner un parent de notre vie.) En ondes, je fais souvent la distinction entre des parents «pervers» et des parents «contrariants». Ceux qui sont pervers doivent être bannis; ceux qui nous contrarient, à divers degrés, peuvent être tolérés et il nous faut interagir avec eux en usant de maturité, de patience, de fermeté, de cohérence, et parfois en limitant nos contacts. Cela veut dire, par contre, qu'il faut acquérir la capacité d'accepter les limites inhérentes à ce parent et à cette relation.

L'auditrice dont je vous ai parlé et qui m'a écrit au sujet de la distinction entre le doberman et le chihuahua nous donne un exemple parfait de l'abandon de l'espoir sans abandon du parent concerné. En fait, je crois que la plupart des gens qui doivent composer avec des parents difficiles n'ont pas à faire à des parents pervers, destructeurs ou dangereux de qui ils doivent se séparer en permanence. Dans un sens, ce sont là les situations les plus faciles auxquelles faire face, car elles ne comportent aucune zone grise. C'est lorsque les parents sont «contrariants» qu'ils causent les plus grandes difficultés à leurs enfants adultes, qui résistent à l'acceptation des limites que leur impose le « ce qui est ». Je rappelle toujours aux gens que nous vivons au pays du « ce qui est » et non au pays du « ce que je veux / ce que je souhaite / ce dont j'ai besoin ».

La plupart des gens m'appellent en ondes en arborant la mentalité du « tout ou rien » ; c'est-à-dire que soit ils continuent de subir un parent difficile et récalcitrant, parce qu'ils refusent d'accepter « ce qui est », soit ils en viennent, en dernier recours, à l'excommunier ! Mais étant donné qu'ils se sentent habituellement trop coupables de l'excommunier, après un court laps de temps sans contact, ils se remettent à subir la relation, retrouvant du même coup ses conséquences sous formes de querelles horribles, de sentiments blessés et une grande partie de leur vie engloutie dans le tumulte émotionnel. Ce tumulte émotionnel conduit habituellement à des problèmes au travail, avec les enfants ou le/la conjoint(e), et souvent à la toxicomanie ou à l'alcoolisme visant à apaiser la souffrance intérieure.

La bonne nouvelle que j'ai à vous communiquer, c'est que l'abandon de l'espoir constitue une des choses parmi les plus saines et les plus bienfaisantes que vous puissiez faire pour vous-même ! Et cela, bien entendu, si vous suivez mon plan à deux volets : acceptez, et ne boudez pas.

James m'a téléphoné en ondes, et nous en sommes venus à aborder justement cette question.

JAMES : Il y a sept ans que je suis marié. Nous avons trois enfants, qui ont six ans, trois ans et deux ans. J'ai l'impression de ne pas arriver à mettre fin à ma mauvaise relation avec mon père. Je n'arrête pas d'essayer de la rétablir et de me faire abîmer le portrait, faute d'une meilleure expression.

James a poursuivi en m'expliquant qu'il venait de rentrer du cabinet de son thérapeute, où il était allé avec sa femme afin de régler « la question de [son] père ». Son dilemme venait du fait que son thérapeute lui avait dit qu'il devait accepter le genre de personne que son père était, que celui-ci n'était pas sociable et qu'il n'allait jamais devenir quelqu'un de chaleureux. Sa femme lui proposait cependant une alternative : elle voulait qu'il coupe les ponts avec son père et qu'il ne permette plus à ce dernier de lui « abîmer le portrait ».

La femme de James s'inquiète de ce que James se porte bien pendant environ six mois, jusqu'à ce qu'il téléphone à son père, qu'il tente d'organiser une sorte d'activité avec lui seul ou avec toute la famille, et que son père annule à tout coup; et cela dure depuis trente et un ans! On penserait qu'il aurait renoncé, depuis le temps, à téléphoner à son père pour se faire refuser une fois de plus son invitation. Eh bien, non, au lieu de cela, il s'arrange pour vivre de nouveau cet abandon qui lui est bien connu, pour ensuite souffrir et souffrir encore, en entraînant sa famille dans les mêmes souffrances.

DR LAURA : Je crois comprendre la différence entre leurs perspectives. Votre femme vit avec vous, mais pas votre thérapeute. Le problème que votre femme a avec vous, c'est que vous boudez!

JAMES : C'est vrai.

DR LAURA : Et que vous vous sentez et que vous agissez chaque fois comme si c'était la première fois que ça se produisait. La raison pour laquelle votre femme est fâchée et veut que tout cela ait une certaine finalité, c'est qu'elle voit que vous n'arrivez pas à faire face à la vérité!

JAMES : Ok.

DR LAURA : Si vous téléphoniez à votre père tous les six mois pour lui dire : «Papa, viens à la fête de mardi», que vous raccrochiez en sachant qu'il n'allait jamais venir et que vous poursuiviez ensuite votre vie, votre femme ne verrait rien à redire de ces appels téléphoniques.

Mais au lieu de ça, tous les six mois, alors qu'on aurait cru que vous auriez acquis une certaine acceptation, vous vous lancez de nouveau de votre plein gré dans cet abîme émotionnel.

JAMES : C'est tout à fait juste.

DR LAURA : Vous devriez être en thérapie, mais uniquement dans le but d'apprendre à ne pas blesser votre famille lorsque vous revivez sans cesse délibérément votre déception de toute une vie.

JAMES : C'est un bon point.

DR LAURA : Ce que votre père vous a fait par le passé, qui vous a blessé, vous le faites maintenant subir à votre famille par vos propres souffrances. C'est donc à vous de mettre fin à tout ça. Vous ne pouvez pas demander à quelqu'un de changer quand vous n'êtes pas prêt à le faire vous-même.

JAMES : C'est juste.

James ne cesse de se battre contre « ce qui est », en continuant de tester le « ce qui est » pour voir si celui-ci aurait changé. Ce qu'il recherche, c'est la notion romantique d'un lien affectueux entre son père et lui. C'est presque comme s'il ne pouvait apprécier la personne qu'il est et sa vie à moins que ce fantasme se soit réalisé. Ainsi donc, à moins que son père devienne une personne entièrement nouvelle, James ne se permettra jamais d'avoir une vie heureuse. Ce sont donc les comportements du père qui dictent le bonheur et la valeur du fils ?

J'ai une petite nouvelle pour vous : vous aurez beau frapper un mur de toutes vos forces, il ne se changera pas en porte pour autant. Vous n'avez pas le pouvoir de rendre les gens différents de ce qu'ils sont. Par contre, vous pouvez apprendre à devenir plus que ce que vous avez été jusqu'ici.

James ne cesse de se recréer une scène bien précise survenant entre son père et lui, dans laquelle James se voit comme étant un petit garçon sans défense, dépendant, triste et rempli d'espoir. James doit devenir un homme. Voici un exemple de ce qu'il ferait en sa qualité d'homme : J'imagine que, s'il se rendait spontanément au lieu de travail de son père et allait prendre un café avec lui, en badinant au sujet d'une équipe sportive, son père pourrait composer avec ça et James acquerrait une perspective plus réaliste de celui-ci.

Cette perspective plus réaliste tiendrait probablement compte des insécurités bien ancrées de son père, qui le rendent tout à fait insensible à son propre rôle de père dans la vie. Cette perspective plus réaliste tiendrait également compte du fait que James ne devrait pas percevoir le comportement de son père comme étant personnel ; autrement dit, il n'indique pas que James ne soit pas digne d'être aimé, mais plutôt que son père est limité dans sa capacité d'aimer. L'acceptation de cette vérité libérera James de ses cauchemars et de sa vie tendue avec sa famille.

La plus grande partie de l'acceptation consiste à ne pas se battre contre l'histoire ou la réalité, et à réaliser que vous êtes censé être maintenant un adulte autonome, du moins capable de vous protéger dans une certaine mesure contre les attaques illusoires d'un parent – tant dans votre tête que sur votre visage – au moyen de la perspective, de l'attitude et de la qualité de vie que vous vous êtes bâties ou que vous avez l'intention de vous créer. (Veuillez lire la dernière phrase trois fois avant de poursuivre votre lecture.)

LA PRINCESSE ET LE POIS

Si je me rappelle correctement le conte pour enfants « La princesse et le pois », le test par lequel on allait découvrir si la gentille jeune fille était véritablement la princesse consistait à la faire s'allonger sur une pile de matelas. Si, en dépit du nombre de matelas empilés, elle arrivait à sentir le pois placé sur le matelas du fond, cela indiquerait qu'elle était vraiment la princesse, du fait que seules les princesses ont la peau assez sensible pour réussir ce test. Or, comme elle était princesse, la jeune fille a passé une mauvaise nuit. La morale de cette histoire : Si vous êtes du genre prince ou princesse hypersensible, votre vie ne sera qu'une suite perpétuelle de mauvaises journées !

Rhonda, une appelante, était ce genre de « princesse ». Elle m'a demandé si elle devait écrire à sa mère pour lui exprimer combien celle-ci l'avait blessée la majeure partie de sa vie. « Comment composer avec le fait qu'elle me critique continuellement, moi et ma façon d'être mère… mon mari et mes… »

DR LAURA : Pourquoi ce que vous dit ou souhaite votre mère vous rend-il si émotive ?

RHONDA : J'imagine que d'avoir entendu tout ce qu'il peut y avoir de négatif sortir de sa bouche, allant même jusqu'au type de machine à laver et de sèche-linge que j'achète, en est venu à me chicoter un peu.

DR LAURA : D'abord, vous devez perdre un peu de votre sensibilité. Quelqu'un doit être capable de vous faire une remarque au sujet de vos électroménagers sans que vous deveniez hystérique. Rhonda, vous devez vous affirmer, et vous devez perdre de votre sensibilité par rapport aux choses qui n'ont pas la moindre importance, sans quoi vous aurez de la difficulté toute votre vie à interagir avec des gens qui ont de la volonté.

RHONDA : Vous avez raison. Mais elle m'a dit que j'avais choisi le mauvais mode de paiement. Elle m'a dit que je devais opter pour une ligne de crédit plutôt que de les acheter comptant.

DR LAURA : Et pour *ça* ou pour des choses comme celle-là, vous téléphonez au sujet de la possibilité de lui écrire pour lui faire savoir qu'elle vous a fait souffrir la majeure partie de votre vie ? L'équation me semble complètement fausse ; c'est un canon contre une sarbacane. Vous devez apprendre à faire la différence entre ce qui est méchant, d'une part, et ce qui est chez elle l'expression agressive et compulsive de son opinion, d'autre part. Vous prenez tout ce qu'elle vous dit pour un coup de couteau.

Bien que l'explication que j'aie fournie à Rhonda ait été rationnelle, raisonnable et juste, qu'est-ce qui rend difficile pour elle, et pour la plupart des adultes, de surmonter le sentiment d'être le petit enfant qu'on vient de désapprouver ? La réponse à cette question : le refus de regarder au-delà de leur propre souffrance, pour voir la réalité de ce qu'est leur parent.

J'ai poursuivi en expliquant ce fait à Rhonda, mais j'imagine que vous reconnaîtrez en partie votre situation personnelle dans ma réponse :

Dr Laura : Votre mère est quelqu'un de très anxieux ; elle ressent donc le besoin qu'on ait besoin d'elle et d'avoir de l'importance. Voilà pourquoi elle a une opinion sur tout. Vous êtes également très anxieuse, et vous avez constamment besoin d'être validée et approuvée pour vous sentir bien dans votre peau. Ces deux personnes peuvent-elles exister au même endroit en même temps ? Non !

Et c'est ce qui se passe entre vous et votre mère. Vous ne réalisez pas, selon moi, à quel point elle peut être anxieuse et qu'elle ne sait vraiment pas comment vous aimer en tant que mère. Elle n'en a pas la moindre idée. Elle a trop peur. Elle se sait peu aimable, alors elle essaie d'être une madame Je-sais-tout pour compenser. C'est son cadeau pour vous. Ce n'est pas de l'amour, mais c'est sa façon de prendre soin de vous.

La première chose qu'à mon avis vous devez faire, c'est de voir combien cette dominatrice aimant l'ingérence qui vous énerve est fragile, car je crois que maintenant quand elle ouvrira la bouche pour vous faire part de son opinion vous réaliserez qu'elle ne sait rien faire d'autre pour entrer en relation avec vous.

Si elle m'entendait vous dire ça en ce moment, une partie d'elle se mettrait à pleurer, et l'autre se mettrait en colère. La partie qui se mettrait à pleurer est celle qui reconnaîtrait qu'on lui dit la vérité. L'autre partie, qui se mettrait en colère, correspondrait à la partie d'elle-même qui se protège et qui ignore comment être saine. Ainsi donc, elle se défend, et quand elle se défend de prendre conscience du fait qu'elle n'est peut-être pas maternelle, elle devient agressive.

Parlons de vous, maintenant. Même si elle vous tombe royalement sur les nerfs, parce que vous croyez qu'elle vous fait vous sentir mal dans votre peau ou stupide, vous souhaitez désespérément qu'elle vous aime ; et c'est précisément ce dont j'aimerais que vous vous éloigniez. Elle n'a pas ce qu'il faut en elle pour vous donner ce dont vous avez besoin et ce à quoi vous aspirez, et ce dont il est raisonnable que tout enfant ait besoin et ce à quoi il est raisonnable qu'il aspire. Par conséquent, étant donné que vous ignorez qu'elle en est incapable, vous redoublez d'efforts pour entretenir la relation, pour la faire réussir, et vous en venez à être bouleversée parce que vous n'acceptez pas votre mère telle qu'elle est.

Ainsi donc, si vous preniez du recul, et je ne dis pas que ce soit facile à faire, pour en venir à la voir comme quelqu'un d'écorché par la vie, à réaliser qu'elle agit par peur et par inaptitude, et à ne pas prendre les choses aussi à cœur ! Étant donné que vous vous êtes rendue si dépendante de sa validation, lorsqu'elle vous contredit, même au sujet d'un poêlon que vous avez acheté, vous êtes devenue au fond si anxieuse à cause de la mauvaise mère qu'elle a été pour vous que vous doutez de vous-même, et c'est pour cette raison que vous vous mettez dans tous vos états. Vous avez investi trop d'émotions dans votre désir d'avoir la preuve de ce que votre mère vous aime par le fait qu'elle approuve vos décisions et vos choix. Jusqu'ici, votre logique a été la suivante : « Ma mère n'approuve pas ce que j'ai fait, ce qui signifie qu'elle ne m'aime pas, ce qui fait que je suis contrariée. »

Rhonda, vos enfants vous aiment beaucoup, même quand ils vous contrarient ; votre mari vous aime beaucoup, bien qu'il souhaite probablement que vous soyez plus intime avec lui ; vos amis vous aiment beaucoup, même quand ils en ont assez de vous entendre vous plaindre de votre mère. Il y a des fois où vous devez simplement regarder le monde autour de vous et en venir à réaliser qu'en tant qu'adulte la validation, l'approbation et l'amour *proviennent* de plusieurs endroits ; vous n'avez pas à compter uniquement sur votre mère.

Essayer d'extraire du jus de fruits d'une pierre se qualifierait d'obsession dans votre cas. Vous répétez la tentative, qui échoue. Vous vous y acharnez, et vous échouez immanquablement. C'est ce qu'a été votre vie jusqu'ici, Rhonda. Ce que vous devez faire, c'est prendre du recul et vous dire : « Ma mère est une pierre, et je ne vais pas réussir à en extraire du jus de fruits, mais j'y parviens chez mes enfants, mes amis, ma cousine, mon cher mari. »

RHONDA : J'ai le sentiment que vous me connaissez. C'est vraiment étrange. Je veux dire que vous me parlez et que j'ai l'impression que vous avez fait partie de ma famille au cours des vingt dernières années !

DR LAURA : Je veux simplement vous aider à jouir de votre vie.

RHONDA : C'est ce que vous avez fait, et je vais vraiment suivre vos conseils. Mon mari est en train de nous enregistrer, pour que je puisse nous écouter de nouveau.

DR LAURA : Merveilleux !

Le plus grand pas à franchir pour passer d'une enfance malheureuse à une vie heureuse consiste probablement à percevoir vos parents comme des gens à part entière qui ont de bons et de mauvais côtés – selon des proportions qui varient, bien entendu, et non uniquement comme une extension de vous-même. Les bébés ne comprennent pas que c'est le sein maternel qui les nourrit ; ils perçoivent le sein comme une extension d'eux-mêmes. Un développement psychologique normal, qu'une famille « non perturbée » favorise de manière évidente, est censé vous amener à devenir un adulte autonome, lié à vos parents, mais ne dépendant plus totalement d'eux pour prendre votre prochaine respiration émotionnelle.

> *« You're so vain, I bet you think my life is about you... »* (Tu es si vaniteux, tu dois penser que ma vie tourne autour de toi...)

Avec toutes mes excuses à Carly Simon, j'aimerais que vous imaginiez vos parents dévoyés, difficiles ou malheureusement inadaptés en train de vous chanter ce vers. Comme ce serait enrageant ! C'est normal que vous soyez en colère contre vos parents s'ils semblent balayer du revers de la main l'incidence douloureuse et compliquée qu'ils ont eue sur vous. Après tout, vous n'étiez qu'un enfant innocent dont le développement dépendait de leur sensibilité à vos qualités uniques et de leur disposition à combler les besoins émotionnels, psychologiques et physiques d'un enfant ; ils vous ont déçu et vous devez en payer le prix. C'est bien vrai.

Maintenant que vous êtes adulte, passons au prochain niveau. Chris est un jeune homme qui m'a téléphoné en ondes pour se plaindre de ce qu'il venait de rencontrer en personne son père biologique pour la première fois.

CHRIS : Il m'a dit qu'il y a mille et quelques minutes dans une journée, et qu'il n'en avait pas une seule à me consacrer, et hum, ça m'a vraiment beaucoup blessé parce que quand j'étais plus jeune il a dû me mettre en adoption à cause qu'il avait beaucoup de problèmes. Pourtant, il est allé en adopter deux autres, mais il ne veut rien savoir de moi, son seul enfant biologique, son fils unique. J'ai l'impression qu'il est très fâché contre moi et je ne comprends pas pourquoi.

DR LAURA : Vous pensez qu'il est en train de rejeter « Chris » ?

CHRIS : Oui.

DR LAURA : Eh bien, ça veut dire qu'il savait et qu'il sait vraiment qui vous êtes, et il en est venu à juger que la personne que vous êtes lui déplaît et, par conséquent, il ne veut pas de vous dans sa vie. Est-ce là ce que vous me dites ?

CHRIS (soupir d'exaspération) : Euh… je ne sais pas.

DR LAURA : J'aimerais entendre un « oui » ou un « non », s'il vous plaît.

CHRIS : Oui.

DR LAURA : Comment pourrait-il porter un jugement sur vous personnellement, vous rejeter, alors qu'il ne vous connaît même pas ?

CHRIS : Je ne comprends pas ce qui peut pousser quelqu'un à agir de la sorte. J'aimerais mon enfant et je ne pourrais jamais lui faire quelque chose comme ça.

DR LAURA : Ah, parce que vous ne comprenez pas la raison et ce qui peut motiver un homme comme lui, vous vous empressez de combler le vide par une explication voulant que ça doit signifier quelque chose de mal à votre sujet ? C'est un point de vue dangereux à entretenir parce que vous en venez à miner vos chances de vivre heureux toute votre vie en raison d'une fausse hypothèse.

Ignorez-vous qu'il y a des hommes qui ceignent leurs enfants d'explosifs pour les envoyer exploser et faire mourir eux-mêmes et d'autres innocents ?

CHRIS : Oui.

DR LAURA : C'est bien vrai. Comment arrivez-vous à les comprendre ? Feriez-vous ça à votre enfant ? Est-ce parce que l'enfant n'est pas digne d'être aimé ?

CHRIS : Non.

DR LAURA : Exact. Vous savez donc qu'il y a des gens, qu'il y a des hommes qui n'aiment pas leurs enfants ? Savez-vous qu'il y a des hommes qui ne savent pas aimer, qui ne savent pas faire face à leurs responsabilités, qui sont incroyablement égoïstes, qui volent, qui trichent ou qui tuent ?

CHRIS : Oui.

DR LAURA : Ok, alors vous savez qu'il y a des hommes mauvais dans le monde.

CHRIS : Oui.

DR LAURA : Eh bien, un d'entre eux est votre père-bio. Ça n'a rien de personnel.

CHRIS : Ok, alors c'est juste qu'*il* est comme ça.

DR LAURA : C'est exact.

CHRIS : Ce n'est qu'un perdant.

DR LAURA : C'est exact. Et lorsqu'il vous a regardé en face, il n'a vu que le reflet de son propre être médiocre qui vous a abandonné et il vous a giflé en retour. Et c'est comme ça qu'on sait qu'il est encore un perdant et un mauvais gars : il ne se rachète pas auprès de vous. Ainsi donc, vous ne devriez pas prendre ça personnellement. Votre mère a fait une gaffe et l'a faite avec le mauvais gars.

CHRIS : Oui. Vous m'avez fait tellement de bien, Dr Laura. Je vous en suis *vraiment* reconnaissant.

Regardons les choses en face : le fait de ne pas avoir votre père ou votre mère dans votre vie est un deuil douloureux à faire, c'est une blessure inévitable. Cela ne devrait soulever aucune question dans votre esprit. Cependant, le fait de vous culpabiliser ou de vous punir pour les choix de vie que votre mère ou votre père a faits est une blessure *évitable*. Rappelez-vous que, s'ils sont vos parents biologiques, c'est simplement parce que ce sont deux êtres humains qui ont couché ensemble, ce qui n'avait rien à voir avec vous non plus !

LA SECONDE VENUE

Que se passe-t-il lorsqu'un parent qui vous a abandonné tente de rétablir la relation avec vous et de réintégrer votre vie ? Laissez-moi vous dire ce qui se produit : la confusion ! Une partie de vous souhaite avoir ce que vous n'avez jamais eu, l'autre partie est farouchement en colère, ce qui vous fait tergiverser et ne plus savoir très bien comment composer avec ce parent, ou vos sentiments.

Travis, un homme de vingt-deux ans, m'a téléphoné en ondes pour m'exposer justement ce problème. Il y avait quinze ans qu'il n'avait plus vu sa mère ni eu de ses nouvelles. Il m'a donc téléphoné en ondes pour me dire qu'il n'était plus certain de savoir comment réagir à l'appel téléphonique inattendu qu'il avait reçu, dans lequel elle lui disait qu'elle souhaitait savoir ce qu'il devenait et elle l'encourageait à entrer en relation avec elle.

TRAVIS : Je suis si confus. J'imagine que je veux terriblement avoir une relation avec elle. Mais, elle a détruit mon père. Elle nous a détruits, mon frère et moi.

Et voilà le fin mot de l'histoire : Dans un seul et même souffle, on peut entendre un désir ardent et la colère. Je lui ai dit qu'elle n'avait pas détruit son père. Son père a travaillé et a élevé les garçons. Je lui ai rappelé qu'elle ne l'avait pas détruit non plus, puisqu'il est devenu un jeune homme bien élevé, intelligent et compétent.

DR LAURA : Vous n'êtes pas détruit. Ne lui accordez pas tant de mérite ! C'est comme si vous disiez que votre père, et tous les amis et les proches qui vous sont venus en aide, n'ont eu que peu d'incidence sur vous, que la seule personne à en avoir eu une qui ait compté est quelqu'un *qui a brillé par son absence*. Elle n'a pas détruit votre vie. Elle vous a volé une mère. Mais elle n'a pas détruit votre vie, ce que vous êtes seul à pouvoir faire.

Travis, savez-vous ce que ressentirait votre père s'il vous entendait dire ça à l'instant ? Il dirait : « Et qu'est-ce que je suis, moi, une tranche de foie ? » Que ressentiriez-vous à sa place ?

TRAVIS : Je ne me sentirais probablement pas très bien.

DR LAURA : Exact ! Vous devez voir les choses de manière équilibrée, Travis. Beaucoup de gens sont restés avec vous, vous ont aimé et ont pris soin de vous, n'est-ce pas ?

TRAVIS : C'est vrai.

DR LAURA : Je vous suggère de la rencontrer dans un café, de vous asseoir avec elle et de lui faire savoir ce que vous éprouvez par rapport au fait qu'elle vous a abandonné. Faites-lui savoir aussi qu'aucune de ses excuses ne saurait vous intéresser, et que si elle assumait la responsabilité de cet abandon elle aurait plus de chances de vous convaincre de son désir sincère de développer une relation avec vous.

TRAVIS : Ouais, j'aimerais entendre ce qu'elle a à me dire.

Je crois qu'il serait profitable pour Travis qu'il rencontre sa mère-bio (le titre de « mère » est attribuable à la personne qui s'est chargée dutravail d'éducation, et non uniquement celui de donner naissance – bien que nous soyons tous reconnaissants pour ça !). Rappelez-vous cependant qu'une rencontre n'est pas une relation. Une relation et un lien mère-fils ne se sont jamais développés et ne peuvent être promis ou exigés à ce stade-ci. Toutefois, il est possible pour eux de devenir des amis, dans la mesure où elle endossera l'entière responsabilité de ses actions et qu'elle aura changé.

Une rencontre ou une conversation avec un parent-bio avec qui vous n'avez eu aucune relation ou très peu de rapports pendant toute votre vie vous procure l'occasion de poser des questions. Je n'ai jamais trouvé utile qu'on « se décharge » par les cris, les récriminations et les larmes amères. Je crois plutôt que vous devriez considérer cette rencontre ou cette conversation comme une séance d'information, lors de laquelle vous découvrirez des choses au sujet de l'autre, et non de vous-même ; vous avez déjà été là pendant tout votre développement !

Une femme dans la quarantaine m'a téléphoné en ondes au sujet du même dilemme, mais sans se sentir confuse. Elle savait ne pas vouloir de sa mère dans sa vie, cette mère qui avait abandonné sa famille en entrant au couvent. Le problème qu'elle voulait m'exposer, c'était qu'à peu près tout le monde lui disait qu'elle était obligée d'avoir sa mère dans sa vie. Elle m'a dit qu'on exerçait des pressions incroyables sur elle et qu'elle se sentait déchirée même si elle était certaine de ne vouloir rien savoir de sa mère.

Je lui ai donc suggéré que la faiblesse dont elle faisait preuve face aux pressions exercées sur elle reflétait en fait sa propre ambivalence. L'ambivalence, c'est le fait d'éprouver à la fois le désir d'entrer en relation avec votre mère-bio (ou père-bio) et le désir contraire. Ces deux désirs vous habitent simultanément. Les pressions proviennent réellement de votre for intérieur. Personne ne peut vous forcer en exerçant des pressions sur vous s'il n'y a pas déjà une partie de vous qui y «aspire» ardemment.

PAT : Eh bien, je le veux parce que… c'était ma mère.

DR LAURA : Oui, «était». Puis elle a renoncé à sa responsabilité de mère.

PAT : Exact.

DR LAURA : Alors, si elle est de retour dans votre vie, sa présence peut prendre différentes formes. Mais vous devez réconcilier votre colère et votre désir de la faire souffrir. Vous avez appris à survivre sans elle, et vous n'êtes pas disposée à faire preuve de vulnérabilité envers elle. Vous devez réconcilier votre désir avec vos craintes et votre colère. Je crois que le meilleur moyen d'y parvenir consiste à vous asseoir avec elle et à lui dire : «Je me fiche de savoir comment tu as justifié ta décision pour ce qui est de ton engagement envers Dieu et l'Église, mais tu as abandonné tes enfants, et je ne te pardonne pas facilement pour ça. J'ai appris à survivre sans mère, et je suis parfaitement capable de le faire le reste de ma vie. Alors, s'il est vrai que tu m'as donné la vie et que tu m'as élevée pendant quelque temps, pour ensuite abandonner tous tes enfants, il est aussi vrai que tu n'es pas une mère au sens classique du terme, à savoir une mère aimante. Alors, j'ignore ce que sera notre relation, si même nous en aurons une, mais n'essaie pas de forcer la réalisation de choses que tu n'as pas méritées, et nous verrons comment évolueront les choses.»

PAT : C'est vraiment bien ! Mais que faire à propos des gens qui exercent des pressions sur moi et qui me disent que c'est la chose chrétienne à faire ?

DR LAURA : Reconnaissez que c'est leur opinion, et que vous, comme je l'ai dit, vous vous servez de ces pressions pour surmonter votre colère afin de satisfaire votre besoin. Lorsqu'ils se mettent à vous servir les mêmes propos, dites-leur : «Assez. J'ai déjà entendu ça auparavant. Merci de m'avoir fait connaître votre opinion.» Je vous recommande de vous asseoir avec cette femme et de lui dire qu'elle n'est pas votre «mère» à ce stade-ci. Elle a abandonné ses enfants et a rationalisé son comportement en le faisant passer pour de la piété. Franchement, je vois ça plutôt comme un peu blasphématoire : faire quelque chose d'horrible à ses enfants et à ses vœux au nom de Dieu. Si elle n'est pas désireuse de faire face à la vérité, n'allez pas plus loin avec elle et coupez les ponts.

PAT : Ok.

Vous remarquerez que je ne recommande pas qu'on se livre à des confrontations visant à rejeter le blâme, à exprimer sa colère et à sangloter. Je ne crois pas qu'elles soient constructives le moins du monde. C'est là l'ancien mode de pensée de style «closure» : Une grande explosion nettoiera l'air et tout ira bien par la suite. Il s'agit ici du nouveau mode de pensée de style «ténacité» : Vous établissez la vérité au sujet de leurs actions, puis vous fixez les paramètres de tout avenir possible. Vous vous présentez ensuite tel que vous êtes en grande partie ou tel que vous vous efforcez de devenir : quelqu'un de compétent, de concentré et d'autonome qui aimera et qui acceptera de se faire aimer des personnes ayant de l'importance pour lui, malgré le fait qu'il n'ait pas eu le meilleur des départs dans la vie.

VOUS AUREZ LA VICTOIRE

Quand j'aborde la question du pardon durant mon émission de radio, je me fais inonder d'arguments scripturaires portant sur ce sujet apparemment délicat. Je n'ai pas l'intention d'aborder ces arguments ici même. Je suis inquiète lorsque des gens qui ont subi de grands torts me téléphonent en ondes, se sentant maintenant doublement mal dans leur peau parce qu'on exerce des pressions sur eux pour les amener à pardonner, par obligation religieuse, à ceux qui leur ont fait du tort. Voici une de ces situations parmi les plus odieuses : Une famille dont le père/beau-père a agressé sexuellement un ou plusieurs des enfants ; ces enfants, devenus adultes, se font presser « de pardonner et d'oublier », pour ensuite faire comme si tout « allait mieux ». On les encourage à se montrer affectueux avec l'agresseur, et à lui confier leurs enfants sous prétexte que « nous sommes tous membres d'une même famille ».

Il est évident que la plupart de ces pressions pour pardonner visent à éviter à quelqu'un de subir les conséquences juridiques, l'opprobre public ou le changement de situation conjugale/familiale qu'entraînerait la révélation des sévices concernés. Les enfants, qui ont déjà subi des sévices, en subissent d'autres à cause de la dénégation.

Il est également typique de voir un agresseur « s'excuser » ; toutefois, à moins que le coupable endosse l'entière responsabilité de ses comportements et en assume les conséquences, qu'il fasse une restitution adéquate, qu'il semble particulièrement plein de remords, qu'il se soit concrètement efforcé de ne pas répéter les gestes répréhensibles (toutes ces qualités sont des aspects de la repentance), il ne fera en réalité qu'imposer une autre forme de sévice à sa victime en l'amenant à accepter ses excuses dénuées de sincérité.

Il y a des traditions religieuses qui prescrivent le pardon à tout ennemi et à tout contrevenant de manière qui ne convient pas, autrement dit, sans que le coupable ne se repente, afin de démontrer qu'on croit en Dieu et qu'on l'aime. Il y a d'autres traditions qui exigent la confession aux autorités d'une Église en tant que précurseur à la demande de pardon. Je vous laisse à vos sensibilités religieuses particulières. Mais je vous dirai qu'à mon avis beaucoup de gens ne comprennent pas vraiment bien leurs propres Écritures et « abâtardissent » des concepts importants comme celui du pardon en les blanchissant à genoux, exigeant un pardon prématuré de leur part ou de la part d'autrui, ce qui n'aboutit qu'à causer plus de tort encore.

J'aborde, pour ma part, cette question d'un point de vue spirituel et psychothérapeutique plus universel : Je crois à la définition du pardon qui implique que vous renonciez à la colère et à la rancune contre la personne, mais sans l'excuser ni lui pardonner ses méfaits, et qui n'exige pas non plus que vous entreteniez une relation avec elle de manière concrète.

Je crois que le pardon n'exige pas que vous oubliiez les torts qui vous ont été causés (à vous ou à d'autres); il ne devrait pas vous faire absoudre le coupable de sa culpabilité, ni des conséquences adéquates, mais il exige que vous surmontiez certaines émotions comme l'humiliation, le deuil, la rancune, la rage, et ainsi de suite.

Votre pardon ne vise pas le bien de l'autre, mais le vôtre; il devient un engagement envers votre propre bien-être. Vous ne pouvez connaître une vie heureuse si votre esprit et votre cœur sont dominés par des émotions négatives.

Jane, une auditrice, en est venue à une finalité saine dans son pardon envers son père: *«Bonjour, je voulais vous dire que je me suis mise à prier pour mon père et que ça m'a beaucoup aidée. Pendant des années, j'ai mijoté dans mon jus, j'ai pleuré et j'ai refusé d'accepter ce qui était. Je voulais juste cette demande de pardon qui n'est jamais venue (et qui ne viendra peut-être jamais). Cette façon de tenir la souffrance contre son cœur ne blesse que vous. J'ai abandonné l'espoir de pouvoir faire quoi que ce soit, j'ai tout remis à Dieu et je me suis mise à prier; j'ai alors senti une grande paix. Je n'éprouve plus de colère contre mon père. La prière m'apporte de la compassion et la compréhension du fait que nous avons tous des points faibles et que nous quitterons ce monde victorieux et forts, je l'espère, et non en tant qu'âmes tordues et misérables. Je souhaite maintenant ce qu'il y a de mieux pour lui, et si c'est le mauvais chemin qu'il continue d'emprunter, j'espère qu'il arrivera un jour à trouver la paix en se libérant des démons qui tourmentent son âme. Je pense que j'ai compassion de lui; mais je continue de me protéger de lui.»*

Je crois que Jane aborde le pardon de manière saine.

La plupart d'entre vous ont traversé certaines, sinon la totalité, des étapes de base de la croissance qui amène à passer d'une enfance malheureuse au pardon qui stimule une vie heureuse:

1. Le choc et la dénégation.
2. La prise de conscience et la reconnaissance des sévices subis, des souffrances occasionnées et des blessures causées.

3. L'expression adéquate des souffrances, de la tristesse et de la colère.
4. La validation de votre perspective : une certaine forme de justice.
5. Un plan destiné à minimiser les possibilités de se faire blesser de nouveau par le coupable.
6. Lâcher prise et aller de l'avant dans la vie.

Exiger le pardon de vous-même ou de quelqu'un d'autre avant d'avoir franchi les étapes 1 à 5 n'aura probablement d'autre effet que celui de vous garder captif de vos mauvais sentiments, et de vous faire désespérer maintenant plus que jamais de connaître une vie heureuse.

Comme Judy l'a écrit, le pardon consiste à « *…me libérer des liens de la haine envers eux pour ce qu'ils m'ont fait. La haine ne peut que me détruire… Je sais que c'est ce qu'il y a de mieux pour moi.* »

Elle a raison.

Que faire du commandement « Honore ton père et ta mère », quand ce sont vos parents les méchants ?

D'avoir à composer avec des parents mauvais ou terribles est probablement la chose la plus difficile que ce commandement nous appelle à faire. Certaines autorités religieuses soutiennent que l'enfant n'est pas tenu d'honorer un parent pervers tant que ce parent ne se repent pas.* Par contre, cet enfant a l'interdiction de causer intentionnellement du tort à ce parent. Il est possible d'entretenir une communication minimale polie, de venir en aide à un mauvais parent en satisfaisant des besoins élémentaires tels que la nourriture ou l'hébergement et des médicaments, ou même de se tenir à son chevet lorsqu'il est sur le point de mourir. Il se peut que ce ne soit pas l'idéal et que cela n'apaise pas vos sentiments, mais ce petit geste ennoblira votre âme.

Il se peut que vous vous demandiez si le fait de dénoncer l'horrible comportement d'un parent revient à le déshonorer en « lui causant du tort ». Non, ce n'est pas le cas. Amener un parent impénitent à accepter les conséquences de ses actions, y compris, par exemple, des conséquences juridiques, informer les parties concernées de ce qu'elles courent un danger de la part de ce parent, faire le nécessaire pour ne plus en être la

---

* Comme je l'explique dans mon livre intitulé *The Ten Commandments : The Significance of God's Laws in Everyday Life*.

victime ou réprimander ce parent en privé afin de lui éviter l'humilia-tion sont toutes des tentatives pour le ramener dans le droit chemin. Toute tentative visant à amener votre parent à se remettre sur les rails est une façon pour vous de l'honorer. Éviter les comportements dange-reux ou destructeurs (même la toxicomanie et l'alcoolisme), en faire fi, les excuser, s'en cacher ou les nier n'honorent pas ce parent, du fait que votre conduite n'a pas pour effet à la longue d'influencer ce parent de manière à lui faire réintégrer le droit chemin ; que vous y parveniez ou non n'est pas l'important !

Une autre auditrice m'a écrit au sujet de son souci d'« honorer son père et sa mère ». Sa mère avait fait preuve d'une telle violence physique envers elle qu'elle avait passé une grande partie de son enfance à se remettre de ses fractures des pieds et des bras. En lui disant qu'elle, l'enfant, était mauvaise, sa mère l'enfermait dans une armoire ou une penderie pendant des heures ou toute une journée. Elle avait perdu la vue d'un côté à tout jamais parce que sa mère l'avait frappée à cet œil. Et comme si cela ne suffisait pas, son père lui avait fait subir des sévices sexuels.

Il y avait cinq ans que son père était mort ; sa mère était encore en vie et vivait à plusieurs heures de route de chez elle. L'été dernier, sa mère s'est présentée chez elle armée d'un couteau, après avoir engagé un détective privé pour lui faire retracer sa fille.

« Ça m'a fait de la peine de devoir appeler la police et faire arrêter ma mère pour cet incident. La Bible ne dit pas : "Honore ta mère et ton père s'ils le méritent." En tant que chrétienne, plusieurs idées m'ont chicoté l'esprit quant au sens de ce commandement. Il ne voulait cer-tainement pas dire que je devais prétendre que rien ne s'était passé et essayer d'entretenir une relation normale avec ma mère. Dieu ne nous a jamais appelés à nous montrer stupides !

« Honorer ma mère veut dire que je ne devrais pas lui donner l'occasion de pécher contre moi. Si elle me menace, je dois lui dire affectueusement que ce qu'elle choisit de faire est inadmissible et que je ne permettrai pas que cela se produise. Honorer ma mère veut dire lui imposer des limites par rapport à ma vie. Bien qu'elle essaie de me contrôler, je ne suis pas tenue de lui donner gain de cause quand elle formule des requêtes inconvenantes, comme retourner vivre sous son toit, lui envoyer de l'argent ou autre chose du même genre.

« Honorer ma mère veut dire que je dois lui accorder le mérite des bonnes choses qu'elle a faites pour moi, comme m'inscrire dans de bonnes écoles et m'aider à payer mes études universitaires.

« Honorer ma mère veut dire ne pas lui jeter ses manquements au visage.

« Honorer ma mère veut dire que je dois m'efforcer d'entrer en relation avec elle sans m'exposer au danger. Lorsque ma mère prend ses médicaments (elle est schizophrène et souffre de troubles bipolaires), elle peut être gentille. Honorer ma mère veut dire prendre un repas avec elle lorsqu'elle prend assidûment ses médicaments et lui dire en toute franchise que je ne peux pas passer du temps avec elle lorsqu'elle refuse de prendre ses médicaments sans mettre ma sécurité en péril.

« En écoutant votre émission, Dr Laura, j'ai appris que ma mère ne sera jamais ma mère ; elle ne me dira jamais qu'elle m'aime ou qu'elle est fière de moi. Honorer ma mère veut dire réaliser qu'elle ne peut pas être la mère que j'aurais voulu avoir et dont j'aurais eu besoin. Je ne peux pas exiger d'elle qu'elle soit la mère dont j'ai besoin, ce qui fait que j'ai dans ma vie beaucoup, beaucoup de femmes qui me procurent l'amour maternel, l'affection, les encouragements, les conseils et la compassion que ma propre mère était et est toujours dans l'incapacité de me procurer. »

Ces prises de conscience sont plutôt remarquables, mais vous devez savoir que l'auteur de cette lettre craint toujours les espaces sombres et clos, sera toujours aveugle d'un œil, ne peut pas avoir d'enfants, et ne pourra plus marcher très longtemps encore à cause des nombreuses fractures qu'elle a subies aux pieds.

« Je suis vivante, Dr Laura, même si j'aurais dû mourir déjà bien des fois. Je suis enseignante, j'ai des élèves merveilleux, et j'ai beaucoup d'êtres chers dans ma région qui me soutiennent et me témoignent tant d'amour. Dieu s'est montré bon envers moi, et je lui en suis reconnaissante. »

Je dois dire que, franchement, de toutes les merveilleuses lettres que j'ai intégrées au présent livre, c'est celle-ci qui m'a le plus touchée et qui a été pour moi la plus grande leçon d'humilité. C'est tellement inspirant de voir quelqu'un qui a été aussi dévasté sur les plans physique et émotionnel être encore reconnaissant pour la vie, Dieu, ses amis et l'occasion de faire de bonnes œuvres. Elle est même reconnaissante pour le peu qu'elle trouve de positif chez sa mère. Quelle incroyable profondeur, quel modèle incroyable à imiter !

Il est important de remarquer que le commandement consiste à « honorer » et non à « aimer » son père et sa mère. On ne peut pas s'imposer d'aimer, même un parent, ou se forcer à ressentir un lien qui n'a jamais été développé.

Une autre auditrice m'a écrit qu'elle avait choisi d'accepter que sa mère avait été et était encore incapable d'être une mère pour elle. *« "J'honore" ma mère du mieux que je peux en veillant à ce que ses besoins élémentaires soient comblés. Je tire une certaine satisfaction du fait de savoir que "je fais la bonne chose". Et elle m'a aidée d'une certaine manière, qui m'a inspirée : compte tenu des souffrances qu'elle m'a imposées en n'étant pas une mère pour moi, je me suis engagée entièrement et tôt à être "la mère de mes enfants". J'ai bien appris ma leçon, même si je l'ai apprise par "l'envers de la médaille".»*

Cette lettre a été écrite par une femme dont la mère était la putain ivrogne de la ville (surtout avec les maris d'autres femmes), faisait constamment des crises d'hystérie ou de colère, reprochait à sa fille d'avoir gâché sa vie, avait feint à plusieurs reprises de tenter de se suicider tout en rejetant la faute sur sa fille, et avait fini par braquer une arme à feu contre la tête de sa fille en exigeant l'amour de cette dernière. En gros, elle était complètement égocentrique, totalement incompétente en tant que parent, imprévisible et dangereuse.

Jusqu'ici, j'ai rarement décrit dans les détails l'enfance malheureuse de l'auteur d'un appel téléphonique ou d'une lettre ; j'ai agi ainsi parce que je ne voulais pas que mon livre soit un tome aux accents du voyeurisme et suggérer que les problèmes sont les mêmes quels que soient les détails propres à votre enfance malheureuse. Toutefois, dans les deux derniers cas que je vous ai exposés, j'ai jugé important que vous voyiez la profondeur incroyable de la dépravation à laquelle une personne peut faire face et trouver malgré tout de la joie dans la vie, de la beauté dans l'amour et de la compassion en elle-même envers la source de son enfance décidément malheureuse.

La dernière correspondante que j'ai mentionnée m'a également écrit qu'avec l'aide d'un bon thérapeute, ainsi que d'un mari et d'enfants merveilleux, elle avait décidé de ne pas permettre à ces expériences de la handicaper ou de définir sa personne. Elle attribue sa guérison à la force et au courage que Dieu lui a donnés de prendre soin des besoins humains fondamentaux de sa mère au cours de ses années de faiblesse, financièrement et par des visites de « devoir ». Elle ne s'investit pas trop sur le plan émotionnel dans ses dialogues avec sa mère, qui est encore tellement centrée sur elle-même qu'elle ne fait pas même la différence.

Voilà deux exemples de ténacité et de refus de perdre son humanité.

TROUVER LE BISCUIT OREO DANS LE TAS DE COMPOST

Un des moyens parmi les plus importants pour connaître une vie heureuse consiste à se montrer positif. Lorsque des auditeurs veulent se plaindre à n'en plus finir au sujet de leurs parents, de leurs amis, de leurs conjoints ou conjointes, je leur demande habituellement de m'indiquer de cinq à dix bonnes choses vraiment importantes et merveilleuses au sujet de la personne concernée en guise de prix à payer pour que je les écoute me raconter les mauvaises choses. Cette demande sert en grande partie à aider l'appelant à se calmer, à voir les choses selon une meilleure perspective, et à lui enseigner à ne pas rejeter du revers de la main les éléments valables susceptibles de bien lui servir dans sa vie et ses relations.

Un grand exemple de cela est venu d'un auditeur, Kris, dont la mère est morte alcoolique inavouée. Kris n'a jamais versé une seule larme à cause de la mort de sa mère, pas plus qu'il n'a eu à en faire le deuil. Il a plutôt éprouvé certaines craintes du fait de n'en avoir ressenti aucune tristesse. Quand sa mère est morte, il s'est senti surtout soulagé de ce que les souffrances qu'elle lui causait étaient terminées. En tant que l'aîné de la famille, tandis que ses frères et sœurs terminaient leurs études universitaires et fondaient leurs familles, il a pourvu aux besoins de sa mère parce qu'elle avait dilapidé tout son argent.

Kris m'a écrit ceci: « *J'étais bien déterminé à vous dire que je ne pouvais pas honorer ma mère à cause de son alcoolisme et des torts qu'il a causés à notre famille. Mais je n'en suis pas capable ! J'ai beaucoup de raisons de lui être reconnaissant, bien que je ne doive aucunement*

*le fait d'être devenu l'adulte que je suis aujourd'hui à ses merveilleuses
compétences parentales.*

« Lorsqu'elle était trop ivre pour :

- *faire la lessive, j'ai appris à me servir d'une machine à laver et
  d'un sèche-linge ;*
- *préparer les repas, je suis devenu assez bon cuisinier ;*
- *prendre soin de ma petite sœur, j'ai appris à changer des couches,
  à préparer ses biberons et à divertir un enfant de deux ans ;*
- *payer les factures, j'ai appris à vivre selon mes moyens ;*
- *m'aider à faire mes devoirs, je me suis débrouillé par moi-même ;*
- *payer mes études universitaires, je l'ai fait tout seul ;*
- *voler à mon secours quand je me suis fait arrêter pour avoir participé
  à une course aux dragsters, j'ai payé moi-même les conséquences
  de mes actions ;*
- *me donner des conseils en matière de vie, d'amour et de quête du
  bonheur, j'ai appris à réaliser le rêve américain par moi-même.*

*« Alors, même si ma mère m'a mis des bâtons dans les roues et m'a
contrarié durant presque toute ma vie, je dois quand même reconnaître
qu'elle m'a aidé à devenir l'homme que je suis aujourd'hui. Je ne peux
pas dire que je l'ai aimée, mais dans un sens je lui dois de l'honorer dans
une certaine mesure pour les dons qu'elle m'a faits par inadvertance. »*

Je crois que l'analyse de Kris est quelque chose dont vous pouvez
tirer des leçons, car même les exemples négatifs sont des exemples…
de ce qu'il ne faut pas faire ! Un passé malheureux n'est pas une destinée. Vous avez des choix à faire en matière de perspectives, d'attitudes
et d'actions. Voilà de quoi se compose la ténacité, et par conséquent une
vie heureuse.

Cinq

COMMENT COMPOSER AVEC MA COLÈRE, MA RANCUNE ET MON PROPRE INTÉRIEUR UN PEU FOU?

« Je n'avais jamais réalisé qu'on m'avait volé mon enfance, et qu'en fait j'avais le droit d'être en colère. Quand j'ai fini par le réaliser, je me suis VRAIMENT mise en colère ! Une fois que j'ai eu reconnu les véritables sentiments qui m'habitaient, j'ai pu composer avec eux. Je me suis rendu compte qu'il était impossible de composer avec des sentiments qu'on refuse de s'admettre.

—Tracy, une auditrice

C'est important pour des gens comme nous, qui ont subi des sévices émotionnels et de mauvais traitements, avec ou sans malice et délibérément ou non, que quelqu'un comme vous, Dr Laura, reconnaisse qu'il s'agit néanmoins de véritables sévices.

—Allyson, une auditrice

Tant de personnes qui me téléphonent en ondes savent ces deux choses :

1. Ils ont vécu ou vivent des expériences et des dynamiques regrettables au sein de leur famille biologique.
2. Ils ont vécu ou vivent des expériences et des dynamiques interpersonnelles qui créent un malaise en eux, mais ils ne comprennent pas qu'il y a un lien entre les numéros 1 et 2.

Un exemple parfait de ce phénomène s'est présenté sous la forme d'un appel en deux volets que j'ai reçu de la part de Karen, une femme de vingt ans issue de parents divorcés, qui avait un petit ami depuis environ six mois. Selon ses conversations avec d'autres gens de son âge, elle croit sa relation unique : ils n'ont pas de relations sexuelles parce qu'ils sont tous les deux des chrétiens sérieux dont la foi est très engagée, et qu'ils ont choisi de vivre en fonction de ces normes morales.

Elle m'a dit que, même s'ils réalisaient que c'était un peu tôt pour le faire, ils parlaient déjà mariage. Elle m'a fait savoir qu'elle était très sérieuse en ce qui le concernait, mais que l'idée du mariage la rendait malade d'angoisse.

KAREN : J'ai du mal à lui dire en ce moment que je l'aime. C'est comme si je me sentais horriblement mal. Je sais, je sais qu'il y a ici des problèmes… je le sais.

DR LAURA : Et selon vous, quels sont ces problèmes ?

KAREN : Je crois que j'ai peur parce que mes parents m'ont dit : « Tu ne dois pas prendre ça trop au sérieux. »

DR LAURA : Voilà le problème ; ils n'ont pas pris leurs vœux au sérieux.

KAREN : Exactement, et c'est ce que je leur ai dit. J'ai dit : « Ok, c'est une décision qui influera sur le reste de ma vie, sur mes enfants… et je ne peux pas faire quelque chose, vous savez… »

DR LAURA : Comme ce que vos parents vous ont fait vivre.

KAREN : Exactement, et ils me disent simplement : « Eh bien, on ne sait jamais, on n'a aucun contrôle sur un divorce. »

DR LAURA : Mais bien sûr qu'on en a.

Karen a poursuivi en faisant l'éloge de son petit ami et de son amour pour lui, tout en m'expliquant la souffrance que lui occasionnait cette relation, car même s'il « est un ange, et qu'il me traite tellement bien, avec tant d'amour et de compassion », elle est portée à s'éloigner de lui.

KAREN (en larmes) : Je déteste agir de la sorte. Je suis désolée (de pleurer).

Je lui ai dit de ne pas s'excuser de souffrir à cause de l'attitude et des actions de ses parents. Ce n'est pas seulement qu'ils aient divorcé, bien que cela comporte des défis et des deuils propres au divorce, mais encore qu'ils se montrent si désinvoltes à ce sujet – en suggérant que ses efforts pour s'assurer que sa relation durera toujours seront vains, puisque «des emmerdes se produiront», comme s'ils n'étaient pas responsables de leur propre rupture.

Dr Laura : Karen, supposons que vous soyez en train de marcher dans la forêt et qu'un ours vous attaque sauvagement : vous morde, vous griffe et vous malmène gravement. Dix ans plus tard, vous vous trouvez de nouveau dans la forêt, où vous voyez une jolie biche apparaître devant vous. Allez-vous sortir de la forêt en criant et en prenant vos jambes à votre cou ?

Karen : Non…

Dr Laura : Pourquoi pas ?

Karen : Parce que ce n'est pas quelque chose qui va me faire du mal.

Dr Laura : Mais, comment le savez-vous ? Un animal vous a blessée et celui-ci est un animal aussi, ce qui fait qu'il pourrait vous blesser !

Karen : Parce que la biche n'a pas les traits de caractère de l'ours.

J'ai poursuivi en demandant à Karen si son petit ami avait des traits de caractère de «l'ours», autrement dit, ceux de sa mère ou de son père. Elle m'a répondu que non. J'ai continué en lui demandant si elle avait des traits de caractère d'un de ses parents. Elle m'a répondu que c'était le cas.

Dr Laura : Lesquels ?

Karen : Je ne suis pas quelqu'un de très reconnaissant, les choses me déplaisent très vite, je suis sans cesse en compétition avec d'autres femmes, j'essaie toujours d'attirer l'attention des gars, et voyons voir, quoi d'autre ? Je suis très dominatrice, ce qui, je le sais, ne manquera pas de foutre une pagaille terrible. Je suis très, très autoritaire. Et je ne donne pas facilement de ma personne.

Permettez-moi d'énumérer les éléments de l'analyse que Karen a faite d'elle-même, afin de les approfondir :

1. Est ingrate.
2. Se lasse facilement de tout.

3. Est en compétition avec les autres filles ou femmes.
4. Sollicite l'attention des hommes.
5. Est dominatrice et autoritaire.
6. Ne donne pas facilement de sa personne.

D'abord, j'ai félicité Karen d'être aussi consciente de ce qu'elle est et d'être prête à faire connaître les défauts qui, comme elle le sait, blesseront la personne qu'elle aime. Cela lui donne automatiquement un grand pas en avance sur ses parents. Au lieu d'être conscients de leurs propres défauts individuels, de les reconnaître et de faire le nécessaire pour les enrayer, ils se sont contentés de diviser la famille. Même aujourd'hui, ils justifient ce concept «des emmerdes se produiront», au lieu d'assumer la responsabilité de s'être laissés tomber l'un l'autre, ainsi que leurs enfants.

Non seulement ses parents ont divorcé, mais encore ils ont fait une deuxième tentative. La mère de Karen s'est remariée, a divorcé une seconde fois et a donné naissance au demi-frère de Karen. Son père s'est remarié aussi, et élève maintenant les filles de sa nouvelle épouse.

DR LAURA : Ok, commençons par le numéro 6 : « Vous ne donnez pas facilement de votre personne.» Bien sûr que non ! Vous craignez qu'on vous extirpe du monde dans lequel vous vous êtes réfugiée pour survivre ; que quelqu'un vous l'enlève et vous plante là ensuite.

KAREN : Tout à fait.

DR LAURA : Non seulement vos parents se sont plantés là l'un l'autre, mais encore ils vous ont plantée là, vous. Dans l'esprit d'un enfant, le fait pour les parents de se remarier et d'avoir d'autres enfants ou de prendre soin de ceux de leur nouveau conjoint ou conjointe, revient à passer directement aux numéros 3 et 4, qui reviennent en gros à la même chose : être en compétition avec d'autres enfants pour gagner l'attention de votre propre parent, et être en compétition avec le nouveau conjoint ou la nouvelle conjointe pour gagner l'attention de votre propre parent. Ainsi donc, vous avez été placée dès un très jeune âge dans une position qui vous a obligée à être en compétition avec des adultes et des enfants pour gagner l'attention de vos propres parents.

KAREN : Ok, ça a du sens.

DR LAURA : La question de la domination et de l'autoritarisme, le numéro 5, ne reflète qu'une tentative de votre part pour faire en sorte que votre monde soit stable.

KAREN : C'est vrai… ce qu'il n'a jamais été, de toute manière.

DR LAURA : Maintenant, pour ce qui est du numéro 1, « l'ingratitude ». Bien sûr que vous êtes ingrate. Vous l'êtes parce que vous êtes vachement en colère ! J'ignore si vous avez suffisamment exprimé votre colère auprès des gens qui doivent l'entendre, et je ne parle pas ici de casser les oreilles de vos parents pendant trois ans. Je vous dis simplement que vous devez réagir à la désinvolture de vos parents quant au choix d'un mari en leur disant quelque chose comme : « Vous savez quoi, je suis drôlement en colère que vous ayez eu ce genre de relation, que vous vous soyez séparés, que vous soyez inconsidérés par rapport à la question du divorce, que, toi, tu te sois remariée, que tu aies fait un enfant et que tu aies divorcé encore une fois, et que, toi, tu aies pris soin de l'enfant de quelqu'un d'autre plutôt que de moi… franchement, je suis drôlement en colère parce que… c'est moi qui suis restée sur le carreau. »
Je crois que c'est difficile pour vous, Karen, de faire preuve de gratitude pour ce que vous avez, parce que vous êtes encore en colère à cause de ce que vous auriez dû avoir mais que vous n'avez pas eu.

KAREN : Exact. Alors, j'ai l'impression… de mériter des choses.

DR LAURA : Lorsque vous étiez enfant, vous méritiez la protection, l'attention, la stabilité, la direction et l'amour dont tout enfant a besoin, un point c'est tout. Mais vous êtes maintenant adulte, et je crains que vous ne vous comportiez comme s'il vous revenait maintenant de faire respecter les droits d'un enfant, qui n'ont pas été respectés en grande partie, ce qui fait que vous manipulez votre petit ami afin qu'il soit pour vous un meilleur parent que ceux que vous avez eus, ce qu'aucun conjoint ne peut procurer sans renoncer à la satisfaction de ses besoins et au respect de ses droits, et sans continuer de contribuer à vous faire vivre dans le passé.

KAREN : Aïe, coupable !

DR LAURA : Le numéro 2 est le seul que je n'ai pas encore abordé, selon lequel vous devenez vite blasée et insatisfaite. C'est parce que vous redoutez de vous accrocher à quelque chose trop longtemps, car ça finira par vous échapper d'une manière ou d'une autre. Vous saisissez le moment, sans croire à la longévité.

KAREN : Exact.

J'ai alors dit à Karen qu'elle devait faire ce qui suit :

• Remémorez-vous sans cesse l'histoire de l'ours et de la biche, afin de vous rappeler continuellement que vous, les autres et la vie pouvez être très différents de ce que avez été par le passé.

• Faites savoir à vos parents que vous n'appréciez pas leur attitude négative et leur désinvolture au sujet du mariage et d'un engagement. J'espère que vous obtiendrez d'eux qu'ils *reconnaissent* que votre colère et votre souffrance par rapport au deuil que vous avez dû faire sont légitimes. Cependant, vous ne devez pas vous lancer dans des jérémiades («Pauvre de moi, je suis une victime»), mais considérer plutôt que vous vous tenez à la ligne de départ d'un nouveau voyage pour vous («Riche de moi, je suis une conquérante»).

Ce concept de reconnaissance du bien-fondé d'une demande de pardon est une question importante. Je lui ai dit fermement qu'elle devait dire à ses parents comment elle percevait leurs actions (passées et présentes) et l'incidence que celles-ci ont eue sur elle. Mon but, c'est de voir Karen se présenter en tant qu'*adulte* consciente de ce qu'elle est, tandis qu'elle fera face à ses propres craintes et à leur attitude défensive dans leur rejet de ces craintes. Elle ne devrait pas s'apitoyer sur elle-même, mais se comporter plutôt comme une jeune femme qui se démène pour bâtir quelque chose de plus beau et de plus sûr que ce qu'elle a eu en grandissant.

Si vous pensez qu'une demande de pardon de la part de ses parents s'impose ou constituerait une compensation raisonnable, vous vous trompez. Vous savez comment la plupart de ces demandes de pardon se passent : «*Si* j'ai fait quelque chose qui t'a blessé, j'en suis désolé !» Ou : «J'ai fait de mon mieux.» Ou encore : «Ce n'est pas de ma faute, c'était celle de ta mère / de ton père.» On a beau la retourner dans tous les sens, une telle demande de pardon n'illustrera jamais la réalité à laquelle les gens ont droit lorsque les actions d'un autre les ont directement blessés, de manière intentionnelle ou non. Autrement dit, ses parents auraient intérêt à faire fi de la *demande de pardon* et à lui donner quelque chose qui soit tellement plus important : une *reconnaissance* de la vérité.

Vous voulez tourner quelqu'un en bourrique ? C'est facile ! Vous n'avez qu'à lui dire que ses perceptions sont fausses et que ce qu'il a vécu s'est passé dans sa tête. Une fois que les gens ont été validés dans leur point de vue, ils acquièrent habituellement la force d'aller de l'avant, et de faire le nécessaire, ce qui est sain, pour connaître une vie heureuse.

J'ai reçu de nombreux commentaires de la part d'auditeurs qui pouvaient s'identifier à Karen.

De la part de Marion : « *Votre analogie "de l'ours et de la biche dans les bois" m'a parlé. Je ne cesse de retourner aux bois, à la recherche de l'ours, pour obtenir de lui qu'il me demande pardon de m'avoir malmenée, mais, après trente ans, ça ne se produira probablement pas. Je dois passer à des pâturages plus verts, où rechercher la biche. Et si je vois un ours, je vais faire la morte.* »

« *Je suis Karen, avec vingt ans d'expérience de plus. Mes parents ont divorcé et se sont remariés de nombreuses fois, ajoutant chemin faisant des demi-sœurs et des demi-frères. Jeune femme, j'étais en colère, déçue, affolée et confuse. Comme Karen, j'avais beaucoup entendu parler de l'importance d'un engagement, mais je n'en avais JAMAIS ressenti les effets positifs. La conscience d'elle-même pour laquelle vous l'avez félicitée est le trait de caractère qui l'aidera à devenir la femme qu'elle veut devenir. Il y a maintenant quinze ans que je suis mariée et j'ai trois enfants qui ne comprennent pas pourquoi des mamans et des papas peuvent bien divorcer... et franchement, est-ce que ça ne devrait pas toujours être ainsi ?* »

De la part de Patricia : « *Je n'avais jamais pensé que mes propres problèmes (comme être ingrate, insatisfaite et autoritaire) provenaient du divorce de mes parents. Les problèmes de votre appelante sont les mêmes que certains que j'essaie de surmonter depuis trente ans. Ça alors ! Par les réponses que vous lui avez fournies, vous avez mis dans le mille. Je n'avais jamais compris pourquoi j'éprouvais ce que j'éprouvais. Tout ce à quoi je pensais, c'était au moyen de le surmonter ! Et, vous avez raison. JE SUIS EN COLÈRE. Je n'ai jamais aimé la psychologie ;*

juste avant que mes parents divorcent, ma mère s'est mise à suivre un cours dans lequel on enseignait à « se soucier de soi-même », et à « se rendre heureux soi-même », sans se préoccuper de l'effet que cela aurait sur les autres. Quel genre de vie est-ce que ça peut bien donner ? Merci à vous, vous êtes formidable. »

Comme je l'ai mentionné, je crois qu'il s'avère très profitable de comprendre le lien qui existe entre vos malheurs d'enfance, d'une part, et votre perception actuelle de la vie et des gens, d'autre part. Sans ce lien, il se peut que vous expliquiez votre souffrance et vos comportements inappropriés en en rejetant la responsabilité sur les autres, sur Dieu, et sur tout et quiconque sauf sur votre propre tumulte intérieur, ce qui vous laisserait pris au même endroit. Si vous reconnaissez ce lien et en faites cas, vous pouvez commencer à assumer vos actions et vos manœuvres défensives, vous reprendre quand vous vous voyez glisser dans de vieux comportements et sentiments routiniers, et vous transformer en une version plus saine et plus heureuse de vous-même.

Soyons honnêtes : « les gens qui veulent plaire aux autres », « les serpillières » et « les martyrs » ne sont pas vraiment des gens *généreux* ; ce sont là des mécanismes par lesquels les gens qui ne sont pas conscients de ce qu'ils sont et qui ont des difficultés sur le plan émotionnel tentent de manipuler les autres durant leur vie d'adulte afin d'obtenir ce qu'ils n'ont pas eu en tant qu'enfants. En fin de compte, ces modes de pensée sont aussi égocentriques que ne l'étaient les gens qui vous ont blessé ou privé d'affection en premier lieu, car tout tourne encore autour de *vous*.

Les gens vraiment généreux sont à l'aise de recevoir et de donner de leur être intérieur, ce qui constitue la forme de don de soi la plus profonde qui soit.

JE N'AIME PAS MA « MOUMAN »

Le chapitre quatre aborde en profondeur les problèmes que vous pose peut-être le fait de devoir composer avec vos parents destructeurs. Ici, j'ai l'intention d'explorer avec vous en quoi le fait de ne pas aimer un parent influe sur vous et ce que vous pouvez faire pour vous aider à surmonter le dégoût de soi-même et le doute de soi-même dont s'accompagne ce cheminement pénible.

Bon nombre d'entre vous se sentent terriblement coupables parce qu'ils ne se sentent pas chaleureux et affectueux envers leur mère ou leur père. Une auditrice dont c'était le cas m'a écrit ceci : « *Je suis née d'un parent illégitime dont la vie n'a été qu'une longue succession de mauvaises décisions. Pas seulement de mauvaises décisions, de terribles décisions. J'ai eu tôt fait d'apprendre, contrairement aux conseils et aux rappels de ma famille, que je n'avais pas vraiment de mère. Je me suis fait dire : "C'est ta mère ! Tu dois l'aimer !"*

« *J'ai vécu avec un sentiment de culpabilité parce que je n'aimais pas ma mère égoïste et égocentrique. Je croyais qu'il y avait quelque chose qui clochait chez moi. Pourquoi ne pouvait-elle pas m'aimer ? Pourquoi je n'arrivais pas à lui plaire ? Comme j'aurais aimé qu'une petite voix m'encourage, me fasse savoir que la faute ne me revenait pas ! Elle se souciait davantage d'être la douce du type avec qui elle couchait que d'être ma mère.*

« *Vous, Dr Laura, avez été une voix comme celle-là, qui m'a appuyée dans les décisions que j'ai dû prendre. Quand j'ai eu dix-huit ans, je suis partie et je ne suis jamais retournée vers elle. C'est la meilleure décision que j'aie jamais prise. J'ai épousé un homme bon et j'ai élevé trois merveilleux enfants.* »

L'heure est maintenant venue de porter à votre attention que même le commandement dit d'« honorer » et non d'« aimer » votre père et votre mère. Ce commandement vous rappelle que vous avez quelques obligations précises à remplir, mais n'exige pas que vous éprouviez de l'amour. On ne peut vous ordonner d'aimer, pas plus que vous ne pouvez vous y obliger.

Belinda, une appelante, est déchirée entre son manque d'amour et de désir de prendre soin de sa mère alcoolique, qui se meurt actuellement du cancer de l'estomac, d'une part, et son sens du devoir, d'autre part. Ces confusions font habituellement surface lorsqu'un parent est âgé ou à l'article de la mort.

BELINDA : J'ai eu bien des problèmes à surmonter pour en venir à lui pardonner. J'ai grandi dans une famille où les sévices étaient monnaie courante.

DR LAURA : Belinda, vous n'êtes aucunement tenue de pardonner à quelqu'un qui ne s'est jamais repenti, mais vous avez le devoir envers vous-même de laisser «aller» certaines choses, de manière à pouvoir poursuivre votre vie. Et il y a une différence entre laisser aller des choses et pardonner. Le pardon est un exercice à deux participants : la repentance veut dire pour la personne concernée d'assumer sa responsabilité, d'éprouver des remords, d'essayer de redresser les torts causés et de ne pas répéter les gestes répréhensibles. Si cette personne ne fait pas ces choses, vous n'êtes aucunement tenue de lui pardonner, mais vous pouvez décider que ce serait malsain pour vous de continuer de nourrir de mauvais sentiments et qu'il vaudrait mieux que vous poursuiviez votre vie en tant qu'individu sain et heureux en composant avec les réalités de votre présent plutôt qu'avec les ombres de votre passé.

BELINDA : Ouais. J'ai dû décider de ne plus faire partie de ses victimes. J'ai apporté beaucoup de changements à ma vie au cours de la dernière année et demie parce que j'ai été internée souvent.

DR LAURA : C'est bien. Vous êtes très forte.

BELINDA : Ouais. Et je viens juste d'entrer à l'université. Mais je veux que, quand elle partira, je puisse me sentir tout à fait bien dans ma peau. Je ne veux pas avoir le moindre regret.

Comme le dit Bette Davis quand elle se tient dans l'escalier dans le film intitulé *Ève* : «Bouclez vos ceintures de sauvetage, la nuit va être mouvementée.» Vous devrez probablement rassembler vos forces pour un bout de chemin à venir, car vos démarches seront perçues comme n'étant pas politiquement correctes dans les cercles de la psychologie. J'ai dit à Belinda que le fait pour elle de s'attendre à vivre la mort de sa mère avec sérénité, si celle-ci n'exprime aucun regret ni aucune culpabilité, est un désir qui ne se réalise que dans les contes de fées, et qu'elle ne devrait pas même exiger cela d'elle-même. À dire vrai, lorsqu'un mauvais parent meurt, que vous soyez ou non «gentil» avec lui à la fin ou que vous les disculpiez ou non pour leurs mauvaises actions, vous vous retrouvez quand même avec ce qui a évolué en vous à cause de votre enfance malheureuse, et non à cause de son lit de mort.

Quoi qu'il en soit, j'ai conseillé à beaucoup de gens d'aller au chevet de leur parent mourant devenu un étranger pour eux par pure compassion et simple décence. Je leur rappelle toutefois qu'ils auraient tort de s'attendre à vivre un moment magique. La plupart des gens me rappellent pour me dire qu'ils éprouvent de la pitié pour une personne dont un parent meurt sans l'amour de ses enfants. Je trouve que c'est une réaction saine – triste, mais saine – à avoir.

Voici un autre rebondissement :

Dr Laura : Vous vivrez probablement une réapparition de la colère, de la souffrance et de la tristesse que vous a inspirées le fait de ne pas avoir eu de mère. Il aurait mieux valu qu'elle n'existe pas plutôt que de vous torturer comme elle l'a fait. Vous savez, Belinda, vous allez éprouver certaines émotions pénibles, et ensuite vous lâcherez prise de nouveau.

Belinda : Ouais. Je l'aime, qu'elle m'ait maltraitée ou non.

Dr Laura : Je ne gobe pas ça. Je ne crois pas que nous aimions des parents abusifs et rébarbatifs.

Belinda : Je n'ai pas aimé les sévices, mais je l'aime, elle, parce que c'était ma mère.

Dr Laura : Je ne gobe pas ça non plus. Je suis désolée, je n'aime même pas entendre ça parce que ça banalise l'amour. Je pourrais être la pire enfoirée de la terre, mais parce que je suis génétiquement liée à quelqu'un je vais dire que j'ai de l'amour pour lui ? L'amour doit avoir plus de profondeur, d'ampleur et de signification que ça. Je vous croirais si vous me disiez que vous aimeriez avoir eu une mère qui savait aimer. Je vous croirais si vous me disiez qu'elle vous fait pitié, parce qu'elle est quelqu'un de minable que personne n'aime. Je pourrais croire un « J'essaie d'apprendre à aimer un tant soit peu, parce que je sais d'où je viens ». Ces choses-là ont du sens pour moi. Mais dire que vous aimez quelqu'un juste en raison d'un lien génétique, je ne le croirai jamais.

Et je pense que c'est quelque chose que les gens qui ont été très écorchés tentent de dire, afin d'avoir le mot « amour » dans leur vie. Mais vous pouvez aimer beaucoup d'autres personnes merveilleuses et saines qui ne sont aucunement liées entre elles génétiquement. Conservez votre amour pour elles.

Belinda : Je suis d'accord avec vous.

Dr Laura : Ne le gaspillez pas pour cette femme.

BELINDA : C'est exactement ce que j'ai fait.

DR LAURA : Et ne vous croyez pas obligée de dire que vous l'aimez pour faire figure de bonne personne.

BELINDA : Ouais. Je suppose que c'est ce que je faisais. Je ne veux pas qu'elle meure en ayant le sentiment que je l'ai détestée toute ma vie.

DR LAURA : Eh bien, elle va mourir soit avec cette pensée, ce qu'elle s'est acquis par la vie qu'elle a menée, soit en s'en contrefichant.

À ce stade-ci de la conversation, nous sommes revenues sur le sujet des difficultés émotionnelles de Belinda. Elle m'a dit qu'elle avait peur que, si elle ne donnait pas dans la sentimentalité, elle retomberait dans une colère féroce et serait internée de nouveau. Je lui ai répondu que le fait pour elle de nourrir les sentiments qui conviennent, même les laids comme la colère et la haine, ne signifie pas qu'elle soit en train de perdre la raison de nouveau. La folie vient de la manière dont on compose avec ces émotions, et non de leur existence. Nous sommes aussi entrées dans le vif du sujet : après la mort de sa mère, elle va toujours devoir faire le deuil du fait qu'elle n'aura jamais eu de mère. Une fois que maman sera partie, ce sera fini ; il n'y aura plus d'espoir que quoi que ce soit change un jour.

BELINDA : Ouais. Je préférerais simplement qu'elle parte plutôt que de l'entendre me dire encore des choses désagréables, ou de devoir entretenir tous les jours de ma vie ce même espoir de la voir changer un jour, vous savez ? Je trouve que le fait qu'elle soit en vie rend les choses tellement plus difficiles, car, dans un sens, elle est déjà morte.

DR LAURA : Je suis si heureuse que vous vous soyez permis de dire ce que vous venez de dire. C'est plus sain pour vous de faire face à la vérité que de vous déchirer intérieurement en espérant ce qui est perdu d'avance, en vous culpabilisant inutilement et en essayant d'éprouver de l'amour au sein d'une réalité qui en est dépourvue. Belinda, je crois que vous allez réussir à vous en sortir.

BELINDA : Je le crois aussi. Merci.

Quelque temps après cet appel, Belinda m'a écrit pour me faire savoir quelle incidence notre conversation en ondes avait eue sur elle. J'en ai été très émue, et vraiment renversée !

Belinda est l'aînée d'une famille de quatre enfants, qui ont tous des pères différents. Sa mère était manifestement volage, en plus d'être toxicomane et alcoolique. Lorsque Belinda avait huit ans, le voisin d'en haut et ami de sa mère lui a fait subir des sévices sexuels. Quand elle l'a rapporté à sa mère, celle-ci lui a répondu : « Eh bien, ma chérie, j'ai subi la même chose, moi aussi, et il arrive que des choses comme ça se produisent tout simplement. » Bien entendu, Belinda a été brisée de ce que sa mère ne semblait pas s'en soucier le moins du monde.

Belinda a vécu des périodes de dépression et a développé une mentalité de victime. « En ce qui me concernait, tous mes problèmes étaient attribuables à quelqu'un d'autre. J'avais été blessée et traumatisée, et je méritais de m'apitoyer sur moi-même. » Après avoir tenté plusieurs fois de me suicider et plus de cinquante-six hospitalisations en un an, elle a entamé un nouveau parcours vers la dynamisation.

Elle m'a écrit : « *Je tenais à vous faire savoir que j'ai apprécié ce que vous m'avez dit au sujet du pardon et de l'amour. J'ai toujours pensé que l'amour est une rue à double sens, mais je me suis pourtant toujours sentie coupable de ne pas vraiment aimer ma mère. Ma mère est très manipulatrice envers tous ses enfants ; elle fait passer ses besoins en premier et nous néglige.*

« *Je me sens soulagée de ne plus avoir à excuser les actions de ma mère, ni à lui dire que je lui pardonne ou que je l'aime. J'ai aussi réalisé autre chose lors de notre courte conversation. Je n'ai plus à croire ce que ma mère m'a répété jusqu'à me le rentrer dans le crâne, à savoir que je devrais lui être reconnaissante de ne pas s'être fait avorter lorsqu'elle était enceinte de moi. Ce n'est pas de ma faute si elle m'a eue si jeune. Je suis d'accord, l'amour, c'est tellement plus que ce qu'elle m'a donné.*

« *Je sais que c'est ma mère, j'ai ses gênes en moi, ses yeux, mais pas son amour. J'ai voulu l'aimer, mais sans jamais y arriver. Je suis heureuse de ne pas être elle. Je prends la vie et l'amour au sérieux, car j'en ai passé une si grande partie à subir des sévices, de la part d'autrui et de moi-même. Dr Laura, je suis d'accord avec vous : Je vais réussir à m'en sortir. Merci d'y avoir contribué.* »

Cheryl, une autre auditrice qui m'a aussi téléphoné en ondes, m'a écrit au sujet de sa réaction à notre conversation. Sa mère, qui avait été alcoolique durant toute la vie de Cheryl, a eu trois enfants avec trois hommes différents et a fait subir tant de sévices physiques à Cheryl et à ses deux autres enfants que ceux-ci sont passés par sept foyers d'accueil avant l'âge de neuf ans ! La mère a abouti en prison pour avoir conduit en état d'ébriété et avoir estropié quelqu'un à vie.

« Vous, Dr Laura, en un seul appel téléphonique, vous avez éliminé toute la culpabilité que je traînais avec moi et vous m'avez libérée de la prison que je lui ai permis de bâtir autour de moi. Toutes ces années à l'entendre dire que je lui devais une fière chandelle du fait qu'elle m'avait donné naissance avec un pied dans la tombe. Je me sens dégagée de l'obligation de les amener, elle et sa folie, auprès de mes enfants et de ma famille. Je n'alimenterai et n'entretiendrai plus jamais de sentiment d'obligation par rapport à ce qui a pu se passer alors que je n'étais encore qu'une enfant et ce qui échappait entièrement à ma volonté… et je ne permettrai plus à mon passé de me servir d'excuse pour ne pas être là dans le présent, et pour ne pas remplir mon devoir moral d'épouse et de mère. »

Lorsque des appelants me demandent comment composer avec l'approche de la mort ou la mort d'un parent, je leur demande presque automatiquement s'ils ont aimé ce parent. La plupart du temps, ils me répondent par l'affirmative. Je leur réponds alors que c'est précisément ce que décrit l'expression « mi-doux mi-amer ». La bénédiction d'avoir un parent bien-aimé est évidente ; c'est la partie douce de l'histoire. La tristesse qu'on ressent quand on perd ce parent est le prix à payer pour l'amour éprouvé ; c'est la partie amère de l'histoire.

Si vous n'avez pas aimé ce parent, il n'y a ni douceur ni tristesse. Il ne vous reste plus qu'à vous réconcilier avec la vérité selon laquelle ce que vous n'avez jamais eu… vous ne l'aurez jamais. Cependant, comme je le rappelle toujours aux gens, le monde est rempli de gens merveilleux qui sauront vous aimer et vous satisfaire… Si vous le leur permettez.

LES GENS BIEN ÉLEVÉS NE SE METTENT PAS EN COLÈRE (?!)

Beaucoup d'entre vous craignent de se mettre en colère, et encore plus d'en avoir l'air. Il se peut qu'on vous ait menacé ou puni parce que vous vous mettiez en colère lorsque vous étiez plus jeune. Peut-être souhaitez-vous ne pas aggraver la situation désastreuse dans laquelle vous vous trouvez. Peut-être craignez-vous que votre colère élimine de meilleures possibilités à venir. Quelle qu'en soit la raison, le fait de mariner dans votre colère sans la dissiper ni l'exprimer correctement aura pour effet de favoriser un état d'esprit malsain.

Diana m'a téléphoné en ondes dans l'espoir de dissiper la colère qu'elle nourrit à l'endroit de sa mère, tout en se sentant terriblement coupable d'être même en colère. Je lui ai d'abord demandé de chercher la définition de culpabilité : réaction provenant de l'intérieur qui vous indique que vous faites quelque chose de mal. Les gens utilisent souvent à mauvais escient le mot « culpabilité », alors qu'ils éprouvent en réalité des sentiments complètement différents.

Si votre colère est légitime, ce n'est pas de la culpabilité que vous éprouvez, mais plutôt la peur d'être puni ou de perdre gros. Vous ne faites rien de mal en éprouvant une colère justifiée. Et, à dire vrai, vous n'éprouvez probablement pas de culpabilité. Vous ressentez probablement plutôt la douleur qu'occasionne une perte, le deuil d'un espoir jamais assouvi ; vous désirez être l'objet d'un amour maternel et vous refusez en même temps de faire quoi que ce soit qui risquerait d'éliminer la possibilité d'en être l'objet. Mais en réalité, et c'est ce qui vous met en colère, cela ne se réalisera jamais. Et vous ne l'avez pas accepté.

Après que j'aie eu expliqué tout cela à Diana, elle se sentait encore liée sur le plan émotionnel et voulait savoir comment « composer avec » sa mère, et si elle devait ou non lui parler.

Je me suis demandé tout haut s'il y avait quelque chose que sa mère pouvait faire actuellement qui pourrait changer le passé. Diana m'a répondu : « Non, rien », mais a suggéré que quelque chose de positif pourrait se produire si sa mère lui demandait pardon.

Vous vous souviendrez qu'antérieurement j'ai abordé le sujet de la supériorité de la *reconnaissance* sur la *demande de pardon*. Cette dernière peut ne pas être sincère, mais le fait qu'une personne reconnaisse vous avoir fait souffrir et avoir fait de vous une victime contribue grandement à vous donner le sentiment d'être validé et justifié, et que votre acharnement à « vous rebâtir » est apprécié.

J'ai suggéré à Diana de parler à sa mère et de lui demander *la vérité* (en commençant par l'incidence qu'a eue sur elle le fait de ne pas avoir connu son père-bio, mais d'avoir eu quatre beaux-pères d'avec qui sa mère a divorcé), afin d'arriver à laisser aller sa colère peut-être plus facilement et de pouvoir en venir toutes les deux à connaître une relation de meilleure qualité, «sans que je me ronge les sangs», comme me l'a dit Diana.

Bien entendu, le défi consiste à accepter à l'avance que sa mère puisse n'éprouver aucuns remords, ou ne pas être disposée à démontrer de la compassion maternelle et une humilité élémentaire. Dans ce cas, Diana devra décider si l'approche «marcher sur des œufs», qui consisterait grosso modo pour elle à être au service de sa mère pour qu'elles puissent avoir un semblant de relation mère-fille, est vraiment saine et en vaut vraiment la peine.

DIANA : Ce sera difficile.
DR LAURA : Oh, et la vie que vous avez menée jusqu'ici ne l'a pas été ?
DIANA : C'est le seul parent que j'ai eu.
DR LAURA : Ouais. Eh bien, vous savez quoi ? Vous avez un mari et des enfants, des amis, et d'autres proches qui vous aiment et qui vous traitent bien. Que vous vous soyez accrochée à elle par une relation synthétique pour en tirer une substance émotionnelle plutôt que de profiter de vos autres relations est un peu triste.
DIANA : Vous avez raison, Dr Laura. Ok. Je vais devoir rassembler mon courage et voir ce que je peux faire.
DR LAURA : C'est très facile. Il n'y a que vingt-deux mots à prononcer : «Maman, j'ai besoin que tu reconnaisses ce qu'a été ma vie à cause de tes décisions et de tes actions.»
DIANA : Ok. Je vais essayer.

Comme je le dis toujours dans mon émission de radio : «Il ne suffit pas d'essayer, il suffit de le faire.»

MAIS QUE FAIRE SI MAMAN/PAPA SOUFFRE D'UNE MALADIE MENTALE ?

En plus de marcher sur des œufs afin d'éviter de perdre le semblant de relation que vous avez avec un parent difficile, il y a un autre problème :

Dans quelle mesure doit-on faire preuve de compassion et donner une chance à un parent qui souffre d'une «maladie mentale»? C'est justement pour me poser une question de ce type que Sheila m'a téléphoné en ondes. Elle voulait savoir comment composer avec la culpabilité qu'elle a éprouvée au cours des dernières années par rapport à sa mère, qui souffrait de plusieurs problèmes mentaux.

SHEILA: Elle m'a bouffée et m'a recrachée après que mon père est mort, en suscitant surtout le pire en moi. Et pourtant, j'ai l'impression que j'aurais dû me montrer plus gentille envers elle, et plus patiente dans une situation tout à fait impossible. On dirait que je n'arrive pas à m'enlever ça de la tête.

DR LAURA: Une fois que nous avons regardé la réalité dans son ensemble, nous pouvons nous demander: «Comment un être humain peut-il composer avec ça?» La réponse à cette question est probablement la suivante: Du mieux qu'il peut, et parfois pas si bien que ça. Avez-vous été brutale ou cruelle?

SHEILA: Oh, non.

DR LAURA: Vous vous êtes parfois impatientée. Je considère ça comme une réaction humaine. Maintenant, le seul moyen pour vous d'éviter de réagir de manière humaine, Sheila, aurait consisté à faire de vous un robot.

SHEILA: Je comprends ce que vous me dites et ça a bien du sens... mais si je vais plus dans les détails, je dois reconnaître que j'ai pitié d'elle. C'était une âme tourmentée.

DR LAURA: Je vous donne raison d'avoir pitié d'elle. Cela ne veut toutefois pas dire que vous «ne deviez pas réagir à» la cruauté et aux tortures qu'elle vous a fait subir.

SHEILA: Et vous n'excusez pas quelqu'un qui souffre d'une maladie mentale?

DR LAURA: Si elle était malade au point de ne plus reconnaître le bien du mal et de ne plus avoir de contrôle sur son comportement parce qu'elle était sortie de notre réalité, que pourrais-je dire? Mais il est plus probable que la vérité soit qu'elle savait exactement ce qu'elle faisait et qu'elle s'en permettait plus avec vous parce qu'elle risquait moins de subir des représailles de votre part.

SHEILA : Ouais.

DR LAURA : Je parie que, si le facteur était entré chez vous, elle ne lui aurait pas fait « ça » à lui.

SHEILA : Non, vous avez raison.

DR LAURA : Pour moi, son comportement est répréhensible, et vous ne voulez probablement pas croire qu'il ait été délibéré, car ce serait trop insupportable de le penser. Si elle n'avait pas eu toutes ses facultés, alors vous vous sentiriez mieux, du fait que « son comportement n'aurait pas été dirigé contre vous », n'est-ce pas ? Je crois qu'il vous est plus facile d'accepter que vous soyez une mauvaise personne que la pensée qu'elle se soit montrée délibérément cruelle envers vous. Vous avez cru certaines de ses balivernes, quand elle rejetait sur vous la responsabilité de ses propres agissements.

SHEILA : Oui, c'est vrai.

DR LAURA : Voici ce que j'entends maintenant : « Ma mère avait raison ! Je suis une mauvaise personne. » Eh bien, Sheila, votre mère avait tort ; vous n'êtes pas mauvaise, vous êtes écorchée.

SHEILA : Comment composez-vous avec le fait qu'il y a eu des moments où elle s'est montrée véritablement bonne et aimante, mais que ces moments se sont faits de plus en plus rares au fil des ans ?

DR LAURA : Vous êtes une enfant de cinquante-deux ans qui ne veut rien de plus que de se faire aimer de sa mère. Au lieu de ça, vous avez eu affaire à une femme cruelle, irrationnelle et blessante. Et vous vous culpabilisez de ce que vous ne réagissez pas à cette réalité comme si vous étiez une sorte d'objet inanimé. Sheila, C'EST FOU !

SHEILA (en riant) : Bon, eh bien, je vous remercie.

Ce n'est absolument pas que je ne croie pas à la nécessité de faire preuve de compassion et de compréhension envers un parent qui souffre d'un désordre psychotique et qui ne sait donc entrer en relation qu'avec un monde rempli de terreurs et de menaces. J'y crois. Par ailleurs, j'ai aidé beaucoup d'appelants à faire la différence entre des parents qui sont foncièrement mauvais et d'autres qui sont tout simplement énervants, lorsqu'ils cherchaient à catégoriser les actions et les paroles blessantes de leurs parents et à composer avec elles.

J'ai également recommandé à bon nombre d'appelants adultes de ne tenir aucun compte des paroles et des actions d'un parent dont le cerveau était manifestement handicapé par une maladie organique (comme cela se produit parfois durant la vieillesse), lorsqu'il arrive souvent que des comportements sexuels inconvenants, des accès de rage et des gestes violents puissent s'expliquer par de graves problèmes médicaux. Toutefois, cela se révèle être l'exception, et non la règle.

J'ai souvent eu affaire à des gens qui refusaient tout simplement de croire que les comportements malveillants existaient. C'est pourtant le cas. Le mal n'est pas un « état » qui mérite la compassion. Bien sûr, lorsque vous acceptez la réalité du mal, cela élimine la possibilité que vous soyez responsable et que vous ayez un quelconque pouvoir ou une quelconque influence sur ce parent. Le fait de croire que vous soyez responsable des mauvais traitements que vous a fait subir ce parent vous procure l'espoir d'arriver à y changer quelque chose. Or, cet espoir, vous le perdez lorsque vous reconnaissez que le mal existe ; le mal est une entité sur laquelle vous n'avez aucun contrôle.

Si vous avez regardé beaucoup de films violents ou d'épouvante qui plaisent tant aux adolescents, vous pensez probablement au mal comme à quelque chose de surnaturel, de sanglant ou de violent à l'extrême. Pourtant, le mal est en grande partie de nature mondaine. Ce n'est pas uniquement la mère qui dit vouloir garder sous son toit la personne qui a fait subir des sévices sexuels à ses enfants parce que ses enfants mentent ou exagèrent, ou que c'était une erreur qui ne se reproduira pas, ou qu'elle cherche simplement à garder sa famille unie ; c'est aussi la mère qui oblige sa fille rondelette à rester dans une pièce à l'arrière de la maison lorsqu'elle reçoit des visiteurs parce qu'elle a honte de son enfant. Ce n'est pas seulement le père qui bat ses enfants parce que sa vie le contrarie ; c'est aussi le père qui dit à son fils que celui-ci n'est qu'une source de déception parce qu'il a la fibre artistique plutôt que la fibre machiste, et qui dit tout haut qu'il aurait préféré que son fils ne vienne jamais au monde. Ce ne sont pas uniquement les parents qui abandonnent leurs enfants le long d'une route ; c'est aussi le parent qui fait un lavage de cerveau à son enfant pour l'amener à porter de fausses accusations d'agression sexuelle ou physique contre l'autre parent dans le cadre d'un procès pour la garde de l'enfant.

Les mauvais parents sont-ils tous pervers ? Le mot « mauvais » implique que les parents décident consciemment de faire des choses, par simple égocentrisme, paresse, lâcheté et entêtement, en sachant qu'elles causeront du tort à leurs enfants. Je crois que ces parents qui reconnaissent, qu'ils l'admettent ou non, que leurs actions ne servent pas au mieux les intérêts de leurs enfants, mais qui persistent néanmoins à agir comme ceci commettent des gestes répréhensibles envers leurs enfants :

- Boire et se droguer.
- Vivre dans la promiscuité (en s'absorbant avec égocentrisme dans leur vie amoureuse/sexuelle épisodique et en exposant leurs enfants à des situations risquées ou instables).
- Leur faire subir un type d'abandon (imposer inutilement des bonnes d'enfants/le jardin d'enfants/les baby-sitters/la solitude, des divorces aux accents de frivolité – un contact minimal avec leurs enfants tandis qu'ils se remarient et qu'ils ont de nouveaux enfants).
- Faire preuve d'insensibilité envers les qualités, la personnalité et les besoins uniques de leurs enfants (se servant d'eux pour se glorifier, pour obtenir un gain ou pour satisfaire leur ego).
- Faire preuve de négligence (ne tenir aucun compte des questions liées au régime alimentaire et à l'exercice, refuser un traitement médical raisonnable, relâcher la surveillance, ne pas prendre part à l'éducation, nier les problèmes de l'enfant, refuser d'autoriser sa participation à des activités périscolaires importantes).
- Ne pas les protéger contre les comportements abusifs de la part d'un amant ou d'une amante/d'un conjoint ou d'une conjointe/d'un proche.

Mais la question demeure la même : Les *mauvais* parents sont-ils tous *pervers* ? En toute franchise, il s'agit ici d'une question à laquelle il n'est pas facile de répondre avec simplicité. Il faudrait que j'évalue cela à l'échelle : les degrés d'agissements pervers en fonction d'une personne vraiment perverse. Un parent est pervers s'il ou elle tire profit ou du plaisir de la souffrance de ses enfants, et n'éprouve pratiquement aucune culpabilité, honte ou compassion pour leurs souffrances. Ce profit ou ce plaisir peut se présenter sous la forme d'une stimulation sexuelle, d'un sentiment de supériorité et de pouvoir, d'une vengeance contre quelqu'un (comme l'autre parent), du délaissement de certaines responsabilités (par l'abandon, la vente, la prostitution ou le meurtre d'un enfant), d'une diminution de la détresse émotionnelle personnelle (par la violence ou la torture), et ainsi de suite.

Franchement, je crois que cette distinction n'est pas pertinente au bout du compte. Les agissements pervers parlent d'eux-mêmes ; peu importe ce dont on voudrait taxer le parent coupable (de fautif malgré lui, de faible, de désinvolte, de fou, de possédé ou de méchant), cela ne changera rien à la réalité de l'enfant qui souffre.

Lorsque les victimes de certains de ces parents adultes « pervers », leurs enfants, me téléphonent dans le cadre de mon émission de radio pour me dire qu'ils se sentent quand même obligés envers ce parent, je leur dis chaque fois qu'il y a belle lurette que leur mère ou leur père a déchiré leur carte de parent. Lorsqu'un parent se montre dangereux ou destructeur, il est nécessaire de minimiser ou d'éliminer totalement leur présence. Les gens ont le droit de se défendre.

HÉ, JE NE SUIS PAS À BLÂMER, J'AI FAIT DE MON MIEUX !

Beaucoup de parents, lorsqu'ils sont ultérieurement confrontés à leurs fautes, tentent de se disculper comme ceci : « Il faut juste que tu comprennes que j'ai fait de mon mieux en ce temps-là. » Dans le cas de beaucoup de parents, c'est la vérité. Christopher Reeve a fait de son mieux dans son rôle de père en dépit de sa paraplégie. Les épouses des sapeurs-pompiers, des policiers et des militaires morts en service font habituellement de leur mieux pour répondre aux besoins de leurs enfants malgré leur veuvage. Les parents aux facultés intellectuelles réduites font habituellement de leur mieux pour venir en aide à leurs enfants dans leurs études. Ce que tous ces gens et d'autres parents en situations comparables ont en commun, c'est qu'ils veulent réellement faire de leur mieux, même si leur situation – et non leurs mauvais choix ou leurs choix irresponsables – les empêche dans une certaine mesure d'être tout ce qu'ils auraient pu être si de telles conditions ne leur avaient été imposées de l'extérieur.

Il y a aussi les parents qui tentent de justifier certains aspects de leurs mauvais comportements parentaux en embellissant leur histoire et en se disculpant sous prétexte qu'ils auraient fait de leur mieux.

Un auditeur, Russ, m'a raconté ce qu'il avait lui-même vécu dans ce domaine-là. Russ est un homme de trente-huit ans qui est heureux en mariage et qui n'a pas d'enfant. Ses parents ont divorcé lorsqu'il avait environ douze ans, et il n'a pas beaucoup été en contact avec son père par la suite. Lorsqu'il a eu vingt-quatre ans, Russ est allé s'établir dans la même ville où son père habitait et ils se sont mis à suivre une thérapie ensemble dans le but de se rapprocher l'un de l'autre.

« Durant notre première séance, j'ai été gagné par une vive émotion quand a fait surface toute la douleur que m'avaient causée ses années d'absence, et il m'a calmement répondu : "Mon garçon, tu dois comprendre que j'ai fait de mon mieux à l'époque." Avec du recul, je peux dire qu'on avait un mauvais thérapeute, et je suis sorti de cette séance en pensant que j'avais dû faire quelque chose de mal et que j'avais tort de ressentir les souffrances que j'éprouvais. J'avais aussi adopté d'assez nombreux comportements autodestructeurs antérieurement à cette séance de counselling. Pour être plus précis, je dirai que j'étais très toxicomane et alcoolique. Or, je me suis senti plus mal encore à la fin qu'au début de cette séance.

« Pour conclure, dans les années qui ont suivi, j'ai découvert que sa réponse n'était rien d'autre qu'une tentative de sa part pour justifier ses actions, alors qu'en réalité il n'avait fait qu'à sa tête et que choisir la voie de la facilité sans se préoccuper de sa famille. Grâce à vos remarques perspicaces, Dr Laura, ainsi qu'à l'amour et au soutien de ma femme, j'en suis venu à réaliser que je n'avais rien fait pour mériter qu'il m'abandonne. Je mène une vie merveilleuse aujourd'hui. J'ai renoncé aux drogues et à l'alcool il y a des années, et je rends service aux autres autant que possible. »

Lorsque des parents me téléphonent en ondes pour « s'expliquer » dans le cadre des questions qu'ils me posent concernant leurs relations qui battent de l'aile avec leurs enfants, ils prétextent souvent : « J'ai fait de mon mieux. » Je leur demande alors de m'expliquer, par exemple, ce qui les empêchait de voir leur enfant après le divorce. Lorsqu'on me répond : « Eh bien, ma nouvelle conjointe était d'une autre ville », ou : « Eh bien, mon ex-mari n'était pas facile à côtoyer », ou encore ma réponse préférée : « Eh bien, c'était tellement difficile pour moi sur le plan émotionnel », je les fusille sans ménagement en leur disant : « Votre enfant a le droit d'être en colère. Vous ne vous êtes pas soucié de son bien-être, mais uniquement de vos impulsions et de vos désirs. Vous vous êtes facilité la vie et vous avez sacrifié votre enfant.»

«Qu'est-ce que je dois faire maintenant?» me demandent-ils parfois.

«Admettez que vous avez mal agi, identifiez et reconnaissez vos faiblesses, avouez votre égocentrisme. Dites-leur que vous avez fait fausse route et que vous "leur avez causé du tort". En validant leur réalité et en leur disant la vérité, vous ouvrez la porte à un avenir entre vous auquel vous aspirerez de part et d'autre. Si vous continuez de vous disculper et de jouer à la victime, alors qu'en fait c'est votre enfant qui a été la victime de votre comportement, vous jetez de l'huile sur le feu. Jusqu'à ce que vous soyez prêt à jouer franc jeu, vous obligerez votre enfant à s'opposer à vous pour corroborer la vérité au sujet de sa vie. Il n'y aura plus dès lors de progression, d'avenir et de paix possibles. N'allez pas là.»

Bien entendu, il est parfois très difficile d'amener les gens à reconnaître la vérité de leurs propres manquements. Quoi qu'il en soit, il s'agit du don le plus généreux qu'un parent puisse faire à l'enfant qu'il a blessé.

POURQUOI EST-CE QUE JE ME METS MARTEL EN TÊTE?

J'ai eu une conversation fascinante avec une auditrice, Jody, qui m'a dit de but en blanc qu'elle avait tendance à vouloir être parfaite et que tout soit fait d'une certaine manière. Elle s'est sentie poussée à me téléphoner en ondes en raison de ce que je venais de dire à quelqu'un d'autre. J'avais dit à cette autre personne, en partie à la blague : «Il se peut que tous vos problèmes physiques soient un moyen pour la nature de vous taper sur l'épaule pour vous dire de ralentir la cadence et de mieux vous traiter. Étant donné que vous n'écoutez pas, elle continue de vous taper sur l'épaule!»

Jody voulait que je lui vienne en aide. Elle se lève à 4h30 pour faire de l'exercice, se préparer à sa journée, puis préparer ses enfants pour l'école. Or, étant donné que je me lève moi-même à 5h30 pour faire de l'exercice, faire ma promenade à pied de cinq kilomètres, puis prendre le petit déjeuner avec mon mari et mon chien, et ainsi de suite, cela ne m'a pas semblé tellement fou!

DR LAURA : Qu'est-ce qui cloche là-dedans ?

JODY : Rien, mais…

DR LAURA : Pourquoi est-ce qu'on doit changer ça ?

JODY : J'ai l'impression que ma santé doit être parfaite ; mon apparence doit être parfaite avant que je franchisse le seuil de la porte.

Je lui ai demandé de prendre son téléphone sans fil et de se mettre à marcher dans la maison. Je lui ai ensuite demandé de me dire des choses qu'elle remarque qui ne sont pas parfaites.

JODY : La salle de bains. Il y a… eh bien, j'ai une blessure en ce moment, alors je ne suis pas capable de faire les choses que j'aimerais faire. Je n'aime pas demander de l'aide. Ce n'est pas aussi propre que je le voudrais.

DR LAURA : Décrivez le problème dans votre salle de bains.

JODY : Ok, il y a des cheveux par terre.

DR LAURA : Les cheveux de qui ?

JODY : Oh, les miens, ceux de mes enfants…

DR LAURA : Vous voulez dire que vous perdez vos cheveux en plus du reste ?

JODY : Je sais. C'est triste, hein ?

DR LAURA : C'est le stress qui fait ça.

JODY : La baignoire doit être récurée… et je n'arrive pas à le faire… je suis blessée !

DR LAURA : Alors, vous avez dû vous blesser pour en venir à mener une vie normale ?

JODY : Oui. (Les deux se mettent à rire.)

Je lui ai alors demandé de me ramener à la personne qui lui a dit qu'elle était paresseuse et stupide. En un temps trois mouvements, elle m'a répondu : « Ma mère. »

JODY : Eh bien, il y a huit ans que je ne lui ai pas adressé la parole en raison de certaines choses qu'elle m'a faites.

DR LAURA : Ok, vous avez huit ans. Dites-moi comment ça se passe chez vous.

JODY : Ok… Je mouillais mon lit et on me mettait le visage dedans. On me disait sans cesse que j'étais idiote.

Dr Laura : Ouais, et ça fait encore mal, n'est-ce pas ?

Jody : Ouais.

Dr Laura : Vous avez maintenant quarante-deux ans. Nous avons le temps de régler les choses. Je viens de vérifier, et vous allez vivre jusqu'à 97 ans et demi. Cela vous semblera un peu étrange, mais essayez de me suivre. Votre problème de fond, c'est que vous n'êtes pas en colère.

Jody : Vraiment ?

Dr Laura : Vraiment. Permettez-moi de vous expliquer quelque chose. Si nous sommes craintifs et que nous souffrons parce qu'un de nos parents nous a maltraités ou nous a rejetés, il y a un certain nombre de choses que nous pouvons faire, que vous reconnaîtrez d'ailleurs dans votre propre vie. Nous pouvons pleurer et nous replier sur nous-mêmes, ou essayer d'amener maman et papa à nous aimer. Il faut faire la différence entre ça et le fait de se mettre en colère, et de dire : « Va te faire foutre ! Tu es complètement folle et une mauvaise mère ! » La plupart des enfants et des jeunes adultes auraient beaucoup de difficulté à le dire. Et je ne veux pas nécessairement dire que vous deviez le lui dire. En fait, je ne crois pas que ce soit même nécessaire.

Mais voilà Jody, qui passe le plus clair de sa vie d'adulte à essayer de prouver à sa mère que celle-ci a tort. Mais, hélas, il y a toujours des cheveux sur le plancher ; il y a toujours une preuve quelconque qui donne raison à votre mère. Du moins, c'est ainsi que vous interprétez la présence des cheveux par terre.

Jody (dans un murmure) : ... Oh, mon Dieu !!!

Dr Laura : Ainsi donc, la transition que vous devez faire, et je prie pour que vous la fassiez parce qu'elle vous soulagera considérablement, consiste à faire des choses pour le simple plaisir de les faire, plutôt qu'à vous les imposer en vous efforçant péniblement de prouver dans votre propre esprit à votre mère qu'elle a tort. Vous consacrez toute votre vie à cet effort, ce qui signifie que vous lui avez donné raison jusqu'ici. Et, ma chère Jody, le fait de ne plus lui adresser la parole ne vous a pas empêchée de chercher à lui prouver qu'elle avait tort, n'est-ce pas ?

Jody : Non, et je lui ai bel et bien donné raison. Ça alors !

J'ai poursuivi en lui recommandant de passer du mode de perfection-niste compulsive au mode femme légitimement en colère. À la blague, je lui ai dit qu'elle devait le faire… à la perfection. Eh bien, nous en avons bien ri.

Qu'y a-t-il de si difficile pour beaucoup de gens écorchés dans le fait d'avouer qu'ils sont en colère contre un de leurs parents ou les deux ? C'est simple : la colère est quelque chose d'agressif. Ce qui agresse fait peur à la plupart des gens, que l'agressivité vienne de quelqu'un d'autre ou de soi-même. Il est vraiment affolant pour la plupart des gens d'imaginer s'en prendre à leurs parents en privé dans leur propre tête, alors combien bien plus encore cela doit l'être en personne ! Vous imaginez probablement un châtiment ou un rejet plus grand encore. Et, ce qui est triste, c'est qu'il se peut que vous ayez gobé assez de leurs idioties pour en venir à douter de vous-même. Or, c'est ce doute de soi, cette possibilité que vous ne soyez pas vraiment digne d'être aimé, qui vous pousse à vous accrocher de nouveau à l'espoir d'arriver un jour, par un moyen ou par un autre, à vous racheter. Et je suis là pour vous extirper de ce vortex perpétuel.

Dans le cas de Jody, sans même qu'elle en soit consciente, elle s'imposait la perfection afin de prouver que les choses abusives, mé-chantes, cruelles et destructives que sa mère lui avait faites et lui avait dites n'étaient pas véritablement le reflet de sa personne. Elle n'arrivait pas à se servir de son QI rationnel pour faire la distinction entre une mère méchante et une enfant jugée décevante. Voilà à quel point vos souffrances et vos peurs peuvent vous aveugler.

Il arrive parfois que ce souci du jugement d'un parent difficile tourne au désir compulsif de plaire à quelqu'un, que cette personne le mérite ou non.

Samantha m'a d'ailleurs téléphoné en ondes pour m'exposer ce problème. Elle se préoccupe sans cesse et au plus haut point de ce que peuvent ressentir les autres. Lorsqu'elle les imagine malheureux, elle présume que cela a quelque chose à voir avec elle. Elle se juge centrée sur elle-même, du fait qu'elle se soucie continuellement de ce que les autres peuvent penser d'elle.

Dr Laura : Je me demandais simplement… ça peut sembler trop évi-dent sur le plan psychologique, mais… quand vous étiez petite, aviez-vous l'impression de ne pas être assurée de l'amour de votre mère ou de votre père pour vous ?

SAMANTHA : Oui.

DR LAURA : Parlez-m'en.

SAMANTHA : Ils étaient divorcés. Mon père était rarement là, et quand il y était il était vraiment, vraiment déprimé. Et j'essayais tout le temps de le rendre heureux, et ma mère souffre d'une dépendance.

DR LAURA : Hummm.

SAMANTHA : Je veux dire, je vois assez bien le lien... mais ça ne me dit pas plus comment y mettre fin.

DR LAURA : Oui, le voir et le ressentir se vivent à deux niveaux différents. Vous souffrez. Les enfants deviennent grands et forts uniquement quand on les nourrit bien et qu'ils font de l'exercice. Il en va de même pour le psychisme et l'âme. Vous avez eu deux parents qui n'étaient pas des parents. Vous n'avez jamais obtenu ce que je dis aux gens que leurs enfants ont besoin d'obtenir d'eux. Vous avez eu deux parents qui ne se sont pas comportés comme si vous aviez de la valeur à leurs yeux. Vous n'avez pas appris à faire confiance, vous n'avez pas découvert votre valeur et vous n'avez pas appris à créer des liens sains. L'idée que vous vous faites d'une relation consiste pour vous à prendre soin de quelqu'un, cette personne étant n'importe qui, dans l'espoir de l'amener à vouloir rester.

SAMANTHA : Oui ! C'est tout à fait ça ! C'est ça ! Ouais, c'est vrai.

J'ai poursuivi en lui décrivant la personne qu'elle est, en lui disant qu'elle excelle dans l'art de ressentir ce que tout le monde ressent parce que c'est plus facile que de ressentir ses propres sentiments. Elle voulait que les choses se règlent comme par magie, et je lui ai dit que je serais heureuse de lui toucher la tête de ma baguette magique mais que je l'avais laissée à la maison ce jour-là.

Si vous comprenez que vous avez acquis l'habitude de traiter toute nouvelle situation comme si elle constituait une réincarnation de votre parent ou de vos parents et de vous-même, vous vous direz typiquement, comme l'a fait Samantha : « Je trouve ça enfantin, ridicule, et je devrais pouvoir y mettre fin. »

DR LAURA : Eh bien, vous savez, plus vous affecterez la bravoure avec vous-même, moins vous vous permettrez de ressentir votre propre douleur. Je veux dire, chaque fois que vous décrivez cette situation, vous êtes dure envers vous-même ! C'est vous qui êtes blessée. C'est une vraie blessure, pas une petite éraflure. Vous avez été affamée et mal nourrie dans un domaine qui ne s'est jamais développé correctement : le domaine qui vous permet de voir autrui comme étant autre chose qu'une entité servant à vous faire savoir que vous êtes correct.

Il est important que vous reconnaissiez que, lorsque vous passez votre temps à prendre la température émotionnelle de tout un chacun pour voir si vous êtes encore acceptable à leurs yeux, vous vous montrez en réalité très égocentrique. Vous avez l'air de vous préoccuper de leurs sentiments, mais vous ne vous souciez en réalité que de votre propre sécurité dans la relation.

La solution magique, s'il y en avait une, comporterait les éléments suivants :

• La reconnaissance et l'acceptation de ce que votre mode de sentiment, de pensée et de comportement est captif de la réalité des circonstances pénibles de votre enfance qui se répètent continuellement.

• Le deuil de la situation familiale saine et aimante que vous n'avez jamais eue (vérité et larmes).

• L'engagement à changer, peu importe combien cela peut s'avérer affolant.

• Une plus grande concentration sur des comportements empreints d'amour et de tendresse envers autrui, sans le « Est-ce que je suis correct ? » obligatoire.

C'est l'étape finale qui fera toute la différence dans votre vie. Elle exige que vous vous comportiez *comme si* vous aviez reçu tout l'amour, toute l'affection, tout le soutien, tous les soins, toute la paix et toute la raison saine dont toute enfance est censée être marquée. C'est dans les efforts pour sortir de soi-même que réside la possibilité de « grandir » jusqu'à devenir adulte. Vous voyez, tant que vous restez captif de votre passé, vous restez en grande partie un enfant dans vos perceptions, vos réactions et vos comportements. Comme je le dis à mes auditeurs, les comportements poussent les sentiments vers l'avant. Si vous attendez que se produise le miracle par lequel tous vos sentiments deviendront mûrs, vaut mieux vous installer dans un fauteuil à bascule où vous passerez bien confortablement votre vieillesse à attendre ce miracle.

NE ME TOUCHE PAS !

Bien entendu, si vous êtes quelqu'un qui aime plaire aux autres, l'envers de la médaille consiste pour vous à être une silhouette à distance, qui veille à ne jamais s'approcher d'assez prêt pour se faire blesser... ou du moins c'est la logique par laquelle vous croyez pouvoir expliquer votre mode de comportement.

Krista m'a téléphoné en ondes dans l'espoir de changer cette façon qu'elle avait d'être, en se tenant suffisamment loin des gens pour s'en protéger. Ce qui la dérangeait le plus dans cela, c'est qu'elle est mariée depuis presque quatre ans et que cela l'empêche d'être vraiment proche de son mari.

Je lui ai demandé : « Quelle serait la pire chose qui pourrait se produire si vous deveniez proche de quelqu'un ? » Elle m'a répondu que sa plus grande peur, c'était qu'on lui enlève un morceau d'elle-même qu'elle ne pourrait jamais récupérer, et qu'elle perde la personne qu'elle était ou qu'elle tentait de devenir. Je lui ai fait remarquer qu'en réalité « personne n'a ce pouvoir ; on peut vous humilier, vous blesser ou vous trahir, mais on ne pourra jamais vous enlever la personne que vous êtes ».

KRISTA : Eh bien, s'il s'agissait d'une personne pour qui vous aviez de l'affection et que vous respectiez...

DR LAURA : Ahh. Vous voulez dire que, s'il s'agissait de quelqu'un de qui vous dépendiez sur le plan émotionnel qui se montrait critique à votre égard par rapport à quelque chose, vous seriez obligée de changer ça, ce qui vous amènerait donc à vous perdre vous-même ?

Ses réponses semblaient bizarres et n'avoir aucun rapport, comme si elle me faisait marcher. Peut-être m'étais-je montrée trop « impétueuse », car à ce stade de la conversation j'avais l'impression d'avoir perdu le contact avec elle. C'est ironique qu'elle m'ait téléphoné pour me dire qu'elle avait du mal à s'approcher ou à rester proche des gens et à se montrer vulnérable, et qu'en quelques minutes à peine passées ensemble, je me sois déjà sentie coupée d'elle. Heureusement, nous avons dû faire une pause publicitaire à ce moment-là! Sauvée par la pub!

Durant la pause, j'ai essayé simplement de mettre de l'ordre dans mon esprit quant à mes théories et à un retour éventuel à ce qu'elle m'avait déjà dit. Je me suis contentée de donner libre cours à ma conscience, dans l'espoir étrange qu'elle se fusionne à la sienne. Au cours des trente années d'existence de mon émission de radio, j'en suis venue à faire confiance à mon instinct.

Je me suis néanmoins surprise à dire ce que j'ai dit à Krista immédiatement après notre retour en ondes. J'avais juste la curieuse impression qu'elle ne se protégeait pas du tout *elle-même*.

DR LAURA : Krista, qui est la personne que vous aimeriez vraiment blesser? Qui avez-vous toujours vraiment voulu blesser? Qui est cette personne?

KRISTA : (un long silence) Ma mère.

    [J'espère que vous, lecteur, êtes impressionné. Franchement, j'étais renversée!]

DR LAURA : Vous voudriez bien m'en dire un peu plus à ce sujet?

KRISTA : Bien sûr. Il m'est arrivé de rêver que je la frappais physiquement et que rien ne la touchait le moins du monde. Et c'est pas mal à quoi ressemblait notre relation. Je ne peux pas dire que ce soit encore le cas aujourd'hui, parce que j'ai choisi d'accepter la réalité de cette relation.

DR LAURA : Pas *exactement*. Ce que vous avez fait, c'est de vous contrôler pour vous empêcher de la tuer, aux sens littéral et figuré. Et vous y êtes parvenue en vous refermant sur vous-même, un point, c'est tout.

KRISTA : Que voulez-vous dire par « de la tuer »?

DR LAURA : Je ne crois pas qu'il soit nécessaire que je clarifie celle-là. Vous avez tellement peur de cette partie de vous-même qui est remplie de rage et qui pourrait « la tuer », elle ou quelqu'un d'autre qui vous blesse, que vous avez simplement mis tout cela sous les verrous parce que vous ne vous faites pas confiance. Vous avez peur de ce dont vous êtes capable

KRISTA : J'ai peur de blesser quelqu'un qui s'approche de moi en raison de toute cette rage ? Eh bien, ça, mon mari peut l'attester. Je crois que je le fais déjà. Quand je fais de mon mieux pour ne pas le blesser, nous ne pouvons pas être si près que ça l'un de l'autre. En essayant de protéger tout le monde, je leur fais quand même du tort parce que je refuse d'être proche d'eux.

J'ai poursuivi en lui disant que je ne pouvais l'imaginer vraiment capable de faire ce qu'elle redoutait le plus de faire, qu'elle est quelqu'un de trop bien, de trop gentil et de trop aimant pour cela. Je lui ai dit que c'était correct pour elle de se mettre en colère contre les gens qui comptent dans sa vie, sans craindre que la rage que lui inspire sa mère déborde au point de la pousser à leur faire du mal.

Puis, je l'ai laissée aller réfléchir à tout cela et lui ai demandé qu'elle me rappelle ensuite. Elle m'a rappelée environ dix jours après cette conversation.

KRISTA : Vous m'avez dit que je devais réfléchir au fait que je n'étais pas vraiment capable de faire ça, que la personne que je suis en est incapable. Alors, j'ai réfléchi. Et j'ai beaucoup pleuré. Mais après ça, j'ai senti mon fardeau s'alléger un peu. Et je crois vraiment que je ne me faisais pas confiance.

[BINGO de mon cœur !]

KRISTA (en poursuivant) : J'ai réalisé que j'ai été capable de composer avec des choses plutôt pénibles avec mon mari sans être terrifiée. Je réagis différemment en sa présence, mais il pense encore que, vous savez, j'essaie de le manipuler quand je suis fâchée ou contrariée. Je lui parle plus des vraies raisons pour lesquelles je suis énervée. Je communique, plutôt que de manipuler.

J'ai dit à Krista qu'il leur faudra à tous les deux du temps pour s'adapter à une ouverture et à une intimité plus grandes à mesure que leur communication deviendra plus claire et plus franche. La patience est toujours de mise quand des changements sont en train de s'opérer.

Après cet appel téléphonique, j'ai dit à mes auditeurs : « Il y a quelqu'un qui va maintenant de l'avant et qui se sent désormais plus en paix. »

QUI SUIS-JE ?

Le problème de Krista, c'est qu'elle ne se connaissait pas vraiment et ne se faisait pas vraiment confiance. Il n'est d'ailleurs pas rare que les gens qui ont eu une enfance malheureuse se heurtent à ce problème. Votre enfance malheureuse vous empêche de vous représenter clairement la personne que vous êtes et de comprendre vos impulsions, vos besoins et vos craintes, en leur imposant un ensemble de commandes saines.

Amber m'a téléphoné en ondes en me disant : « ... j'éprouve énormément de rancune et de colère envers ma mère. »

Elle voulait savoir comment se débarrasser de tout cela parce que « ça consume ma vie », m'a-t-elle dit.

La première chose que j'ai faite a été de lui demander de me prouver que ça consumait effectivement sa vie. Je lui ai demandé si elle dormait ou s'alimentait mal, si elle ne travaillait pas, si elle n'arrivait pas à s'amuser, et ainsi de suite. Après s'être ainsi fait lancer un défi, elle est revenue sur son opinion. C'est important, parce qu'en exagérant on se convainc soi-même qu'on est pire qu'en réalité, en plus de faire du cinéma pour attirer l'attention. Une fois que vous êtes parvenu à vous décrire de manière plus réaliste, votre vie et vous, vous vous prouverez que vous vous débrouillez mieux que vous ne le pensiez.

Bien entendu, dans le cas de ceux qui craignent plus la vie que la souffrance qui leur est si connue, il s'agit d'un résultat négatif.

En écoutant l'histoire d'Amber, j'ai découvert qu'elle avait déjà été en bons termes avec sa mère. Lorsque sa mère a divorcé d'avec son père, sept ans plus tôt, parce qu'il était alcoolique, les choses se sont mises à changer.

DR LAURA : Qu'a-t-elle fait qui était si répréhensible ? Votre père était ivrogne et vous ne me dites pourtant pas que vous lui en voulez.

AMBER : Eh bien, je compose avec ça aussi. Mais ma mère nous a fait déménager trois fois et s'est remariée avec quelqu'un que nous détestions. Elle les a fait passer, lui et ses enfants, avant nous.

Dr Laura : Eh bien, c'est normal que vous lui en vouliez pour ça.

Amber : Je ne veux plus être fâchée.

Dr Laura : D'abord, c'est raisonnable d'être en colère. Votre père était ivrogne. Et votre mère est une femme très faible, très dépendante, et pas trop attentionnée ou circonspecte. Vous êtes un être humain unique. Et en tant que tel, vous avez les possibilités, le potentiel et les occasions nécessaires pour vous exprimer, pour accomplir des choses merveilleuses dans la vie.

Ainsi donc, d'un côté, il est tout à fait normal que vous soyez en colère et déçue parce que vos deux parents ont failli à la tâche. Mais d'un autre côté, vous avez encore cette vie unique de laquelle vous pouvez faire quelque chose de positif et de gratifiant. Si vous mettez ça de côté pour mariner dans votre colère justifiée, alors vous ne faites pas ce que vous seriez censée faire de votre vie, ce qui vous rend très semblable à votre mère et à votre père !

Peu importe la raison pour laquelle vous gâchez votre vie, le fait est que vous la gâchez. Vous avez donc pour défi d'utiliser vos qualités uniques dans le meilleur intérêt de tous, du monde et de vous-même. Vous avez quelque chose de spécial à offrir, en dépit du fait que votre rampe de lancement a été fissurée.

Amber : (rire)

Dr Laura : Vous pouvez néanmoins vous propulser dans l'univers, même avec une rampe de lancement fissurée. Je ne peux pas éliminer votre douleur, elle vous restera jusqu'à la fin de votre vie. Les déceptions que vous a causées le fait d'avoir été presque orpheline… vous n'y pouvez rien. Ce sont des faits pénibles, dégoûtants. Maintenant, vous ne serez pas en mesure d'accomplir des choses merveilleuses dans la vie si vous pensez continuellement à vous-même et si vous vous présentez constamment comme «une vie consumée par cette haine dévorante» !

Cette rampe de lancement fissurée fait partie de vous, elle ne vous définit pas en totalité. Voyons voir ce qu'Amber est capable de faire d'une vie en dépit de deux parents inconsidérés.

Amber : Ok.

Voici le message universel que j'espère que l'appel téléphonique d'Amber a bien exprimé :

1. Ouais, vous êtes en colère, et vous le serez toujours dans une certaine mesure.
2. Ne laissez toutefois pas ça gâcher votre vie, luttez contre ça. Ne vous attrapez pas vous-même par les chevilles pendant que vous montez les escaliers à la course.

QUI PEUT CONTENIR MA DOULEUR ?

Beaucoup d'entre vous qui ont eu une enfance malheureuse éprouvent une grande colère. Le conseil que j'ai à vous donner, c'est de faire des choses saines dans la vie en dépit de votre douleur. La question reste donc la même : « Comment composer avec la souffrance/colère ? » Parmi les moyens sains d'y parvenir, il y a une thérapie de qualité, les sports, les passe-temps, le yoga, le travail, les œuvres de bienfaisance, et ainsi de suite. De cette manière, vous vous distrairez et vous transformerez ces émotions puissantes en résultats positifs.

Carol m'a écrit pour me parler d'un résultat de plus.

« Je vous ai entendu dire à une personne qu'elle avait beaucoup de colère à dissiper. Ça a vraiment touché une corde sensible en moi !

« Il y a plus de vingt ans, on a diagnostiqué que je souffrais de dépression. Lorsque mes séances de thérapie ont débuté, j'ai "accepté" ce qui m'était arrivé durant l'enfance. Le médecin semblait vouloir me mettre en colère, et je n'arrivais pas à comprendre pourquoi et je lui résistais. Il m'a demandé pourquoi je n'avais pas l'air fâchée de ce qui m'était arrivé. Je lui ai répondu que j'avais connu des gens qui avaient souffert plus que moi et que je ne voulais certainement pas m'apitoyer sur mon sort. Il a insisté, en me demandant pourquoi je ne m'étais pas mise en colère par rapport à tout ce que j'avais vécu. Est-ce que je pensais que je le méritais ? Non, mais pourquoi me mettre en colère, cela ne changerait rien à rien.

« Il m'a demandé si j'étais fâchée contre Dieu par rapport à ce que j'avais enduré. Oh non, je ne pouvais pas être fâchée contre Dieu. Il a voulu savoir pourquoi ce n'était pas le cas. Je lui ai répondu que c'était parce que j'étais catholique et que c'était mal de se mettre en colère contre Dieu.

« C'est alors qu'il m'a posé la question qui a fini par avoir raison de moi, et me permettre d'amorcer le processus de deuil et d'aller de l'avant : *"QUI POURRAIT MIEUX QUE DIEU FAIRE FACE À VOTRE COLÈRE ?"* Dieu pouvait y faire face. Dieu pouvait faire face à toute ma rage, alors que les gens de mon entourage en étaient peut-être incapables.

« Alors, j'ai crié après Dieu (oubliant le docteur et ne m'adressant qu'à Dieu) en lui demandant : *"Pourquoi moi ? C'est injuste !"* Et je lui ai dit tout ce que j'avais peur de montrer à qui que ce soit d'autre, combien je pouvais être réellement FÂCHÉE. J'ai littéralement crié et pleuré jusqu'à en être épuisée, et à n'avoir plus rien à dire à ce sujet.

« Une fois que j'ai eu terminé, le médecin m'a regardée et m'a dit : *"Ok, vous pouvez maintenant commencer à mettre ça derrière vous."*

« J'ai remercié Dieu plus tard de m'avoir permis de me vider le cœur sur lui. Je ne voulais même pas m'avouer à moi-même combien j'étais fâchée (je craignais qu'une fois que je me serais mise à tempêter je serais incapable de m'arrêter), mais je n'avais rien à craindre en remettant ma souffrance et ma colère à Dieu.

« J'ai rangé ma douleur au fin fond de mon cœur et de mon esprit… et je suis passée à autre chose. »

Et vous le pouvez aussi.

Six

NE RECHERCHEZ JAMAIS L'AMOUR
AUPRÈS DU DIABLE

Mon conseil : Ne vous abandonnez jamais au mal. Ne vous laissez jamais devenir la mauvaise expérience qu'on vous a infligée durant votre enfance. Efforcez-vous de transcender le négatif et d'en tirer des leçons, le changeant en quelque chose de bon, de vrai et de bien. Plus important encore, ayez foi en Dieu. Je suis la preuve vivante de ce que le bien peut surmonter le mal.

—Robert, un auditeur

Lorsque Robert avant onze ans, son père lui a offert en cadeau d'anniversaire un gros boisseau d'environ trente baguettes d'orme d'un mètre à un mètre et quart de long provenant de son jardin, entouré d'un ruban rouge. Son père, qui enseignait dans une école primaire, a battu Robert ce jour-là, comme il le faisait tous les jours, avec chacune de ces baguettes, pour ne passer à une nouvelle que lorsque celle en usage cassait. La mère de Robert n'est jamais intervenue, n'a jamais téléphoné à la police ni à la protection de la jeunesse, et n'a jamais quitté son mari.

Son père a cessé de le battre lorsque Robert a eu quinze ans et a été assez grand pour se défendre. Un jour, il s'est défendu et a eu le dessus sur son père, en le clouant au tapis au moyen d'une prise de lutte qu'on lui avait enseignée dans son cours de gymnastique de huitième année. Son père en a été si humilié qu'il a entamé la procédure de divorce quelques jours plus tard et les a quittés. La famille a été ainsi libérée du diable.

Robert était déterminé à réussir sa vie, en dépit de son enfance tragique. Il voulait devenir le type de père qu'il n'avait jamais eu en grandissant : bon, gentil et aimant. Afin de réussir dans son rôle de père, il s'est servi de son propre père en guise de contraste. « *Lorsque j'avais des doutes, j'agissais diamétralement à l'opposé de mon propre père. J'ai réussi, comme le prouve le fait que mes merveilleux garçons disent à leurs amis que j'ai été un excellent père pour eux.* »

Voilà un aboutissement extraordinaire à une situation horrible. Bien qu'il soit évident que son père était pervers, il n'est peut-être pas évident de réaliser que sa mère l'était encore plus. Le fait pour un parent, et même pour n'importe quel adulte, en fait, d'assister à une véritable séance de torture d'enfants sans même se porter à leur défense est inconcevable, et mal.

Pendant mon émission de radio, j'entends continuellement des adultes me raconter les histoires d'horreur qu'ils ont vécues aux mains d'un de leurs parents, qui les agressait sexuellement, eux ou un frère ou une sœur, les battait sauvagement, les sermonnait à outrance et avec véhémence, les négligeait ou les exposait à des comportements périlleux comme conduire en état d'ébriété avec des enfants à bord ou laisser des enfants sans surveillance, et ainsi de suite, alors que l'autre parent ne faisait rien pour les protéger. Il arrive souvent qu'ils aient formé une sorte de relation avec « l'observateur », en grande partie pour ne pas être complètement orphelins. Quoi qu'il en soit, je leur dis que cette allégeance ou alliance est perverse et autodestructrice. De plus, ses conséquences répugnantes sont vastes.

Après avoir écouté une femme me dire en ondes qu'elle n'arrivait pas à s'aimer, ni son fils ni son mari, en raison des sévices que son père lui avait fait subir durant l'enfance – que, soit dit en passant, ses deux parents refusaient d'avouer –, Patty, une auditrice, m'a écrit ceci : « *Vous lui avez conseillé de leur dire qu'ils pouvaient crever et de ne plus jamais les revoir. C'était un appel très dur, mais grâce à votre direction affectueuse et quelqu'un de courageux qui a téléphoné, vous l'avez amenée à prendre une décision qui était susceptible de changer le cours de sa vie.*

« *Je pouvais m'identifier à presque tout ce qui a été dit durant cet appel, mais ce qui a vraiment capté mon attention et qui a influé le plus sur moi, c'est quand vous lui avez dit : "Ne recherchez jamais, jamais l'amour auprès du diable." Ça alors ! C'est justement ce qui m'a donné du fil à retordre pendant cinquante et un ans, mais jamais auparavant ça n'avait été exprimé aussi clairement. Pour moi, qui suis une femme spirituelle, il s'agit de quelque chose que je peux vraiment reconnaître et commencer à régler.*

« *J'ai grandi dans un foyer où les sévices étaient monnaie courante. Je ne me suis jamais considérée comme quelqu'un qui avait été battu avant d'être dans la quarantaine avancée. Les sévices physiques portaient le nom de fessées, et tous mes amis recevaient la fessée, alors je pensais que c'était normal. Ce n'est que plus tard que j'ai découvert que de donner la fessée à un enfant de cinq à dix ans au point de lui faire perdre connaissance revenait à le battre. J'ai aussi découvert que de donner la fessée à une adolescente au moyen d'une ceinture, d'un bâton, d'un cintre et de cordes après l'avoir dénudée revenait non seulement à la battre, mais aussi à l'agresser sexuellement.*

« *Mais plutôt que de confronter mes parents en tant qu'adulte, je suis restée l'enfant apeurée qui tentait de gagner leur approbation jusqu'à ce qu'ils meurent tous les deux. Et qu'est-ce que ça m'a coûté ? Ça m'a coûté trente années de ma vie d'adulte, passées à vivre comme une enfant apeurée, à me choisir deux maris agresseurs et à laisser ma fille croire qu'il était admissible qu'on m'agresse.* »

C'est ici où l'histoire s'intensifie encore davantage. Le fils de dix-neuf ans de Patty est quelqu'un d'affectueux, de respectueux et qui excelle dans ses études préparatoires en médecine, qui s'y connaît dans divers sports et qui a appris tout seul à jouer du violon. La fille de trente ans de Patty s'est fabriqué des mensonges par rapport à de la violence physique, du harcèlement sexuel et des viols (elle s'est fait arrêter pour accusation de faux viol) qu'elle aurait subis aux mains de tous ceux qui ont croisé son chemin, y compris sa mère, pendant près de deux décennies. Elle a même accusé Patty d'avoir fait subir des sévices à son enfant durant la période où Patty et son nouveau mari les avaient accueillis sous leur toit parce qu'après avoir accusé son employeur de l'avoir harcelée sexuellement pendant une semaine elle n'avait nulle part où aller. Patty, qui tentait d'être une bonne mère, a continué de faire des pieds et des mains pour lui venir en aide et pour entretenir la relation avec elle.

Finalement, son nouveau mari (le seul bon gars dans le décor jusqu'ici) lui a conseillé de faire bien attention à ce qu'elle souhaitait. Il lui a rappelé que sa fille est menteuse, narcissique, dominatrice, capricieuse, impolie, sadique et dangereuse, si l'on considère les mensonges qu'elle a proférés contre Patty voulant que celle-ci aurait perpétré des « actes criminels » contre sa fille et son petit-fils. Ces propos, bien entendu, Patty ne voulait pas les entendre. Bien sûr que Patty se sent coupable par rapport à l'enfance de sa fille. Bien sûr que Patty se sent coupable par rapport à ses propres faiblesses. Bien sûr que Patty se sent coupable de ne pas pouvoir faire en sorte que sa fille fonctionne mieux comme par magie. Bien sûr que, par conséquent, Patty n'a pas voulu baisser les bras. C'est une mère.

« Mais vous savez quoi ? Il se peut qu'aujourd'hui, après votre émission, mes yeux se soient ouverts. Finalement ! Toute ma vie, j'ai recherché l'amour auprès du diable. Et il se peut que cette fois-ci je fasse ce qui est bien pour moi-même et le reste de ma famille. Mon fils me dit même que je prive la famille de trop de choses en étant triste pour ma fille et obsédée par elle. Et, maintenant, je comprends. Avant votre émission d'aujourd'hui, je n'arrivais pas vraiment à comprendre ce qu'il me disait. Mais maintenant, J'AI SAISI !

« Je suis maintenant merveilleusement heureuse en mariage, car mon mari est affectueux et il me soutient ; alors j'ai cessé de rechercher l'amour romantique auprès du diable. Mais il est temps que j'arrête de souffrir et de vivre comme une enfant apeurée à cause de la souffrance que mes parents m'ont infligée et que j'arrête de rechercher l'amour auprès de ma fille cruelle. L'heure est venue pour moi de donner la véritable adulte que je suis à ma famille et à moi-même.

« MERCI, MERCI, MERCI !!! »

« Ne recherchez jamais, jamais l'amour auprès du diable. » J'ai dû répéter cette phrase d'innombrables fois au cours de mon émission de radio à des gens qui :

- Semblaient hypnotisés par leurs fantasmes au sujet d'une relation affectueuse avec quelqu'un de franchement horrible.
- Imaginaient faire disparaître la douleur de leur triste histoire comme par magie.
- Étaient en proie à une dénégation incroyable.
- N'avaient pas le courage de faire face à l'imprévisibilité d'une vie en progression.
- Redoutaient tant de confronter le « diable » qu'ils étaient paralysés sur le plan émotionnel.

Il est compréhensible que vous souhaitiez vous accrocher aussi longtemps que possible et faire le nécessaire pour jouir d'une relation chaleureuse et aimante avec un parent parce que vous vous imaginez que vous serez alors en paix. Mais l'acceptation de la réalité est le seul chemin qui mène véritablement à la paix.

Emily m'a écrit pour me parler de son père. Il trompait et agressait sa mère depuis des années. Lorsque ses parents ont fini par se séparer, ses sœurs ont refusé de vivre avec leur mère parce qu'elles lui en voulaient d'avoir quitté leur père. Emily est la seule à être restée avec sa mère. Tristement, toutes les sœurs se sont fait battre et agresser sexuellement, ce qui fait qu'elles sont allées vivre avec Emily et leur mère au bout d'un an.

Des procès s'en sont suivis, car le père les a traînées devant les tribunaux pour «tout». Elle s'est sentie tout à fait trahie par un père pervers et dangereux – au lieu d'avoir eu un père aimant et protecteur – et par un système judiciaire qui ne les a pas protégées en fin de compte. Lorsqu'elle était au lycée, elle a rencontré et fréquenté un garçon plus sage que ceux de son âge. Il l'a aidée à surmonter ses problèmes, et semblait distinguer clairement le bien du mal. Lorsqu'elle ressentait trop le besoin et le désir d'avoir «un père», son petit ami lui disait: *«Pourquoi voudrais-tu être dans l'entourage d'un homme comme lui?»*

Elle a fini par l'épouser, mais le fardeau et l'ombre du besoin qu'elle éprouvait de voir son père l'aimer, prendre part à sa vie, la gardaient captive de son passé déplorable, plutôt que de la faire miser sur un avenir possible; par conséquent, elle a fait fi de son mari et de son mariage, et a continué de se concentrer sur son père.

«J'ai dû apprendre à la dure que mon père n'avait pas changé. Je me suis mise à écouter Dr Laura à la radio. Un jour, un gars a téléphoné pour exposer une situation comparable à la mienne. Il demandait s'il devait entrer en communication avec son père. Après l'avoir écouté lui décrire les comportements vicieux de son père, Dr Laura lui a dit: "Pourquoi voudriez-vous entretenir une relation avec le diable?" Il lui a répondu: "C'est mon père." Dr Laura lui a dit: "Ok. Pourquoi voudriez-vous entretenir une relation avec votre diable de père?" C'est alors que ça m'a frappée. Quand j'avais 14 ans, et que j'ai rompu avec mon père pour la première fois, je lui ai dit: "Lorsque je suis en ta compagnie, je

me sens confuse, et cela vient du diable. Lorsque je suis en compagnie de maman, je me sens en paix, et cela vient de Dieu."

« À l'instant même, je me suis demandé pourquoi donc je voulais entretenir une relation avec le diable. La réponse : Je ne le veux pas ! Or, depuis que je me suis obligée à répondre à cette question, je me sens beaucoup mieux. »

« Alors, poursuivez votre vie, et essayez d'entretenir votre bonheur. Vous aurez une meilleure relation avec votre conjoint, et avec les gens qui vous aiment et qui se soucient de vous. »

Et maintenant, revenons au sujet des « victimes » qui deviennent myopes, sinon entièrement centrées sur elles-mêmes. Je sais, je sais… vous avez l'impression que je suis en train de donner des coups de pied au cheval après qu'il est tombé. Non, en fait, je l'encourage à se remettre debout et à s'occuper des poulains !

Une auditrice m'a écrit qu'elle avait eu l'impression de se retrouver dans un tunnel temporel en écoutant un appel reçu durant mon émission qui ressemblait à quelque chose qu'elle avait elle-même vécu. L'appel qu'elle a entendu provenait de la fille de dix-neuf ans d'un couple divorcé dont la mère était incapable d'aimer en dépit d'un long mariage et de ses cinq enfants. La mère de cette auditrice, qui avait maintenant soixante-dix-sept ans et qui était en mauvaise santé, était tout à fait comme l'adolescente qui appelait, à la seule différence que dans son cas cela se passait en 1943. La mère de sa mère était quelqu'un de froid et de calculateur qui a eu cinq enfants et qui a fini par divorcer. Sa propre mère était l'avant-dernière et la prunelle des yeux de son père, ce qui a poussé la mère de celle-ci, qui lui en voulait, à en faire son bouc émissaire. Résultat : sa mère s'est fait jeter à la rue lorsqu'elle était encore mineure !

« Ma mère au cœur tendre a depuis lors nourri le rêve irréalisable de gagner l'amour et le respect de sa mère ; un effort vain qui l'a à la fois aveuglée et animée pendant des décennies. S'étant fait conseiller par son père, qu'elle adorait, d'éviter de se faire ainsi prendre au piège, elle a jeté la sagesse par-dessus bord dans une tentative pour réaliser l'impossible. Le mariage de ma mère avec mon père s'est usé, et tous les enfants en ont fait les frais. Notre petite famille a vécu dans la misère pour arriver à faire vivre cette vieille femme égoïste et manipulatrice qui avait fait fuir depuis longtemps toute personne sensée. La méchanceté

de ma grand-mère a fait souffrir la génération suivante parce que ma mère a ouvert la porte à ça.

« La rupture nette que vous avez eu la sagesse de recommander avec instance à cette auditrice, Dr Laura, sera la chose la plus dure qu'elle aura eue à faire, parce qu'elle exige de la maturité. Chemin faisant, elle réalisera 1) qu'elle ne sera jamais assez bonne, 2) que sa mère ne changera pas, et 3) qu'elle met ainsi en péril son propre avenir et celui des gens de son entourage.

« Enlever le mal avant que la tumeur ne se métastase dans son foyer aura pour résultat de sauver une famille. Les souffrances du passé pâlissent en comparaison. Ayant subi en partie les conséquences de l'inaction de ma mère, je sais ce que sont la souffrance et le deuil. »

Cet égocentrisme produit les résultats suivants :

- Vous permettez à un proche capable d'agressions sexuelles et violentes d'avoir accès auprès de vos enfants, afin d'entretenir un sentiment d'espoir quant à la possibilité d'entretenir une relation avec lui.
- Vous ne prenez pas le parti d'une personne ayant subi des sévices parce que vous souhaitez bénéficier d'une relation avec l'agresseur ; après tout, « vous n'avez pas subi de sévices ».
- Vous marinez continuellement dans les souffrances passées et vous alimentez le tumulte actuel avec le parent agresseur au point de compromettre votre santé mentale et physique, et vous en venez à négliger votre propre famille ou à lui faire subir des sévices.

Ce dernier comportement est monnaie courante. Tom et Jayne m'ont téléphoné en ondes pour aborder des problèmes que Tom perçoit chez la mère de Jayne.

Tom : Nous avons des ennuis avec sa mère. Elle fait beaucoup d'ingérence.
Sa mère en fait autant dans la vie de tous ses enfants, en fait.
Jayne : Elle a essayé de nous pousser à divorcer.

J'ai demandé à Jayne pourquoi elle choisissait de continuer d'entretenir une relation avec une mère aussi dangereuse et aussi destructrice. Le manège était clair et n'avait rien à voir avec le choix que Jayne a fait d'un mari. Au début, Jayne s'est contentée de laisser échapper un soupir. Puis, l'écran de fumée et la dénégation ont fait leur pleine apparition.

JAYNE : J'imagine que je ne réalisais pas vraiment ce qu'elle faisait et l'ampleur de tout ça, et, ah, je ne veux pas qu'elle soit comme elle est. Parce que je l'aime, et j'ai des enfants à qui je veux la faire connaître.

DR LAURA : Jayne, ça ne peut pas être vrai ce que vous me dites-là.

JAYNE : Je veux dire, elle n'est pas tout le temps terrible. Elle nous est aussi beaucoup venue en aide. Ma mère était vraiment une bonne mère. Elle est très dominatrice. Elle est aimante.

DR LAURA [et voilà que ça sort] : Ce n'est pas une mère bonne et aimante. Vous mentez.

JAYNE : Parce qu'elle a toujours été là pour moi, toute ma vie.

DR LAURA : Elle n'a pas été là *pour* vous, elle s'est rendue *maîtresse* de vous.

JAYNE : Eh bien… ouais, vous avez probablement raison.

Jayne m'a alors sorti le mensonge numéro 2 : «Je ne sais tout simplement pas quoi faire. Je ne sais pas du tout comment régler le problème.»

DR LAURA : C'est un mensonge. Vous mentez beaucoup. Jayne, est-ce que c'est comme ça que vous gérez votre faiblesse ? [Tom et Jayne éclatent de rire tous les deux] C'est une mère affectueuse et vous voulez que vos enfants profitent de sa chaleur… et voir leur mariage se faire détruire par elle ? Vraiment ?

TOM : C'est tellement vrai.

JAYNE : Je crois que c'est lié en grande partie à ma jeunesse, parce que je n'ai pas connu d'autres familles qui avaient deux parents, sauf la mienne. J'ai toujours entretenu ce genre de vision de la perfection par rapport à ma famille, j'imagine, où tout le monde aime tout le monde. Nous n'avons jamais eu de toxicomane ni d'alcoolique chez nous, et personne n'a jamais battu personne. Vous savez, je pensais que tout était bien.

DR LAURA : Eh bien, ce n'est pas tout à fait vrai non plus ; vous me servez maintenant le mensonge numéro 3. Vous avez vu combien elle pouvait être destructrice.

JAYNE : Je sais. Et je le vois beaucoup mieux maintenant que je suis adulte. Je vois ce qu'elle fait à mon père et à mes frères et sœurs, et combien elle m'a contrôlée. Je comprends que c'est ce qu'elle fait. Mais elle est aussi ma mère et elle a fait des choses pour moi.

DR LAURA : En fait, ça n'a pas beaucoup d'importance maintenant, parce que votre responsabilité première consiste à protéger votre mari et vos enfants.

TOM : Merci !

JAYNE : Ouais, vraiment. Pensez-vous que je devrais simplement me tenir loin d'elle ? Sans lui adresser la parole ?

DR LAURA : Si c'est ce qu'il faut pour protéger votre famille, alors c'est ce qu'il faut.

JAYNE : Devrais-je la confronter ?

DR LAURA : Je ne suis pas certaine que ça y changerait quelque chose.

JAYNE : Elle ne changera pas. Je le comprends. Ça me rend triste. Ça me rend vraiment triste.

DR LAURA : Eh bien, c'est pourquoi vous vous mentez beaucoup à vous-même ; vous ne voulez pas ressentir la douleur. Il y a si longtemps que vous vous protégez contre la douleur que vous vous faites du cinéma pour vous faire croire que les choses sont extraordinairement parfaites et que vous filez le parfait bonheur. Vous saviez à tout instant que c'était misérable, mais vous ne vouliez pas vous l'avouer ni ressentir la douleur.

JAYNE : Je comprends, et je dois trouver le moyen de me réconcilier avec ça. Je voulais simplement faire partie d'une famille.

DR LAURA : C'est le cas ; vous vous en êtes créé une. Tom est juste là, pour vous.

JAYNE : Comment départager ce qui est acceptable de ce qui est inadmissible, puisque les gens sont imparfaits ?

DR LAURA : Ça n'a rien à voir avec l'imperfection. Ça a tout à voir avec le mal, et le mal peut être assez parfait, ma chère. Et lorsque vous voulez savoir où tirer un trait... regardez Tom ; regardez l'expression sur son visage.

JAYNE : Merci beaucoup. C'est tellement vrai. C'est tellement vrai. Je n'aurais pas supporté ce qu'il a supporté. J'ai beaucoup de maturité à gagner, et je regrette vraiment d'avoir permis à ma mère de nous faire ce qu'elle nous a fait.

Dʀ Lᴀᴜʀᴀ : Maintenant, allez jouir de la présence de votre mari et de vos enfants, et défaites-vous de vos démons.

Il y a des moments où la meilleure décision à prendre consiste à couper tous les ponts avec une personne. Cela peut se faire de manière temporaire ou permanente. Vous pouvez choisir de « l'évaluer » à un moment donné pour voir si elle a ou non appris et grandi suffisamment pour que vous et votre famille la côtoyiez de manière saine et non destructrice. Vous pouvez choisir de « vous évaluer » à un moment donné pour voir si vous avez ou non suffisamment grandi pour supporter leurs manquements sans en souffrir.

Deborah, une auditrice, a évolué au point d'en arriver à pouvoir choisir la dernière option. Après avoir écouté ma conversation en ondes avec une jeune femme dont la mère destructrice et manipulatrice venait de simuler « une tentative de suicide », elle m'a écrit au sujet des relations problématiques qu'elle avait avec ses deux parents, mais surtout avec son père. Après avoir vécu des crises de dépression graves lorsqu'elle était dans la vingtaine, elle a trouvé un merveilleux thérapeute qui lui a raconté l'histoire suivante, qui lui est restée en tête depuis lors :

« Il lui a dit : "Si vous mettez une souris dans un labyrinthe dans lequel on a mis du fromage à une extrémité, elle trouvera son chemin à travers le labyrinthe jusqu'au fromage, qu'elle mangera. Puis, si vous enlevez le fromage, ou si vous le mettez simplement dans quelque chose, la souris traversera le labyrinthe quelques fois de plus, puis elle abandonnera la partie. Nous, les êtres humains, par contre, nous ne renonçons jamais à chercher le fromage. Nous traverserons le labyrinthe encore et toujours, en espérant chaque fois trouver le fromage, sans jamais renoncer, peu importe le nombre de fois où nous serons blessés." Puis il m'a dit : "Arrêtez de chercher le fromage de votre père. Il n'est pas là." »

Deborah a poursuivi en décrivant en quoi ces paroles l'ont libérée. Du coup, la terrible indifférence de son père a cessé de la blesser. Elle a cessé d'attendre et d'espérer cet instant lumineux où il se mettrait à l'aimer et où tout serait parfait dans le meilleur des mondes. Bref, elle a continué sa vie.

Lorsqu'elle avait trente-cinq ans, elle s'est mariée. Au cours de la planification de son mariage, son père s'est montré étonnamment utile, tant sur le plan émotionnel que financier. Elle s'est méfiée au début, et elle ne s'attend toujours pas à ce que cela continue le reste de sa vie. Elle réalise qu'il a encore des choses à régler, mais, dit-elle : *« Je suis reconnaissante pour le moindre petit morceau de fromage que j'obtiens de mon père. Et tout ça parce que j'ai fait exactement ce que vous avez suggéré à quelqu'un de faire en ondes… j'ai lâché prise. J'en ai fait autant avec ma mère, et bien qu'elle soit toujours aussi égocentrique qu'avant, elle fait au moins l'effort d'entretenir un semblant de relation avec moi, ce qui, croyez-moi, est énorme ! »*

Certains d'entre vous parviendront à composer avec les limites de l'autre ; mais d'autres parmi vous auraient tout intérêt à rompre les ponts. Ne plongez pas à l'extrémité profonde de la piscine si vous n'arrivez pas même à faire du surplace dans l'eau. Si vous n'arrivez jamais à faire du surplace, tenez-vous loin de la piscine, sans quoi vous ne ferez que vous remplir les poumons d'eau, et votre vie sera continuellement marquée par de petites noyades émotionnelles et psychologiques. Malheureusement, vous entraînerez trop de gens avec vous vers le fond : votre conjoint(e), vos enfants et vos amis, tandis qu'ils s'efforceront de se faire une place dans votre cœur alors que celui-ci sera impliqué au complet dans la vie de vos parents destructeurs. C'est comme si votre cœur portait l'enseigne « COMPLET ».

Alors, soyez honnête par rapport à la personne que vous êtes et à ce que vous pouvez faire, et reconnaissez franchement à quoi vous vous attaquez.

Linda m'a écrit une lettre incroyable pour me raconter une aventure qui a duré quarante et un ans et qui l'a amenée à faire la paix avec une mère alcoolique, toxicomane et violente, et un père absent et maniaque du boulot qui fermait les yeux sur tout. Linda a tenté de ramener sa mère sur la bonne voie et de sauver sa relation avec ses parents, et cela, quel qu'en soit le prix à payer pour elle-même et pour sa famille. Elle avait le sentiment que, parce que c'étaient ses parents, ils méritaient qu'elle les aime de manière inconditionnelle. La seule chose qui l'a fait arrêter de s'y « efforcer » a été la mort de sa mère.

Il lui a fallu tout ce temps, à savoir quatre décennies de misère et d'efforts désespérés, et elle a dû entendre une personne me parler en ondes de la difficulté qu'elle avait à entrer en relation avec les hommes pour en venir à lâcher prise.

Pendant cet appel, la femme en question a reconnu ce qui était au cœur de son problème : deux parents malveillants. Linda a écrit : *« Ce que je souhaite à toute personne qui se retrouve dans une situation comparable, c'est qu'elle écoute et qu'elle s'éloigne le plus possible de quelqu'un de malveillant afin d'arriver à réduire les risques de se faire briser le cœur. Enfants, nous méritons tous d'être heureux et aimés. Malheureusement, certains d'entre nous doivent apprendre plus rapidement qu'il leur est impossible de se faire aimer et accepter de leurs parents. Nous devons accepter que nous pouvons connaître l'amour par d'autres. »*

Un auditeur m'a fait parvenir une citation qu'il a tirée de *Psychology Today* (Jeanne Safer, février 2005) que j'ai jugée extrêmement brave, car le psychothérapeute a pour mantra type que sans pardon on ne peut être en bonne santé. « Contrairement à la sagesse conventionnelle, commence la citation, refuser de pardonner ou cesser d'avoir toute relation avec un proche abusif impénitent [ou tout individu de cet acabit, en fin de compte] est thérapeutique. » Or, vous avez pu constater jusqu'ici que je suis entièrement d'accord avec cette affirmation. Je peux attester la prise de conscience et le soulagement qu'ont exprimés tant de gens qui en étaient venus à voir, un peu du point de vue d'une tierce personne, leur agresseur tel qu'il ou elle était. Ce qui s'établit alors, c'est un sentiment d'indifférence qui vous libère.

Je suis d'avis qu'il est possible de renoncer à sa colère sans pardonner pour autant. Je crois que se faire imposer de pardonner constitue une forme de sévices supplémentaire. J'ai vu des familles tenter d'imposer à un des enfants qu'il « pardonne » les sévices qu'il avait subis de la part d'un autre, tout cela au nom de la soi-disant harmonie familiale. J'ai vu des gens s'imposer à eux-mêmes de pardonner à un agresseur impénitent, en niant complètement leurs sentiments et leur vécu pourtant légitimes, dans le seul but de ne pas se faire étiqueter, ou de ne pas se sentir, comme étant « les vilains ».

Je crois qu'il y a des gestes qui sont entièrement impardonnables. Sans imposer de limites au concept du pardon, les gens qui ont été des victimes sont souvent déprimés, facilement manipulés, confus quant à la distinction entre le bien et le mal, et discernent mal si leurs perceptions et leurs opinions sont réelles. C'est simplement qu'il y a des gestes qui méritent la tolérance et d'autres qui ne la méritent pas.

Malheureusement, dans les foyers perturbés, ces lignes sont rendues vagues par les agresseurs, qui font en sorte de faire croire que tout doit être accepté sinon…

QUAND, OÙ ET COMMENT IL CONVIENT DE PLAQUER QUELQU'UN

« Je m'appelle Bella, et j'ai vingt-quatre ans », m'écrit Bella, une auditrice. Son père se débat avec l'alcoolisme depuis toujours. *« En fait, je ne devrais pas dire qu'il se débat, puisqu'il ne pense pas qu'il a un problème. Je me débats avec la souffrance que me cause – non la souffrance physique, mais émotionnelle – la déception de chaque promesse rompue, habituellement la promesse de cesser de boire. Je me débats même avec mes propres émotions, qui me poussent tant à l'aimer à mort qu'à le détester avec passion. »*

L'alcoolisme du père a conduit à l'échec de trois mariages et à une relation brisée avec Bella. Elle s'est toujours efforcée de garder les choses en perspective par rapport à son père, en se concentrant toujours de son mieux sur le fait qu'il a un « problème » et qu'il « a besoin d'aide ». Elle a continuellement mis de côté les sentiments de colère et de frustration que suscitait en elle son propre discours intérieur : *« Je dois me comporter comme un parent envers lui, sur les plans émotionnel et financier. »*

Il semblerait que le jumeau de son père se soit suicidé et que leur père soit mort au cours de la même année. La mère de son père est morte aussi, et il nage tout le temps dans les dettes, car il n'arrive pas à payer son loyer ou à honorer ses mensualités de voiture. Cependant, son « problème » de boisson a commencé avant que ces événements ne se produisent. Quoi qu'il en soit, les enfants adultes comme Bella, qui sont de nature plutôt douce et compatissante et qui désespèrent d'arriver à « ramener le parent sur les rails » afin d'en venir à connaître une relation parent-enfant un tant soit peu normale, se font prendre au piège des instants de sympathie et s'en veulent d'éprouver des sentiments négatifs qui les poussent à tenir le parent pour responsable de ses propres actions et réactions.

Vous tentez probablement aussi de vous montrer compréhensif en excusant, en rationalisant, en protégeant et en secourant un parent qui vous siphonne l'âme. Il se peut que vous payiez ses factures pour l'aider à « reprendre le dessus », seulement pour vous rendre compte qu'il a négligemment et cavalièrement, et tout à fait intentionnellement, tout gâché une fois de plus, présumant que vous serez encore là pour le tirer du pétrin de nouveau.

C'est ce que Bella a fait ; elle donnait de l'argent à son père, et voici ce qui se produisait : « *Il finit par s'absenter du travail et se saouler, ce qui m'enrage parce que je sais qu'il profite de moi. J'en ai plus qu'assez de me soucier de lui. J'évite de lui téléphoner ou de lui rendre visite parce que je pense qu'il est saoul, mais il interprète mon comportement comme un manque d'affection envers lui. Je sais que l'alcoolisme est une maladie et qu'il est très difficile d'arrêter de boire sans aide, mais il refuse de reconnaître qu'il a un problème et de chercher de l'aide.* »

Il y a un certain nombre de questions importantes à aborder ici qui, selon moi, vous aideront à vous désengager, sur les plans émotionnel et psychologique, de ce type de parent destructeur. En premier lieu, la question est de savoir si l'alcoolisme, la toxicomanie, les liaisons, la gloutonnerie et le manque d'autodiscipline sont des « maladies ».

Dans le cas des indemnisations versées aux tiers, comme par exemple les remboursements accordés par une compagnie d'assurances, des traitements ont été créés en fonction du fait qu'on considère comme des « maladies » plusieurs types de mauvais comportements et de mauvaises habitudes propres à l'apitoiement sur soi-même. Ainsi, le conjoint ou la conjointe qui rompt ses vœux et qui s'amuse avec d'autres partenaires, par exemple, est considéré comme un ou une « accro au sexe » plutôt que comme un saligaud ou une salope. Je ne saurais vous dire combien de maris et de femmes me téléphonent en se sentant coupables de vouloir sortir d'un mariage avec quelqu'un d'infidèle parce qu'un thérapeute les a convaincus que leur conjoint(e) n'était pas corrompu(e) moralement et ne s'apitoyait pas sur lui-même ou elle-même, mais qu'il ou elle était atteint(e) d'une maladie ! « Ils n'y peuvent tout simplement rien. » C'est enrageant ! La seule impulsion qui soit irrésistible est celle à laquelle on n'a pas résisté.

Le fait pour des gens de faire de « mauvaises » choses parce qu'elles leur procurent de « bonnes vibrations » n'est pas une maladie, c'est un défaut moral. Il n'existe aucune chirurgie, ni aucun médicament, ni aucune thérapie physique pour « guérir » ces maux ; on ne peut les « guérir » qu'en s'engageant à faire la bonne chose, et à mettre de côté la satisfaction immédiate au profit de certains principes, de l'amour, de l'honneur et de la droiture. Il est difficile de renoncer à une gratification immédiate centrée sur soi, mais un sentiment de paix durable compense invariablement cette difficulté. Au fond, ces gens ne se soucient pas le moins du monde de blesser les autres, tout ce qui leur importe, c'est de ne pas avoir à faire face à eux-mêmes.

Lorsque quelqu'un, même quelqu'un que vous appelez maman ou papa, refuse d'assumer la responsabilité de ses propres comportements dangereux et destructeurs, ne semble pas être sensible aux torts qu'il cause ou en éprouver de culpabilité, et refuse donc de faire le nécessaire pour améliorer la situation, vous devez vous mettre à considérer sérieusement la possibilité de vous en éloigner dans une certaine mesure. Si vous ne le faites pas, parce que vous vous en sentiriez coupable ou que vous n'arrivez pas à « lâcher prise », vous finirez probablement par vous rendre compte que votre vie tourne autour de son cirque et non autour de votre propre famille ou de votre croissance personnelle. Vous lui remettez pratiquement votre vie entre les mains, pour ainsi dire, au lieu d'en avoir une qui vous soit propre.

La lettre de Bella se poursuit ainsi : « *Je lui ai téléphoné de bonne heure ce matin pour voir comment il se portait et je l'ai trouvé déjà saoul ; alors, dans un moment de colère intense, je lui ai dit que je ne voulais plus le voir ni entendre parler de lui jusqu'à ce qu'il m'ait prouvé qu'il avait arrêté de boire. Est-ce que c'est très égoïste de ma part de m'attendre à ce qu'il arrête pour moi alors qu'il n'est même pas prêt à le faire pour lui-même ? Est-ce même réaliste de ma part ? Je suis vraiment dans une impasse, parce que je suis vraiment la seule famille qu'il a et que je ne veux pas lui tourner le dos, mais il me tourne le dos chaque fois qu'il boit et je suis vraiment fatiguée de souffrir. Je vous demanderais de m'aider.* »

J'imagine que beaucoup d'entre vous peuvent s'identifier à « l'impasse » de Bella, ce sentiment de responsabilité qui combat le dégoût, cette aspiration qui combat la rage. Vos sentiments sont tout à fait légitimes. Vous avez aussi tenté d'apporter votre aide ; en fait, vous êtes probablement allé trop loin dans vos tentatives de sauvetage et vous avez probablement consacré à votre parent ou à votre frère ou sœur plus d'argent, de temps et d'efforts que ce que vous pouviez vous permettre. Vous avez mis de côté une partie de votre vie pour consacrer temps, efforts, cœur et âme à quelqu'un qui ne veut rien faire du tout pour lui-même, alors encore moins pour vous.

La question reste donc entière : « Quand convient-il de lâcher prise ? » Je crois que la réponse est celle-ci : « Lorsqu'il est évident que vous êtes la charrue qui tente de pousser de l'avant le cheval qui refuse totalement d'avancer » ou « Lorsque les sabots du cheval sont manifestement en train de détruire la charrue qui le suit ». C'est triste et regrettable, mais vous devez vous enlever du chemin ; c'est ce qu'on appelle de l'auto-défense. J'ai toujours cru que les gens étaient responsables de veiller à ne permettre à personne de les détruire.

LA RAGE NON RÉGLÉE ÉCLABOUSSE TOUT

C'est la capacité de contrôler le niveau d'engagement présent à l'intérieur de vos limites et de vos forces émotionnelles et psychologiques qui déterminera si vous serez capable ou non, ou dans quelle mesure, de faire face à un parent terrible. Je n'ai donc pas de réponse à vous donner quant à savoir si vous devriez ou non couper les ponts. Cela dépend en grande partie de la position qu'occupe le comportement du parent concerné sur l'échelle du pervers au terrible au dérangeant, ainsi que de votre force et de votre capacité à vous désengager sur le plan émotionnel lorsque vous devez accepter les limites qu'impose la situation. Si vous n'arrivez pas à trouver dans votre cœur et votre âme un lieu de sérénité quant à la vérité et aux limites de ce qu'il vous est possible d'avoir avec un parent difficile ou terrible, vous vous trouvez dans un tumulte constant et vous finissez habituellement par vous en prendre aux autres, en plus de tout ce que vous continuez de vous obliger à supporter. Par ailleurs, comme je vous en parlerai dans le chapitre sept, vous pouvez prendre des décisions qui en viendront à changer des comportements, puis des sentiments.

Megan, une auditrice, m'a écrit ceci : « *Je viens tout juste d'écouter la femme qui vous a parlé en ondes de la manière dont elle avait maltraité son mari et son fils à cause de la haine qu'elle éprouvait envers ses parents et leur horrible comportement. Il y a trois ans, j'étais dans la même situation que la sienne. Je n'avais que de la haine pour mes enfants et mon mari, et je maltraitais même mon mari physiquement. Je ne comprendrai jamais comment il a pu rester avec moi.*

« *J'agissais ainsi en grande partie à cause de la haine que j'avais envers moi-même pour avoir "supporté" ma mère et les mauvais traitements qu'elle m'infligeait. Je m'étais fait "acheter" moi aussi par son aide financière, mais cette aide a toujours eu son prix ; un prix qui, comme j'en suis venue à le réaliser, était trop élevé.*

« *J'ai fini par la réprimander et lui dire qu'elle ne me blesserait plus jamais, ni moi ni ma famille, et qu'elle n'était plus la bienvenue dans ma vie. Je lui ai dit qu'elle m'avait blessée pendant trente-deux ans, que je n'allais plus le supporter et que je n'allais certainement plus supporter qu'elle inflige ce genre de mauvais traitements à mes enfants et à mon mari.*

« *J'espère seulement que la femme qui vous a téléphoné suit vos conseils, parce que j'éprouve une telle satisfaction personnelle de savoir que j'ai réussi à tenir tête à cette brute de mère et que je suis maintenant une femme plus forte et plus heureuse parce que j'ai pris les commandes de ma vie. J'ai été tellement déchaînée pendant SI longtemps. Je travaille auprès d'enfants à risque, et je leur dis souvent que je ne peux malheureusement être que la meilleure personne que je puisse être, que je n'y peux rien si j'ai des parents lamentables, et que je n'y peux rien non plus si le monde est parfois injuste envers moi. Je fais en sorte, et non quelqu'un d'autre, que ma propre vie soit heureuse.* »

Comment dit-on, déjà ? « Les crottes roulent vers le bas. » Eh bien, c'est vrai. Ainsi donc, si vous restez engagé dans un combat amer et vain avec un parent, un frère ou une sœur terrible pour l'accommoder, en vous efforçant de « faire fonctionner la relation », votre stress, votre rage et votre besoin de vous sentir enfin aux commandes vous MÈNERONT probablement à vous comporter de manière horrible avec ceux qui vous aiment (conjoint ou conjointe) et qui dépendent de vous (vos enfants).

KG, une auditrice, m'a écrit pour me remercier. Elle voulait me faire savoir qu'en écoutant mon émission de radio je l'ai guidée sur un long chemin vers un changement positif. Avec force et conviction, elle s'est désengagée de sa mère destructrice. Depuis lors, les fréquentes migraines (une à trois par mois) qu'elle avait depuis l'âge de quatre ans ont complètement cessé. « *Je n'en ai pas même eu l'ombre d'une seule depuis ce jour-là.* »

KG a réalisé que la confiance s'acquiert au cours de l'enfance dans le contexte de la relation mère-enfant. Bien qu'à l'époque elle n'ait pas appris à faire confiance, elle y est maintenant parvenue. Elle éprouve aujourd'hui du plaisir à prendre soin de sa famille et à chercher à être la personne la plus gentille, la plus aimante, la plus compatissante, la plus forte, la plus morale et la plus digne de confiance qui soit dans la vie des membres de sa famille.

Je me réjouis toujours de voir des gens qui ont eu une enfance malheureuse s'engager si intensément à rompre le cercle vicieux. Bien entendu, c'est extraordinaire pour leurs enfants, et c'est un cadeau formidable à se faire à eux-mêmes : la paix et la joie que procure une merveilleuse relation parent-enfant.

Lorsque quelqu'un m'écrit après que nous avons parlé ensemble en ondes, je suis toujours très impatiente de savoir ce qu'il ou elle a fait de son expérience de consultation. Wendy, qui s'est déclarée « auditrice à vie », m'a écrit après m'avoir téléphoné en ondes pour me demander si elle devait retrancher sa mère de sa vie maintenant que son mari et elle-même attendaient leur premier enfant. La mère de Wendy était adepte des mauvais traitements physiques et mentaux, et est toujours mariée à son beau-père, qui l'agressait sexuellement. Wendy n'avait jamais coupé les ponts avec sa mère sur aucun plan.

Quand elle m'a téléphoné, comme c'est le cas pour tant d'autres appelants, elle était assez intelligente pour connaître la réponse. Néanmoins, et je suis reconnaissante du respect que j'ai gagné, elle voulait que j'atteste sa conclusion.

Son mari, surpris, avait manifestement entendu notre conversation et l'avait louangée pour le courage qu'il lui avait fallu pour faire cette démarche, et s'est étonné encore plus de l'amélioration qu'il a observée dans la perception des choses et dans l'attitude de sa femme. Il y avait un bon moment qu'ils étaient en thérapie conjugale, et Wendy était convaincue que c'était à son mari de changer pour lui plaire. Elle (rien d'étonnant à cela) avait même trouvé un thérapeute qui s'était rangé de son côté et qui avait dit à son mari qu'il devait puiser davantage dans son côté féminin afin de répondre aux besoins et aux sentiments de sa femme. Hé, cela veut-il dire aussi que le thérapeute lui a dit à elle qu'elle devait puiser davantage dans son côté masculin afin de répondre aux besoins et aux sentiments de son mari ? Non, probablement pas. Ce mariage était en train de tourner en eau de boudin.

« Vous m'avez ouvert les yeux et m'avez aidée à voir la lumière, et pour moi ce don est si précieux que j'ignore comment je pourrai jamais vous rendre la pareille. Ce qu'il y a de plus extraordinaire dans tout ça, c'est que mon enfant aura une mère qui sera capable de lui enseigner à vivre, à aimer et à devenir le meilleur être humain qu'il puisse être. L'horrible cercle vicieux que ma mère m'a légué a été brisé ! »

DOIS-JE COUPER LES PONTS ? NE PUIS-JE PAS TOUT SIMPLEMENT SURMONTER LA DIFFICULTÉ ?

La tendance qu'ont la plupart des enfants à vouloir être en relation avec un parent en dépit des affreux traitements qu'il leur a fait subir est très forte, et terriblement triste. Elle est comme une force magnétique qui attire les gens écorchés plus près encore de la source de blessures supplémentaires.

Dana m'a téléphoné en ondes pour me demander si elle avait tort de ne pas assister à la remise des diplômes du lycée que fréquente sa demi-sœur parce que le père de cette demi-sœur allait être là. La situation s'envenime. Le beau-père lui a fait subir des sévices sexuels, la mère de Dana était au courant, et plutôt que de mettre le beau-père à la porte, Dana s'est fait envoyer au Mexique pour y vivre avec d'autres membres de la famille afin que la mère de Dana puisse garder son mariage intact. Au moins, elle a empêché que Dana subisse d'autres sévices !

Je lui ai demandé si elle entretenait encore une relation avec sa mère. Elle m'a répondu : « Oui. »

DR LAURA : Vous voyez, je ne comprends pas ça. Votre mère savait ce que son mari faisait à sa fillette de dix ans. Elle se débarrasse de sa fille pour pouvoir garder un homme dans son lit ; vous lui parlez, mais vous ne voulez pas parler à son mari ; vous ne voulez pas aller à la remise des diplômes parce qu'il sera là, mais la présence de votre mère ne vous pose aucun problème.

DANA : Je veux cesser de la côtoyer depuis un certain temps.

D*R* L*AURA* : Elle est mauvaise, je la juge plus coupable encore que lui !

D*ANA* : Je sais, je sais. C'est ce que mon mari me dit, mais c'est comme une relation malsaine.

D*R* L*AURA* : Mais vous savez quoi ? Le fait pour vous de garder votre mère dans votre vie est aussi malsain que le fait pour elle de garder cet homme dans sa vie. Vous faites la même chose qu'elle !

D*ANA* : Le problème, c'est surtout que je me disais, ok, je vais finir par avoir le dessus.

D*R* L*AURA* : Franchement, ma chère, « avoir le dessus » revient à de la dénégation, et la dénégation vous garde liée et met le reste de votre famille en danger.

D*ANA* : Elle se moque de moi. Elle dit : « Ah, tu veux garder le bébé loin de nous. »

D*R* L*AURA* : Vous devriez lui répondre : « Oui, c'est exact ! » Bien sûr que vous n'allez pas amener votre famille en visite sous leur toit. Bien sûr que vous ne permettrez pas même à vos enfants de la connaître ! Bien sûr que vous allez garder vos enfants à distance de son mari ! Bien sûr que si !

D*ANA* : Ok.

D*R* L*AURA* : Répétez après moi : « Je n'ai pas de mère. »

D*ANA* : Je n'ai jamais eu de mère.

D*R* L*AURA* : C'est bien vrai, et laissez-moi vous l'entendre dire une fois de plus.

D*ANA* : Je n'ai jamais, jamais eu de mère. Ouais, je le sais.

D*R* L*AURA* : Alors, mettez-vous à agir comme si vous saviez réellement ce que vous dites savoir. Parce que ce que j'entends de votre part, c'est : « Je le sais, mais je veux que ma maman soit différente, et je veux qu'elle m'aime et qu'elle me protège, et je veux qu'elle le mette à la rue et me choisisse, moi ! » Ça n'arrivera pas. Elle est mauvaise. Elle ne fera rien de tout ça, Dana.

D*ANA* : Ok. Eh bien, je suis vraiment heureuse de vous avoir téléphoné, parce que ça me hantait depuis toujours. Je voulais me défaire d'eux et me dire : « Ok, je ne vais plus rien avoir à faire avec eux », mais je veux avoir une famille.

D*R* L*AURA* : Vous avez une famille.

D*ANA* : Ah bon ?

Dr Laura: Oui. Vous avez votre mari et sa famille, vous avez des enfants et des amis. Tout cela constitue votre famille.

Dana: (en larmes) Ok, merci beaucoup.

Quelque chose d'intéressant s'est produit à ce stade-là. Je l'ai amenée à se faire une image mentale dirigée. Je lui ai demandé de me dire ce qu'elle regardait. Elle m'a répondu: « un mur ». Je lui ai suggéré qu'une porte magique allait apparaître. Lorsqu'elle est arrivée à s'imaginer la porte, je lui ai demandé: « Vous allez voir votre mère, votre beau-père, et certaines autres personnes qui vous ont fait la vie dure. Je veux simplement que vous les voyiez tous là, de l'autre côté. Ils ne marchent pas vers vous, ils se tiennent simplement derrière cette porte qui est maintenant ouverte. Dites-le-moi, Dana, quand vous les verrez tous clairement. »

Dana: Ok.

Dr Laura: Voulez-vous les nommer?

Dana: Ma mère, lui, et mes sœurs... malheureusement.

Dr Laura: Oui, malheureusement. Je suis d'accord avec vous pour dire que c'est malheureux... et c'est ce que c'est. Maintenant, continuez de fixer cette porte du regard. Ce que je veux que vous fassiez, maintenant, c'est de briqueter l'ouverture, de manière à ce que ce ne soit plus une porte, mais un mur intact. Posez les briques. Il n'y a plus de porte. Dites-le-moi lorsque vous aurez terminé et prenez votre temps. [Les amis, vous n'en croirez pas vos yeux lorsque vous lirez ce que Dana m'a dit ensuite!]

Dana: Mon mari est poseur de briques, et il est plutôt rapide.
   [Auriez-vous cru que je la guiderais vers une image mentale qui serait si proche de la réalité de sa vie?]

Dr Laura: (en riant) C'est formidable, laissez-le vous aider! Dites-le-moi quand vous aurez terminé.

Dana: Ok, nous avons terminé.

Dr Laura: Ce mur a deux mètres d'épaisseur. Ils ne peuvent plus revenir par-là. Je veux que vous vous en détourniez. Pouvez-vous voir votre enfant de là où vous vous trouvez?

Dana: Je peux l'entendre.

Dr Laura: C'est bon. Pouvez-vous voir les affaires de votre mari?

Dana: Ouais.

Dr Laura : Ok… c'est votre famille, maintenant et pour toujours.

J'ai demandé à Dana de me rappeler le lendemain pour faire le sui-vi de ce que nous avions fait ensemble. Elle m'a dit qu'elle avait réalisé qu'en se retirant de sa famille d'origine elle ne faisait que protéger sa famille actuelle. « Je vous suis vraiment reconnaissante parce que vous avez enlevé un fardeau de quarante kilos de mes épaules en m'aidant à voir que je ne suis pas la vilaine. »

L'auriez-vous cru ? Son beau-père lui fait subir des sévices sexuels. Sa mère l'abandonne. Et elle s'inquiète d'ÊTRE LA VILAINE ! C'est tellement typique des gens qui ont été écorchés par une enfance malheu-reuse, parce qu'ils se perçoivent tout naturellement comme les méchants pour avoir résisté au mal, s'être défendus, avoir jugé un parent de ma-nière négative et avoir décidé de se protéger eux-mêmes et leur famille contre le ou la coupable. Pourquoi ? Cette vision des choses a une finalité qui élimine l'espoir. C'est une pilule amère à avaler. Aussi, vos mauvais parents ont probablement tellement rejeté la responsabilité sur vous que vous en êtes venu à douter de vous-même. Ce qui alimente ce doute de soi (en plus de cette grande aspiration et de cette culpabilité), ce sont les ingérences de ceux qui ne sont pas d'accord avec votre per-ception et vos actions.

LORSQU'ON N'EST PAS D'ACCORD AVEC VOUS

Permettez-moi de vous dire d'entrée de jeu que ce n'est pas parce que quelqu'un est simplement en désaccord avec votre vision des choses ou votre plan d'action que vous avez tort pour autant ! Il vaut toujours la peine de tenir compte de l'opinion de gens éclairés, avisés, sages, objec-tifs et affectueux ; assurez-vous simplement que ce quelqu'un entre dans une de ces catégories avant d'y prêter la moindre attention ! Pour être honnête, je dois dire que la plupart du temps, les conseils et les critiques qu'on reçoit ne sont pas le moins du monde objectifs, et sont habituel-lement davantage motivés par la propre culpabilité, les souffrances, les craintes, les besoins, la colère, le cynisme ou l'arrogance du conseiller. Je réalise qu'il est possible que votre situation et vos sentiments vous stressent à tel point qu'il vous soit difficile de faire preuve de discernement, mais choisissez bien ce à quoi vous donnez du poids et vous accordez votre attention.

Voici un exemple, qui vous rappellera très certainement quelque chose. Pam m'a téléphoné en ondes pour me dire qu'elle avait renié sa mère, parce qu'une chatte aurait fait une meilleure mère qu'elle. La mère de Pam était soit saoule soit complètement droguée par des médicaments sur ordonnance, et trompait continuellement son père. En fait, sa mère emmenait Pam et d'autres de ses enfants « en visite » chez ses petits amis lorsque le papa était au travail.

PAM: Elle n'avait pas besoin de travailler. Elle avait une maison, des voitures, des cartes de crédit... elle avait tout. Elle s'est mise à fréquenter les bars et elle a rencontré quelqu'un d'autre, ce qui fait que mes parents ont divorcé. Nous avons abouti sous le toit d'un alcoolique, qui, hum, la maltraitait, et elle aussi nous maltraitait, en fait, sur le plan émotionnel, et elle nous négligeait. C'est moi qui ai élevé en grande partie mes deux frères et mes deux demi-sœurs.

Mon père est maintenant marié depuis vingt-sept ans avec une femme merveilleuse. Le problème, c'est qu'ils ne conçoivent pas que je ne veuille rien savoir de ma mère biologique.

DR LAURA: Bravo! Qu'est-ce qu'il y a à ne pas comprendre?

[Et voilà que ça sort...]

PAM: Eh bien, ils n'arrêtent pas de dire qu'un de mes frères ne leur adresse pas la parole. Ils ont eu un froid, alors ils me disent qu'ils savent ce qu'on ressent en tant que parents quand un de nos enfants ne nous parle plus.

DR LAURA: Sont-ils conscients de ce qu'elle vous a fait endurer?

PAM: Ouais, je le leur ai dit. Ils savent que c'était pénible, mais ils ignorent à quel point ça l'était. Je leur ai tout expliqué. Il y a dix ans que je suis en thérapie.

DR LAURA: Quelle question voulez-vous me poser?

PAM: J'aimerais savoir quoi leur dire pour qu'ils arrêtent de me dire: « Eh bien, elle reste ta mère; elle t'a donné naissance. » Yahooo, quel exploit! Je ne comprends tout simplement pas. J'ai dit à mon père: « Tu as vécu avec cette femme-là, tu sais comment elle est. »

Dr Laura : Pam, je crois pouvoir vous expliquer pourquoi ils agissent comme ils le font. Par culpabilité.

Pam : Mais par culpabilité de quoi donc ?

Dr Laura : Par culpabilité pour ce que vous et les autres enfants avez eu à traverser.

Pam : Parce qu'ils n'étaient pas là ? Ou bien parce qu'ils n'ont pas été aussi combatifs qu'ils l'auraient pu pour nous venir en aide ?

Dr Laura : Vous avez mis en plein dans le mille. La culpabilité qu'ils ressentent du fait qu'ils ne sont pas intervenus se trouve quelque peu allégée par le fait qu'ils minimisent la gravité de ce qui vous est arrivé. Ainsi donc, s'ils la minimisent dans leur pensée, en se disant que ce n'était pas si terrible que ça, qu'elle reste votre mère et que vous devriez la contacter, alors ils se sentent mieux. Votre frère a rompu avec eux pour une raison, et ils s'en sentent coupables. Comment, alors, peuvent-ils justifier vos actions et non les leurs ? Ils ne le peuvent pas. Ils sont aveuglés. Ce qu'ils vous conseillent de faire leur profitera, et non à vous.

Pam : Uh hum. Ok. J'ai saisi.

Dr Laura : Voici la règle à suivre : Lorsque vous expliquez quelque chose à une personne, et que la chose est si limpide qu'il est impossible qu'elle ne «la saisisse» pas, c'est parce qu'elle en est incapable ou qu'elle ne le veut pas, sans quoi elle serait dans l'obligation de faire face à quelque chose en elle-même. Alors, *vous* devez comprendre qu'elle ne souhaite pas éprouver certains sentiments, ce qui fait qu'elle doit nier certains des vôtres !

Je pourrais évoquer d'innombrables appels au sujet du même problème. La « victime », en fait, le conquérant, se fait punir ou critiquer du fait qu'il ou elle se retire de la vie d'un parent dangereux ou destructeur, alors que ces critiques sont tout sauf bienveillantes. La plupart des gens agissent par intérêt personnel, et se refusent habituellement à toute confrontation.

Trop de gens encore se contentent d'assister en simples observateurs à la pratique de sévices sans intervenir parce qu'ils ne veulent pas être la prochaine cible, ou encore parce qu'ils ne veulent pas endosser le stress ou la responsabilité, ou parce qu'ils se reconnaissent soit comme étant l'agresseur ou la victime et qu'ils ne veulent tout simplement pas faire face à la réalité parce que la dénégation est plus facile. La dernière catégorie est ironiquement perverse : ceux du genre saintes nitouches qui se font l'effet d'être « de si bonnes personnes » parce qu'elles sont prêtes à tout pardonner à tout le monde. À mon avis, ce pardon désinvolte récompense le mal et exploite l'innocent une fois de plus, et tout cela au nom d'une soi-disant « bonté ». La bonté véritable amène à prendre des risques et à s'ériger entre le mal et l'innocent, avec du courage en paroles et en actions.

Irene, une auditrice, a commenté l'importance d'imposer des limites au sein d'une famille en n'invitant pas des membres malveillants à la réintégrer : « *Ma mère a grandi avec un père alcoolique. Lorsque ma grand-mère l'a mis à la porte, ma mère lui a permis d'emménager avec nous. Malheureusement, non seulement il a amené avec lui le chaos dont s'accompagne un alcoolique, mais encore il s'est révélé être un pédophile, ce que ma mère savait puisqu'il lui avait fait subir des sévices sexuels durant l'enfance. Il m'en a fait subir aussi. Bien des années plus tard, après que j'ai terminé ma thérapie, j'ai confronté ma mère pour lui faire dire pourquoi elle lui avait permis d'emménager avec nous. Elle m'a répondu qu'elle s'était sentie obligée de le faire parce que c'était son père.* »

La mère d'Irene lui a menti. Ses motifs n'avaient absolument rien à voir avec une obligation quelconque. La mère d'Irene éprouvait un sentiment pervers de bonheur du fait qu'elle était celle qui avait réussi à pardonner au « papa » et à en prendre soin. Elle était prête à sacrifier le bien-être de sa famille et l'innocence de sa fille, et tout cela dans le but de devenir « la petite fille spéciale de papa », conformément à son interprétation des sévices sexuels que lui avait fait subir son père. Par ce tour de passe-passe déguisé en vérité, elle a transformé un acte horrible en un geste de bonté afin de se sentir aimée plutôt que d'avoir à faire face à quelque chose de répréhensible. Les sévices affectaient maintenant une génération de plus parce qu'une femme avait refusé de rompre tout lien avec un parent dangereux et destructeur.

Ainsi donc, lorsque des amis et des proches vous bombardent de remarques comme celles-ci : « Peu importe comme il/elle te traite ou t'a traitée, il/elle fait partie de la famille, et c'est tout ce qui compte », je crois que vous seriez probablement justifiée de leur répondre : « Ce serait vrai s'il/elle n'avait pas détruit sa carte de parent en _____.» Ensuite, dites-leur qu'il vaudrait mieux pour eux qu'ils confrontent leurs propres démons, car s'ils ne sont pas prêts à s'examiner eux-mêmes, ils risquent fort de paver pour les autres le chemin qui mène à l'enfer.

FAIRE SES ADIEUX

Beaucoup de gens m'ont écrit pour me dire combien ils s'étaient sentis déchargés d'un fardeau et soulagés d'avoir pu entièrement exprimer ce qu'ils avaient vécu dans l'enfance, en quoi cela les avait affectés, les erreurs qu'ils avaient faites en composant avec ces événements et les éléments qui les avaient aidés à devenir en fin de compte des conquérants.

Beaucoup d'entre eux ont joint la lettre qu'ils avaient envoyée à un parent fautif. Melinda s'est identifiée à une femme qui m'a téléphoné pour se plaindre qu'elle avait de la difficulté à parler directement à son père au sujet de la manière dont sont et étaient les choses. Son père regrettait qu'elle ne se comporte pas avec lui comme on pourrait s'attendre à ce qu'une fille interagisse avec son père. Un petit ennui… elle a maintenant trente-six ans, et il n'a pas fait partie de sa vie depuis qu'il a divorcé d'avec sa mère lorsqu'elle était elle-même âgée de six ans ! J'imagine que l'ADN du sperme lui conférait des droits et créait des liens affectifs sans que le reste de sa personne ne se trouve dans les parages !

Quand Melinda m'a entendu annoncer la préparation du présent livre, cela l'a amenée à réfléchir à sa vie, à la manière dont elle s'y était prise pour l'améliorer et en quoi certains aspects de son passé pouvaient se répéter et affecter son fils. Elle savait devoir faire face au problème, et l'écoute de mon émission lui a fourni *« le coup de pied au derrière »*, comme elle me l'a écrit, dont elle avait besoin pour passer à l'acte.

Lorsqu'elle a envoyé la lettre (extrait) suivante à son père, elle a senti qu'elle avait enfin laissé aller la douleur qu'elle ressentait par rapport à son père et à ses choix de vie.

Cher Walt,

Par cette lettre, je veux t'expliquer pourquoi je ne te permet-trai plus de faire partie de la vie de mon fils. Je ne peux pas te laisser faire à mon fils ce que tu m'as fait. Tu as été une grande source de souffrance dans ma vie. Je t'ai permis de me blesser simplement parce que tu es mon père biologique. Lorsque j'étais enfant, ton comportement de père envers moi m'a causé du tort. Tu venais me rendre visite à brûle-pourpoint et de manière inconséquente, quand ça te chantait. Quand tu partais, je sanglotais pendant des heures en me demandant si tu ne venais pas me voir parce qu'il y avait quelque chose de mal chez moi. Tu ne m'as jamais envoyé de carte d'anniversaire. Tu n'as jamais payé de pension alimentaire pour les enfants.

Au début, j'ai pensé que c'était une question de pardon. Mon mari m'a encouragée à entretenir une relation avec toi parce qu'il a grandi sans même que son père connaisse son existence. Il se disait que de connaître son père valait quand même mieux que de ne pas le connaître. Je lui ai donné gain de cause en étant au moins polie avec toi, et je me suis mordu la langue bien des fois lorsque je voulais faire une remarque à propos des choses inconsidérées que tu disais en ma présence.

Mais au fil des ans, je me suis rendu compte que ce n'était pas une question de pardon, mais de faire la bonne chose, ce que tu n'as jamais fait en ce qui me concerne. Tu as eu une liaison. Tu as couché avec ma baby-sitter. Tu n'as jamais payé de pension alimentaire pour les enfants, ce qui fait que nous sommes devenus des assistés sociaux. Tu as menacé maman de me kidnapper si elle te réclamait une pension alimentaire. Pourtant, tu as toujours trouvé le moyen de te décharger de ta responsabilité envers moi en transformant le problème en un problème d'avarice. Tu t'es arrangé pour qu'on te prenne pour celui à qui on avait fait du tort «parce que maman et moi étions avares et en voulions à ton argent.»

Melinda l'a finalement mis au défi de faire la bonne chose en versant à sa mère la pension alimentaire pour les enfants de toutes les années dont il l'avait privée, en assumant toute la responsabilité de ses propres actions, en exprimant des remords, et en s'efforçant de redresser la situation et de bien se comporter. Elle lui a dit qu'il s'était toujours bien tiré de tout ce qu'il avait pu faire, mais que ça s'arrêtait là. Elle n'allait plus prétendre qu'il était un « père », encore moins le sien. En fait, elle a proclamé le second mari de sa mère, son beau-père, son vrai père, et le vrai grand-père de son fils parce qu'il avait agi en conséquence.

Cela n'a plus rien à voir avec moi. Je dois tenir compte des meilleurs intérêts de mon fils. Pour son bien, je ne peux pas te laisser entrer dans sa vie. J'agis ainsi dans le but de mettre fin au risque répété de se faire blesser par toi.

Finalement, je vais joindre dans son intégralité une lettre qu'une de mes auditrices, Violet, a adressée à son frère pour le bien de sa nièce. Son frère est marié et a deux filles. Son frère a eu aussi une fille hors des liens du mariage à qui il ne prête que peu d'attention ; ce qui est typique, malheureusement. Violet croit qu'il n'y a rien qu'elle puisse faire pour éliminer la souffrance d'un cœur d'enfant brisé, surtout quand son propre « père » l'a brisé. Après s'être fait demander plusieurs fois par sa nièce pourquoi son propre père ne l'aimait pas autant que les deux autres filles qu'il a eues avec sa femme, Violet s'est sentie moralement dans l'obligation de confronter son frère. Elle n'est pas sûre que cette lettre ait fait vibrer la moindre corde sensible en lui, mais elle espérait que, si j'incluais sa lettre dans mon livre, celle-ci trouverait un écho chez quelqu'un.

Je crois que Violet a tort de dire qu'il n'y a pas grand-chose qu'elle puisse faire pour guérir le cœur de sa nièce. Ce type d'intervention bienveillante, ainsi que l'amour qui la sous-tend, peut beaucoup diminuer chez sa nièce le sentiment de n'avoir aucune valeur qui lui vient du fait que son père l'a presque abandonnée.

La lettre a été écrite par Violet, mais elle a été composée comme si elle provenait de sa nièce. Je l'inclus ici, en dépit de sa longueur, car je crois qu'elle vous révélera à tous, chers lecteurs, quelque chose d'important.

Lettre à mon « père »

Il y a un certain temps que je veux te dire certaines choses, mais c'est seulement maintenant que je sais comment le mieux les exprimer. Il y a combien de temps depuis que nous avons passé du temps ensemble ? Et combien de choses ont changé depuis, je ne saurais pas par où commencer. Tu sais, il m'arrive de me rappeler des choses que nous avons faites, à l'époque où nous passions du temps ensemble, des choses dont tu ne te souviens probablement même plus. Je me rappelle avec beaucoup de joie cet après-midi d'hiver où nous avons marché main dans la main le long d'un sentier jonché de feuilles éparpillées tout autour de nous. Je ne suis plus certaine où c'était, ni l'âge que j'avais, ça fait tellement d'années qu'on dirait qu'une éternité s'est écoulée depuis. Du moins, c'est l'impression que ça me fait. Tu ne t'en souviens probablement pas, tu as dû l'oublier, de même que bien d'autres choses. Pour le meilleur et pour le pire, je me souviens ; bien qu'aujourd'hui ces souvenirs s'effacent de plus en plus, ne me laissant que les veilles photos que nous avions l'habitude de prendre.

Malheureusement, ce que je me rappelle le plus à ton sujet, quand j'étais enfant et durant mon adolescence, c'est ton absence. La plupart du temps, je comble le vide par le souvenir des choses qui ne se sont jamais produites. Les conversations à table en soirée qui n'ont jamais eu lieu ; les conseils que je n'ai jamais reçus de ta part mais dont j'avais tant besoin ; les blagues et les anecdotes que je ne t'ai jamais entendu raconter ; et, bien entendu, la sagesse dont tu ne m'as jamais fait bénéficier.

Je me demande si tu as déjà su ce que j'ai ressenti quand j'ai perdu ma première dent, ou combien j'aurais aimé que tes bras bienveillants me recueillent lorsque mes tentatives pour apprendre à aller à vélo finissaient abruptement par terre et que je me cognais la tête encore et encore. Je me demande si tu aurais été fier de moi quand j'ai finalement appris à lire par moi-même, ou que j'ai marqué mon premier panier lorsque j'ai fini par entrer dans l'équipe de basket-ball. Maintenant que j'y pense, tu ne devais même pas savoir que j'aimais les sports. C'est triste de penser que l'homme qui m'a donné la vie ne sait rien de moi, de mes rêves, de mes craintes, de mes réussites et de mes échecs ; et ce qu'il y a de plus triste encore, c'est qu'il ne se soit même pas donné la peine de le découvrir.

Il y a tant de choses que je voulais partager avec toi, mais je ne t'ai jamais trouvé et tu ne m'as jamais cherchée. Tu sais, j'aurais accepté avec plaisir tes réprimandes, au même titre que tes compliments, parce qu'ils m'auraient montré que tu m'aimais, que tu te souciais de moi. Tu m'as même privée de ça.

Le temps a passé, et plus le temps passe, plus je réalise que je ne t'ai pas perdu. J'en suis finalement venue à comprendre que je ne t'ai jamais eu. Tu devrais être fier de toi, cependant, en sachant que grâce à toi j'ai appris à survivre et à surmonter beaucoup d'obstacles sans toi. Ton absence me rend plus forte. Au fil du temps, tu n'es devenu rien d'autre qu'un nom sur un certificat de naissance, ce qui en réalité ne signifie rien du tout.

Je ne me précipiterai plus sur le téléphone chaque fois qu'il sonnera, dans l'espoir de te trouver au bout du fil, voulant savoir comment je vais. Je ne me presserai pas d'aller ouvrir avec le cœur rempli d'espoir chaque fois que quelqu'un se présentera à la porte le jour de mon anniversaire, en souhaitant que ce soit toi qui viennes les bras chargés d'un gros câlin plein d'amour juste pour moi.

Dire que, pendant si longtemps, je me suis torturée à essayer de m'expliquer pourquoi tu me privais de ton amour, mais pas mes (demi) sœurs. Est-ce que ma simple existence constituait un inconvénient pour toi? Je me suis si souvent demandé pourquoi tu me traitais comme tu le faisais, pourquoi tu me refusais la seule chose que j'ai toujours voulue de toi : ton amour ; quelque chose que je croyais qu'il était normal pour un parent d'éprouver envers ses enfants. J'ai entendu tellement de papas dire que leurs enfants étaient une bénédiction. Et moi, "papa"? Que suis-je pour toi? Une erreur du passé, et rien de plus?

J'ai vraiment de la veine que Dieu m'ait envoyé un ange, et que je n'aie pas eu à grandir sans père. C'est vrai, j'ai grandi sans toi, mais je réalise aujourd'hui que je n'ai jamais été privée d'un vrai père. J'ai eu quelqu'un à mes côtés qui m'a aimée autant et peut-être même plus que j'aurais pu vouloir que tu m'aimes ; quelqu'un qui m'a soulagée de toutes mes coupures et de toutes mes ecchymoses par des accolades et des bisous, et qui a guéri mes fièvres par beaucoup d'amour ; quelqu'un qui était là pour m'aider à me rendormir les nuits où j'étais terrifiée. Ce quelqu'un, ce n'était pas toi.

Je ne considère pas l'absence de relation père-fille entre nous comme une perte totale. Sans même le vouloir, tu m'as beaucoup enseigné. Par toi, j'ai appris tout ce que je ne voulais pas être. Tous les jours, je remercie Dieu parce que je ne suis pas comme toi. Malgré mon jeune âge, je sais faire la différence entre toi et moi : J'ai un cœur ! Je sais ce qu'on éprouve quand on donne son amour à quelqu'un qui illumine notre existence. Je me suis promis de ne pas devenir comme toi. J'AIMERAI mes enfants.

T'ai-je déjà dit que je t'aimais beaucoup avant ? Eh bien, c'était vrai. Si tu ne l'as jamais entendu auparavant, c'est probablement parce que tu ne m'as jamais donné l'occasion de te le dire. Je sais que j'ai encore toute ma vie devant moi, mais il se peut que toi et moi nous n'ayons pas d'avenir ensemble. C'est possible que la prochaine fois que tu entendras parler de moi ce sera dans le faire-part de mariage que je t'enverrai, ou dans l'annonce de la naissance de mon premier enfant.

Rappelle-toi que, si un jour nos routes devaient se croiser, nous ne serions guère plus que des étrangers l'un pour l'autre, comme c'est le cas aujourd'hui. Notre avenir est entre tes mains.

Je ne te demande qu'une dernière faveur : donne une accolade et un bisou à tes filles de ma part, un de ceux auxquels j'ai fait l'erreur de croire un jour que j'avais droit.

J'espère que vous avez remarqué certaines choses dans cette lettre, que vous avez probablement lue avec les larmes aux yeux. Cette lettre n'est pas hostile ; elle est franche, honnête, sensible, émotionnelle mais pas hystérique, et laisse la porte ouverte sans faire de promesses. Elle clarifie la vérité quant aux torts du père et à l'incidence qu'ils ont eue sur la fille, tout en précisant la force et l'engagement avec lesquels celle-ci se fera une vie heureuse.

Même si cette lettre a été écrite par la tante de l'enfant, l'enfant l'a lue, l'a approuvée et l'a signée. Elle lui appartient donc.

Ce type de lettre peut s'écrire même à un parent décédé. Ce n'est pas la réponse qui compte. C'est votre engagement à vivre une vie heureuse en faisant des adieux sains.

Sept

COMMENT GAGNER L'AMOUR D'UNE PERSONNE ?

Un moment donné… mon mari m'a dit : « La seule chose qui cloche chez toi, c'est que ta mère t'a volé ton enfance. Elle aurait dû t'aimer, et elle ne l'a pas fait. MAIS, JE VAIS t'aimer et t'aimer et t'aimer jusqu'à ce que tu comprennes ; jusqu'à ce que tu comprennes que je t'aimerai toujours, envers et contre tout. »

— Amber, une auditrice

Bien entendu, l'enfance malheureuse a pour conséquence la plus évidente le sentiment de ne pas être aimé. Honnêtement, ce sont les inquiétudes pernicieuses qui vous compliquent les choses la plupart du temps dans vos relations intimes avec autrui, et qui minent votre assurance au travail, dans vos loisirs et dans la vie en général.

Comme je l'ai mentionné antérieurement, il est étonnant de constater combien d'entre vous ne voient pas le lien entre leurs attitudes et leurs limites actuelles, d'une part, et leur enfance malheureuse, d'autre part. Vous savez avoir des « problèmes » à régler par rapport à votre enfance, mais vous ne voyez probablement pas l'incidence qu'ils ont sur vos sentiments, et vous ne reconnaissez pas en quoi votre manière de réagir à votre enfance détermine en grande partie votre perspective des choses et vos comportements. La plupart du temps, ils nuisent à votre capacité de vous sentir aimé et d'aimer dans votre vie actuelle.

L'appel téléphonique que j'ai récemment reçu de Simi résume bien cette vérité. Elle m'a dit en ondes qu'elle avait un mari et un mariage formidables, de même qu'un adorable fils de quatre ans, et qu'elle était femme au foyer. Son problème ? Eh bien, tout se passe très bien, et puis, sans crier gare, elle sombre dans ce qu'elle appelle de l'« angoisse ». En réaction à cette angoisse, elle se referme comme une huître ! Elle cesse toute communication avec ses amis, sa famille et son mari, et d'assumer toutes ses responsabilités dans la maison par rapport à sa famille.

Je lui ai alors demandé de m'expliquer pourquoi elle avait choisi de réagir de cette manière à ce déclencheur d'« angoisse ».* Or, tout ce que Simi a pu faire a été de se répéter.

Je lui ai fait un petit exposé portant sur la nécessité d'assumer ses responsabilités et ses obligations en dépit de ses bouleversements intérieurs, en lui indiquant que ce choix s'avérerait bénéfique pour elle, alors que le choix contraire ne faisait qu'aggraver ses problèmes.

Le moment d'une pause publicitaire approchait, alors j'ai demandé à Simi de réfléchir à ce que je venais de lui dire, en précisant ceci : « … réfléchissez à la raison pour laquelle vous devenez une enfant sans défense et vous vous arrangez pour que tout le monde s'occupe de vous. » Durant les quelques secondes qui ont précédé la pause, Simi a fait entendre une énorme inspiration bruyante qui trahissait son ahurissement ! J'ai eu tout juste le temps de lui dire avant la pause : « Oui, c'est ça… pensez-y et je vous reviens tout de suite. »

Lorsque nous sommes revenues de cette pause publicitaire, qui m'avait semblé avoir duré une éternité malgré ses trois petites minutes, j'ai demandé à Simi en quoi ma demande l'avait estomaquée.

SIMI : Je n'avais jamais fait le rapprochement, jusqu'à ce que vous le fassiez à voix haute. Je n'avais pas réalisé que je devenais une enfant sans défense qui voulait que tout le monde prenne soin d'elle. Ça me semble tellement évident maintenant. Ma mère était très explosive, critique et toujours en colère. Elle passait tout le temps sa colère sur mes frères et sœurs et sur moi-même lorsqu'elle rentrait à la maison et que quelque chose n'avait pas été fait comme elle le voulait. Ce qui fait que, pour éviter ses accès de colère, JE M'OCCU- PAIS DE TOUT ! (s'est-elle exclamée)

---

* Je mets en évidence le mot *angoisse* par des guillemets parce que les gens nomment souvent des choses afin de les identifier au profit d'autres personnes, bien que les termes utilisés ne représentent pas exactement l'expérience vécue, comme vous le verrez sous peu.

DR LAURA : Alors, Simi, ce n'est pas de l'angoisse que vous ressentez, pas vraiment. Vous faites tout ce qu'il y a à faire dans la maison pour votre fils et votre mari, la rancune s'accumule comme s'ils, et votre vie en général, étaient votre mère, vous vous effondrez, et puis vous n'avez plus à faire quoi que ce soit et tout le monde doit prendre soin de vous.

SIMI : Oui, c'est tout à fait ça. Oh, bonté divine !

DR LAURA : Vous voulez « l'amour maternel » que vous n'avez jamais eu. Vous trouvez, en tant qu'adulte, le moyen d'être cette enfant du passé afin de forcer votre mari à être la source de votre « amour maternel ». Cette tactique comporte deux problèmes : Premièrement, votre mari aura beau vous « traiter comme un bébé » chaque fois que vous vous effondrez, il ne pourra jamais remplacer « l'amour maternel » auquel vous aspirez tant et que vous avez perdu à tout jamais. Deuxièmement, chaque fois que vous vous « effondrez », votre mari et votre fils vous estiment moins et vous perdez le statut de la personne que vous êtes devenue.

Voici ce que je vous propose, Simi : Demandez en tant qu'*adulte* qu'on s'occupe de vous d'une manière qui *convient* à une femme adulte. Lorsque vous demandez qu'on s'occupe de vous d'une manière qui convient à une enfant sans défense, vous devez devenir cette enfant. Quand vous demandez qu'on s'occupe de vous comme d'une adulte, vous obtenez ce dont vous avez réellement besoin aujourd'hui. Ainsi donc, ce soir, dès que vous aurez terminé votre repas et que votre fils sera au lit, enfilez quelque chose de confortable, prenez le flacon d'huile parfumée et demandez à votre mari, d'une voix douce et séductrice, qu'il vous masse les pieds… et… quoi que ce soit d'autre.

Simi, NE LAISSEZ PAS VOTRE DOULEUR ET VOTRE DÉCEPTION VOUS DÉROBER VOTRE RESPONSABILITÉ EN TANT QU'ADULTE QUI TIRE DU PLAISIR ET DE LA SATISFACTION DU FAIT DE PRENDRE SOIN DE SA FAMILLE !

Elle a eu tort de faire de vous l'adulte responsable nullement appréciée lorsque vous n'étiez qu'une enfant, mais maintenant *vous* avez tort de ne pas apprécier les joies et les bénédictions dont s'accompagne le fait d'être une adulte responsable.

Simi: Oh, je comprends tout à fait. Je me sens si soulagée et bien maintenant. C'est exactement ce que je vais faire ce soir, Dr Laura. Merci. Merci.

J'imagine que l'élève était disposée à me laisser être le professeur.

Le jour qui a précédé celui où je me suis mise à rédiger le présent chapitre, je me suis entretenue avec une jeune fille de dix-sept ans dont la mère était en instance de divorce pour la deuxième fois. Au cours de notre conversation téléphonique, j'ai eu l'occasion de réorienter la pensée d'une enfant avant qu'elle ne soit trop accablée par de mauvais sentiments envers elle-même en raison des comportements inadmissibles et répréhensibles de sa mère.

Depuis son dernier divorce, la mère de Jessica s'est livrée à la promiscuité. Jessica vivait avec sa mère et le fait que celle-ci «faisait la putain» la contrariait au plus haut point. Récemment, Jessica, avec toute la gentillesse dont elle était capable, a dit à sa mère ce qu'elle pensait de sa conduite débridée. Évidemment, la mère de Jessica, se mettant sur la défensive, s'est vengée de s'être fait ainsi critiquer en disant à Jessica qu'elle ne l'aimait pas et en la jetant à la rue.

Jessica a alors emménagé avec son père, qui est heureusement un bon gars et un père responsable. Quoi qu'il en soit, si votre mère vous dit qu'elle ne vous aime pas, non seulement cela vous blesse, mais encore cela vous pousse à mettre votre propre valeur en doute.

J'ai expliqué à Jessica qu'il est difficile d'être objectif quand on se fait critiquer ou rejeter par sa mère. Les parents sont la première source naturelle de rétroaction dont on dispose par rapport à soi-même. Si votre père vous dit que vous êtes jolie, votre respect de soi grandit et vous vous sentez belle ; si votre mère vous dit que vous vous débrouillez bien dans un certain domaine, vous tirez d'autant plus de plaisir de l'accomplissement de la tâche en question. Enfant, vous dépendez entièrement de vos parents pour votre bien-être physique et psycho-émotionnel ; votre identité est façonnée en grande partie par la manière dont ils vous perçoivent.

Quand vos parents sont négatifs, blessants et destructeurs envers vous, il est très difficile pour vous de les percevoir comme étant imparfaits et méchants. Plus typique encore, vous prenez à cœur ce qu'ils disent. Après tout, ce sont vos parents et vous n'arrivez donc pas vraiment à imaginer que ce qu'ils disent de vous n'est pas vrai.

J'ai dit tout cela à Jessica, puis j'ai décrit sa mère comme ayant «perdu ce qui lui restait de raison», et je lui ai dit aussi que sa mère était dans sa «phase *idiote*». Je lui ai expliqué que, tant que sa mère se trouvait dans sa phase idiote, elle ne devait rien prendre à cœur de ce que celle-ci lui disait parce que cela n'avait rien à voir avec Jessica, et tout à voir avec son monde intérieur tordu sur lequel Jessica n'avait pas la moindre influence ni le moindre contrôle.

J'ai rassuré Jessica en lui disant qu'un jour, peut-être pas sous peu, mais qu'un jour sa mère émergerait de sa phase d'idiotie et se mettrait à sa disposition à titre de mère aimante. Entre-temps, elle ne devra toutefois pas s'imaginer un seul instant que les comportements hostiles et blessants de sa mère ont quoi que ce soit à voir avec elle.

DR LAURA : Au bout du compte, Jessica, je ne veux pas entendre dire que tu t'es mise à avoir des aventures avec les garçons, à boire, à essayer les drogues et à adopter d'autres comportements autodestructeurs parce que tu es contrariée du fait que ta mère ne t'aime pas. Tu dois la regarder avec *objectivité* ; cela signifie que tu dois prétendre venir de Mars, l'observer et tirer des conclusions de ses actions. Ce faisant, en tant que Martienne et non comme étant sa fille, tu pourras voir clairement qu'elle est tombée sur la tête, et que ce qu'elle dit n'a rien à avoir avec la vérité ; tout cela concerne son propre esprit actuellement déboussolé.

JESSICA : (en riant) Oui, j'imagine que vous avez raison.

DR LAURA : Bon. Voilà la différence entre l'objectivité et la subjectivité. Avec objectivité, toi, la Martienne, tu la regardes en te demandant ce qui cloche chez elle ; avec subjectivité, toi, l'enfant en manque d'affection et blessée, tu la regardes en te demandant ce qui cloche chez toi.

JESSICA : Ouais, ça a du sens. Oh, et je ne suis pas le genre de jeune qui ferait toutes ces mauvaises choses. Mon père est formidable et je suis heureuse ici.

Acquérir la vision objective du Martien, pour ainsi dire, selon laquelle ce que vos parents vous ont fait concerne leur mauvaise façon d'être et non la vôtre, sera votre planche de salut. Elizabeth m'a écrit au sujet d'une prise de conscience comparable : « *J'ai cinquante ans, et j'ai eu une vie très stressante et très difficile. Ma mère a maintenant soixante-quinze ans et est en phase terminale de la maladie d'Alzheimer. Je n'aime pas l'avouer, et je suis triste pour elle, mais je ne peux pas dire que j'éprouve d'autres sentiments envers elle. Elle m'a battue durant toute mon enfance et je me suis mariée à dix-neuf ans juste pour m'éloigner d'elle. J'ai mis plusieurs années à apprendre à me respecter.*

« *Après que mon deuxième et dernier enfant est né, j'ai fait une thérapie et j'ai suivi des cours d'éducation parentale. J'ai passé la plupart du temps à essayer de comprendre pourquoi ma mère me détestait tant. Ce n'est que tout récemment que j'ai compris que les mauvais traitements qu'elle m'infligeait n'avaient rien à voir avec moi.* »

Quelle révélation libératrice !

« *Je suis très heureuse de pouvoir dire que le cycle d'abus s'est arrêté avec moi. Je savais quoi devoir ne pas faire en tant que mère. Je les ai souvent serrés dans mes bras et j'ai veillé à leur faire savoir que je les aimais. Ils ont reçu beaucoup de renforcement positif. Je suis fière d'affirmer que mon fils et ma fille peuvent tout me dire et me demander n'importe quoi sans craindre de se faire juger… nous parvenons à des résolutions mutuelles.* »

Je crois qu'une des raisons pour lesquelles certains d'entre vous, qui ont été maltraités durant l'enfance, en viennent en tant qu'adultes à maltraiter à leur tour (eux-mêmes, leur conjoint(e) ou leurs enfants), c'est qu'ils ne sont pas arrivés à voir objectivement le comportement de leurs parents ; ils ont considéré la manière dont on les traitait comme étant la mesure par laquelle ils devaient s'évaluer eux-mêmes, et ils se sont punis eux-mêmes pour n'avoir pas été à la hauteur ou dignes d'être aimés. Par conséquent, ils sont devenus si fâchés, malheureux et défensifs qu'ils passent ces passions négatives sur d'autres, afin de nier ou de soulager leur souffrance émotionnelle.

(Veuillez lire cette dernière phrase cinq fois avant de poursuivre votre lecture du présent chapitre.)

Vous devez prendre du recul et vous dire à haute voix : « Mon père/ ma mère est un(e) imbécile ! Ça n'a rien et n'a jamais rien eu à voir avec moi ! C'est un(e) imbécile et je ne perdrai pas davantage de temps, d'énergie et d'émotions à me replonger dans leur monde ! »

(Veuillez vous répéter ces deux dernières phrases au moins cinq fois avant de poursuivre votre lecture du présent chapitre.)

Quelle est l'étape suivante ? L'étape suivante consiste à prendre la *décision*, à *choisir* littéralement, d'avoir une vie heureuse en dépit de ce qu'ils éprouvent de négatif envers vous-mêmes. Trop d'entre vous en sont venus à croire qu'ils ne pourraient avoir de vie heureuse avant d'avoir appris à s'aimer eux-mêmes. Selon moi, ce concept, bien qu'il soit incroyablement répandu, est entièrement faux.

J'ai reçu l'appel d'une femme qui m'a demandé comment elle pouvait apprendre à s'aimer. Elle s'imaginait que, sans amour de soi-même, elle serait incapable, et qu'on ne devrait donc pas s'y attendre, de poser des gestes d'amour sains envers qui que ce soit, y compris envers elle-même. Elle m'a dit qu'elle était obsédée par ce concept.

Je lui ai dit que je n'avais jamais ouvert les yeux un seul matin de toute ma vie en me demandant le moins du monde si ou combien je m'aimais moi-même et que je ne pouvais imaginer le faire un jour. Elle était plutôt ergoteuse. J'ai persévéré. «Ma chère, notre valeur, le fait que nous méritions d'être aimés, ne provient d'aucune évaluation émotion-nelle privée, elle est le fruit des gestes que nous posons envers autrui. Ce n'est pas en faisant du nombrilisme qu'on en vient à se respecter soi-même, mais en contemplant la place qu'on occupe dans la vie d'autrui.»

Comme vous seriez en droit de vous y attendre, ma position a suscité une grande réaction, du fait que la position plus répandue sur le respect de *soi* est plutôt orientée vers *soi-même*.

Tamey m'a écrit une lettre pleine d'esprit en réponse à l'écoute de cet appel en ondes : «*Je suis en train d'écouter sur votre site Internet (www.drlaura.com) une personne qui vous a téléphoné en ondes hier en vous disant qu'elle voulait apprendre à "s'aimer elle-même". En lui répondant, vous avez mis tout à fait dans le mille.*

«*Elle me semble être atteinte d'un mal très répandu parmi les gens ici-bas : L'ÉGOÏSME, la pauvre (ma mère a toujours soutenu qu'on pouvait tout dire à quelqu'un sans le blesser dans la mesure où on fai-sait suivre son commentaire d'une virgule et d'un "la pauvre").*

«*En fait, cette fille doit se trouver une vie à vivre ! Pour l'amour du ciel, donnez un foyer d'accueil à un enfant ! Apprenez la réanima-tion cardio-vasculaire. Devenez une grande sœur ou un grand frère.*

Lancez-vous un défi ! Allez au centre-ville et essayez de persuader une adolescente enceinte de mettre son bébé en adoption. Adoptez-en un vous-même si vous avez l'étoffe d'une bonne mère. Jetez votre téléviseur aux ordures ! Apprenez à faire de la courtepointe ! Apprenez à cuisiner ! Préparez un repas pour vos parents, vos amis, un collègue de travail ! Bonté divine, tondez le gazon ! Faites quelque chose !

« Ça me rendrait complètement folle si je devais me lever le matin et essayer de décider si JE M'AIME !

« Quand je me lève le matin (j'essaie habituellement de NE PAS me regarder dans le miroir… c'est bien trop affolant), j'ai un million de choses en tête : Est-ce que j'ai sorti quelque chose pour le dîner ?… Est-ce que quelqu'un va manquer l'autobus ?… Œufs ou crêpes ? Non, non, des céréales, j'ai fait des crêpes ET des œufs avant d'aller à l'Église dimanche… un sandwich ou pouvons-nous nous permettre les 2,50 $ pour manger chaud ? Peut-être que les petits ne remarqueront pas s'ils ont un sandwich et que je devrais laisser ceux du milieu avoir un repas chaud parce que c'est plus cool… Devrais-je lui demander maintenant ce que faisait un briquet dans sa poche ou remettre cette guerre à plus tard ? Est-ce trop tard pour un avortement à quinze ans ? Oh, ouais, on ne croit pas à ça, coco !… Ok, oublie le beau maillot de bains rouge sexy, si je ne prends AUCUN sucre d'ici le congé du printemps, est-ce que je vais arriver à entrer dans UN maillot de taille inférieure à 16 ?… Étant donné que la nuit dernière, ça n'a pas fonctionné avec un bébé fiévreux dans le lit, on pourrait peut-être aller manger chaud ce midi en amoureux dans la Bronco ? Je pourrais porter ce super tricot noir qui en révèle pas mal !… Pourquoi est-ce que cet enfant-là est dans le coin, et est-ce que c'est moi qui l'ai envoyé là ?… Mon Dieu, j'espère que c'était ce matin et non hier soir ! "Monte te mettre à table et mange du miel… oui, je sais que tu es désolé, nous discuterons des conséquences après l'école… essaie de ne pas trop t'inquiéter." Je me rappellerai sûrement alors ce qu'il a bien pu faire !

« Je n'ai même pas le temps d'écrire cette télécopie. Les enfants sont partis, la machine à laver et le lave-vaisselle fonctionnent, je rêve d'écrire un autre chapitre de mon roman, en mâchouillant un bout de céleri tandis que je paie les factures.

« Un moment, mes amis, pour réfléchir… EST-CE QUE JE M'AIME ? (crunch, crunch… crac). Je n'en ai pas la moindre idée, ma belle ; et

puis, il se pourrait même que je ne le mérite pas, mais chose certaine : je suis drôlement heureuse ! »

Comment se peut-il qu'elle soit heureuse alors qu'elle ne sait même pas si elle s'aime bien, alors encore moins si elle s'aime tout court ? Comment se peut-il qu'elle soit heureuse alors qu'elle semble vivre tellement de situations stressantes dans la vie ? Comment se peut-il qu'elle soit heureuse alors qu'elle n'est même pas certaine de tout faire assez parfaitement pour s'aimer elle-même ?

La réponse à cette question est facile : Parce qu'elle ne vit pas pour elle-même. Je vous ai rappelé plusieurs fois déjà que le bonheur ne provient pas de ce qu'on *obtient*, mais de ce qu'on *donne*.

Aucun être humain n'est digne d'être aimé ou possible à aimer dans un vide. Cette notion qui vous pousse à vouloir vous aimer inconditionnellement ou à vous faire aimer inconditionnellement est un mythe, une fiction, une impossibilité. Votre valeur et ce qui en vous fait que vous méritiez qu'on vous aime sont le produit de ce que vous donnez, et non uniquement du simple fait que vous respiriez.

Christine, une auditrice, m'a écrit pour me dire qu'elle avait eu l'intention de me téléphoner en ondes le jour même où elle a décidé plutôt de m'écrire. Elle allait se plaindre de sa mauvaise image d'*elle-même*. Elle m'a écrit qu'elle se sentait laide à l'intérieur comme à l'extérieur. Au lieu de me téléphoner, elle s'est efforcée d'imaginer ce que je lui dirais. Elle s'est dit que je lui demanderais probablement ce qu'elle faisait des vingt-sept kilos qu'elle avait pris au cours des quatre dernières années. Elle était fière d'en avoir perdu sept au cours des derniers mois.

Elle s'est ensuite imaginé que je lui demanderais ce qu'elle faisait pour embellir son être intérieur… et elle a été alors frappée de constater qu'elle ne faisait RIEN. *« Rien pour rendre service, rien à donner, rien pour aimer, rien du tout. Au cours des quatre dernières années, je me suis fermée à tout le monde, sauf à mon mari. Mes pauvres enfants n'ont eu que l'ombre d'une mère. La réalité m'a frappée de plein fouet lorsque mon aînée m'a entendu dire que mes enfants étaient une joie pour moi. Elle a éclaté de rire en secouant la tête comme si je m'étais montrée sarcastique ou si je faisais une farce. Je me suis sentie si mal qu'elle doute de la joie que me procurait son existence même. Qu'avais-je fait à mes enfants ? »*

Par cette étincelle de conscience, elle s'est mise à considérer les choses et, chemin faisant, deux images lui sont venues à l'esprit : Premièrement, elle s'est remémoré Eleanor Roosevelt et Mère Teresa, qui n'étaient pas des gens d'une beauté classique, mais dont l'esprit était richement embelli par leurs actions et leur service empreint d'amour ; deuxièmement, elle s'est efforcée de se remémorer la dernière fois qu'elle avait servi ce type d'amour à quelqu'un d'autre qu'à elle-même, et ne pouvait penser qu'à une seule femme d'un autre pays que son mari avait abandonnée. Même là, elle n'était pas restée en relation.

Elle avait rarement ouvert son cœur à quelqu'un. *« Je me suis isolée et me suis étranglée moi-même. J'ai repoussé les gens qui ont tenté de se lier d'amitié avec moi. Tandis que je prenais conscience de tout ça, j'ai réalisé que tout ce qui était susceptible de me rendre belle relevait de ma volonté. Je devrai fournir des efforts pour corriger ma mauvaise conduite en me montrant plus aimante envers les autres, et pour m'ouvrir à tout l'amour qu'on m'offrira. Je regrette tellement d'avoir été si repliée et centrée sur moi-même, alors que j'aurais pu passer toutes ces années à aider les autres à se sentir bien. »*

Le fait d'avoir eu une enfance malheureuse vous rendra certainement conscient de vos blessures et des personnes de votre entourage qui sont susceptibles de vous blesser, quelque peu méfiant quant à la possibilité de connaître une vie heureuse et déterminé à obtenir réparation pour vos souffrances. Étant donné que ce sont toutes ici des préoccupations axées sur *soi*, elles vont à l'encontre des efforts fournis pour se bâtir une vie heureuse, car une vie heureuse est une question d'expiration et non d'aspiration.

Cela m'amène à l'appel téléphonique que j'ai reçu de Tina, un aspirateur humain, ou encore un cas extrême d'aspiration. Tina a trente-deux ans, et m'a dit qu'elle était mal à l'aise de me faire savoir qu'elle s'était toujours sentie anxieuse et jalouse (le dernier suit habituellement le premier). Elle est officiellement engagée dans une relation depuis sept ans, et elle a une fille de onze ans. Elle m'a dit qu'à cause de son anxiété, elle a l'impression de ne donner aucun amour.

TINA : Je dis tout le temps à ma fille : « Je sais que tu ne m'aimes pas, et je déteste ça… et je ne sais pas quoi faire. »

Honnêtement, j'ai presque perdu la boule en entendant ça. La pensée qu'elle puisse tourner sa fille en bourrique en étant un parent qui ne sait ni aimer ni se donner, pour ensuite aggraver les choses en la mettant continuellement au défi de l'aimer, en cherchant à se faire rassurer par la personne même qu'elle est censée rassurer, m'a fait voir rouge. Ce qui m'a empêchée d'éclater, c'est qu'elle savait du moins qu'elle avait tort, ce qui m'a aussi redonné de l'espoir quant à l'issue de cette situation.

DR LAURA : Ce n'est pas vrai que vous «ne savez pas quoi faire». Ce que vous dites en réalité, c'est que vous êtes trop mal à l'aise, trop affolée, trop en manque d'affection, trop centrée sur vous-même pour changer. Si vous dites ne pas savoir quoi faire, alors personne ne peut attendre de vous que vous changiez, n'est-ce pas ? L'ignorance, et non le bonheur total, vous sert d'excuse. La première chose que vous devez faire, c'est d'arrêter de maltraiter votre fille. Ce sont des sévices psychologiques que vous lui faites subir.

TINA : Oui, je suis d'accord.

DR LAURA : Je veux que vous fermiez les yeux et que vous répétiez à voix haute : «Je vais donner à ma fille, et non prendre d'elle.» Faites-moi entendre ça.

TINA : (en larmes) Je vais donner à ma fille, et non prendre d'elle.

DR LAURA : C'est ça. Pour l'instant, pensez-y simplement. Actuellement, je ne crois pas que vous compreniez dans quelle mesure cela vous sera profitable. Actuellement, votre vie entière est axée sur le moyen d'obtenir ce que vous n'avez jamais obtenu. Et vous savez quoi ? Vous ne serez jamais pleinement satisfaite… c'est la vie ! Mais ce que vous pouvez faire, c'est de *devenir* plus aimante. Au lieu de devenir un aspirateur, à vous efforcer d'obtenir l'amour du monde entier, vous deviendrez une fontaine, dont jaillira l'amour de tous côtés.

À ce moment-là, nous nous sommes obstinées un peu, tandis que Tina résistait à la notion du renoncement à sa quête de toute une vie pour se faire continuellement rassurer et aimer de tout un chacun, y compris de son propre enfant, en dépit de son comportement égoïste. Comme je l'ai fait avec de nombreux appelants, je l'ai donc guidée au cours d'un voyage imagé destiné à lui venir en aide et, croyez-le ou non, à lui faire ressentir la différence dans sa vie et dans son cœur tandis qu'elle allait passer du statut de preneur à celui de donneur.

Je lui ai demandé de fermer les yeux et de se représenter en pensée, sans entrer dans les détails, le type de choses qu'elle fait à sa fille, à ses amis et à son petit ami lorsqu'elle est en mode «aspirateur».

TINA : Oh, mon Dieu ! (émet des sons de douleur)
DR LAURA : Ok, arrêtez ! Ouvrez les yeux, secouez-vous.
TINA : (en pleurant à chaudes larmes)
DR LAURA : C'était très dérangeant, n'est-ce pas ?
TINA : Oui… elle ne mérite pas ça.
DR LAURA : Shhhhhhhhh. Fermez les yeux de nouveau. Ok, représentez-vous maintenant les choses que vous feriez différemment en tant que fontaine.
TINA : Ohhhhhhhh.
DR LAURA : N'est-ce pas beau ?
TINA : (semblant plus enjouée) Ouais.
DR LAURA : Ne vous sentez-vous pas bien ? Ne vous sentez-vous pas plus heureuse ?
TINA : Oui. Mais je ne sais pas comment.
DR LAURA : Bien sûr que si, vous venez de le faire dans votre esprit.
TINA : Vous avez raison, je l'ai fait !

Je lui ai dit de donner des baisers, et de faire des câlins et des compliments à sa fille, de lui passer la main dans le dos, de lui brosser les cheveux pour lui faire une queue de cheval. Le plus surprenant, c'est que la chose suivante qui est sortie de la bouche de Tina fut : «On m'a toujours dit que j'étais laide.» Et voilà qu'elle recommençait avec son «moi» !

DR LAURA : Eh bien, peut-être que vous l'êtes, et qu'est-ce que ça peut bien faire ? Votre fille ne vous aime pas parce que vous êtes jolie ou que vous êtes laide. Votre fille vous aime parce que vous êtes sa maman. Peu importe que vous soyez jolie ou non, à moins que vous vous inscriviez à un concours de beauté la semaine prochaine. Vous vous remettez à penser comme un aspirateur. Cela se produira ; le changement n'est ni immédiat ni sans pépins. Continuez de vous efforcer de devenir une fontaine ; et croyez-moi, Tina, lorsque les gens ont soif, ils ne se soucient pas vraiment de la beauté de la fontaine, n'est-ce pas ? Rappelez-moi dans une semaine.

Elle ne m'a pas rappelée. J'espère que cela ne veut pas dire qu'elle est complètement retournée en mode « aspirateur ». Par ailleurs, des millions d'autres ont entendu cet appel, et j'espère qu'ils s'en sont inspirés pour s'orienter dans la bonne voie.

Jeff est un de mes auditeurs qui a réagi à cet appel : *« Je suis en train d'écouter votre émission en ce moment... et plus tôt vous discutiez avec une personne qui ne savait tout simplement pas "comment être heureuse".*

« Et, plus tard, vous avez eu en ondes un homme qui était en phase terminale du cancer de l'estomac.

« Je m'étonne de voir des gens qui n'ont aucun problème de santé, financier, etc., se trouver des raisons d'être malheureux... alors que d'autres gens dans le monde doivent composer avec un cancer de l'estomac en phase terminale et d'autres maladies qui échappent à leur volonté.

« Il est grand temps que certaines personnes se réveillent, se mettent à éprouver de la reconnaissance pour ce qu'elles ont, et arrêtent de se lamenter et de se plaindre... et de se trouver des raisons d'être malheureuses. La vie est trop courte pour agir de la sorte.

« Je sais ce qu'il en est, je me suis déjà retrouvé dans cette situation... et votre émission m'a réveillé. Aujourd'hui, je choisis d'être reconnaissant et heureux chaque jour qu'il m'est donné de vivre. »

Il se peut que beaucoup d'entre vous se soient mis en colère en lisant la lettre de Jeff, protestant qu'il ne connaît pas votre douleur et qu'il ne peut pas comprendre ce que vous avez traversé. Très bien. Mais je me dis depuis longtemps : Quelle différence cela peut-il faire de savoir comment vous avez abouti dans le trou ou en quoi sont faites les parois du trou ? Il n'y a qu'un seul moyen de sortir de ce trou : Choisir d'être reconnaissant et heureux chaque jour qu'il nous est donné de vivre.

Un jeune homme de vingt-quatre ans m'a téléphoné en ondes dernièrement pour se plaindre que l'homme qu'il croyait être son père ne l'était pas.

DR LAURA : Vous voulez dire qu'un autre homme a fait un tour de passe-passe à votre mère et a levé les pieds, et que l'homme que vous avez toujours présumé être votre père vous a élevé ?

JOE : Ouais.

DR LAURA : Et ?

JOE : Je me sens trahi, et j'ai l'impression que ma vie entière n'est qu'un mensonge.

[Ça y est, on se permet de revivre un moment de son enfance malheureuse !]

DR LAURA : Vous êtes en colère contre l'homme qui vous a élevé ?

JOE : Ouais. Ils auraient dû me dire la vérité. Je me sens trahi. Il n'est pas mon père.

DR LAURA : Joe, à quoi pensez-vous ? Un gars met votre mère enceinte et s'évanouit dans la nature, vous n'êtes pas fâché contre lui et vous n'avez pas l'impression qu'il vous a trahi. Un autre gars entre en scène, épouse votre mère, vous élève comme si vous étiez sa chair et son sang, et vous lui en voulez et vous avez le sentiment qu'il vous a trahi ? Êtes-vous tombé sur la tête ? Votre vie est-elle si ennuyeuse que vous vous sentiez obligé de vous trouver des raisons de souffrir ?

JOE : Oh. Je n'avais jamais vu les choses sous cet angle-là.

Voilà mon point de vue : Une grande partie de nos souffrances reposent sur « notre perception des choses » (une attitude négative) et sur « ce que nous ne percevons pas » (la beauté et les possibilités de la vie). Personne, certainement pas moi, ne nie la réalité des sévices de différentes sortes, ni l'incidence des torts qu'ils causent à votre capacité de voir et d'embrasser le positif. Quoi qu'il en soit, il n'existe qu'un seul moyen de sortir de ce trou, et c'est en laissant entrer la beauté de la vie en vous et en vous servant de votre vie pour la faire croître.

Quelqu'un en particulier, Don, incarnait le fait d'adopter la noirceur plutôt que la lumière. Sa petite amie était morte d'une surdose le dimanche soir précédent, peut-être était-ce un suicide « non intentionnel ». Ses propres parents étaient morts tous les deux et il n'avait pas d'amis, manifestement par sa très grande faute. Il n'avait personne à qui parler, alors il m'a téléphoné en ondes.

S'il n'avait pas d'amis, m'a-t-il dit, c'est parce qu'il n'aimait pas les gens du fait qu'il ne pouvait pas leur faire confiance. Ce qu'il avait en commun avec sa petite amie, c'était cette attitude sombre et négative par rapport à la vie et aux gens.

DR LAURA : Avait-elle une attitude négative par rapport à la vie, elle aussi ?

DON : Oui.

DR LAURA : Dommage.

DON : Ouais.

DR LAURA : Avez-vous pensé au suicide ?

DON : Oui.

DR LAURA : Que pensez-vous des gens qui sont heureux, et qui ont de la famille et des amis ? Comment est-ce possible ? Comment est-ce possible que certaines personnes fassent confiance, aiment les autres, mènent une vie agréable, emmènent des enfants au jardin zoologique et tout ?

DON : J'imagine qu'ils se sentent bien dans leur peau… Je l'ignore.

DR LAURA : Pourquoi se sentiraient-ils bien dans leur peau ? Je suis certaine qu'ils ont tous eu des tuiles qui leur sont tombées sur la tête, au même titre que vous. Pourquoi se sentent-ils bien dans leur peau ? Et est-ce une exigence à remplir pour avoir une famille et des amis ?

DON : Je n'en suis pas certain.

DR LAURA : Est-ce possible que beaucoup de gens soient dignes de confiance, et que vous ayez tort à ce sujet-là ?

DON : Ouais, je peux avoir tort.

DR LAURA : Votre petite amie a trouvé un moyen de composer avec le côté négatif de la vie. Vous avez l'occasion de trouver un autre moyen… de vous joindre à des gens qui sont heureux, la plupart du temps ; personne n'est heureux tout le temps et on ne peut pas faire confiance à tout le monde.

DON : Ouais, c'est vrai.

DR LAURA : Mais beaucoup de gens sont dignes de confiance, et c'est pourquoi certaines personnes sont heureuses, car elles sont disposées à trouver qui est digne de confiance. Vous avez tout simplement décidé d'éliminer toute la race humaine… et c'est pourquoi vous pensez au suicide… mais pensez-vous vraiment que votre petite amie a eu une meilleure idée ?

DON : En se tuant ?

DR LAURA : Ouais, en se tuant ; était-ce une bonne idée ?

DON : Non, parce qu'elle m'avait dit qu'elle m'aimait.

DR LAURA : Peut-être pensait-elle ne pas pouvoir vous faire confiance. Peut-être avait-elle ce même point de vue négatif. Vous voyez ce qui se passe quand on est négatif ? Cette négativité grandit jusqu'à devenir désespérée. Vous avez ici l'occasion de négocier un virage. Vous pouvez choisir la vie, maintenant que vous avez vu ce que la solution de rechange peut vous apporter, votre petite amie n'aura plus la possibilité d'être heureuse.

J'ai demandé à Don de me ramener à une époque où il se rappelle avoir été heureux. Il a choisi de me parler du temps où, enfant, il avait un chat du nom de Calico. Je lui ai alors demandé ce qui chez ce chat le rendait heureux, et il m'a répondu en me parlant d'amour inconditionnel, sans engagement.

Je n'étais pas d'accord avec lui : « Ce n'est pas de l'amour. C'est une dépendance par les liens. Il n'existe aucun amour inconditionnel dans l'univers, sauf celui de Dieu, mais à part ça… nous devons faire des contributions à nos propres comptes d'épargne, ils ne croissent pas sans notre participation. » Il était d'avis qu'il avait la participation de sa petite amie, mais ne savait pas vraiment comment l'aider à se défaire de la haine qu'elle éprouvait envers elle-même.

DR LAURA : Elle se détestait ? Pourquoi ?

DON : Parce que sa famille la détestait. Son père l'a violée.

DR LAURA : C'est affreux. Mais vous étiez là pour l'aimer et pour être son ami. Elle vous a repoussés, vous et tous les autres, pour embrasser ce qui est affreux.

DON : Ouais.

Ayant remarqué son désir de recevoir de l'aide, je lui ai alors suggéré la possibilité de contribuer à aider quelqu'un qui embrasserait ce qu'il avait à offrir. Je lui ai proposé de retourner chez les AA et de peut-être parrainer quelqu'un ou d'aider un enfant démuni à pratiquer un sport ; justement, Don est bon au golf.

Dr Laura : Au lieu de vous complaire dans les histoires merdiques, pourquoi ne pas essayer de rendre des gens heureux par ce que vous avez à offrir ? Et, Don, vous n'avez pas besoin de vous sentir heureux ni parfait pour le faire – vous n'avez pas besoin de vous sentir totalement aimé, apprécié, validé et valorisé – vous n'avez besoin de sentir rien de tout ça pour aller faire quelque chose qui a de la valeur. Il est clair que vous avez déjà le désir de venir en aide aux gens, alors laissez cette partie de votre cœur s'exprimer librement.

À une autre auditrice, Nina, qui voulait que les gens de sa vie, y compris ses enfants, sachent qu'elle avait été agressée sexuellement lorsqu'elle était enfant, pour qu'ils « la comprennent et la connaissent mieux », j'ai dit (tenez-vous bien) : « La personne que vous êtes est celle que vous avez bâtie, et non ce que votre beau-père ou qui que ce soit d'autre a bien pu faire à vos parties génitales ! En parlant de votre sombre passé à tout le monde, vous vous mettez vous-même sur un piédestal de victime, ce qui, comme vous l'espérez probablement, amène tout le monde à se plier à tous vos désirs, à toutes vos humeurs et à tous vos sentiments, et ce qui vous permettra de vous passer toutes sortes de caprices, et vous excusera de prendre vos responsabilités d'adulte, de femme, d'épouse et de mère ! »

Je suis certaine que certains auditeurs se sont offusqués de ce conseil. Une auditrice, Nancy, m'a écrit que j'étais « froide et que je manquais de professionnalisme », et que j'avais une attitude du genre « Revenez-en ! » Elle a poursuivi en me décrivant la douleur et les problèmes que sa sœur et elle avaient vécus depuis que leur père les avait agressées sexuellement. Elle m'a dit, à juste titre, que les sévices transcendaient le cadre des actes sexuels proprement dits, qui faisaient voir tout dans la relation « par cette lunette ». Elle m'a accusée de minimiser l'incidence dévastatrice qu'ont les sévices sexuels sur tant de domaines du développement d'un enfant.

Je ne nie absolument rien de ce que Nancy m'a écrit pour clarifier l'horreur et la destruction que causent les sévices de la part d'un parent, qu'ils soient d'ordre sexuel ou autre. Par contre, je cours le risque de mal me faire comprendre lorsque j'essaie d'amener des gens à dépasser leur histoire, aussi abjects les actes perpétrés contre eux ont-ils pu être. Vous influencer de manière à vous faire aller de l'avant, et à ne plus vous définir et vous limiter en fonction de votre enfance malheureuse, ne revient pas à vous dire «Revenez-en!». Vous ne «reviendrez» jamais entièrement de votre enfance malheureuse. Ce que je veux dire, c'est que vous devez trouver le moyen de mettre votre passé ailleurs que sur vos genoux si vous voulez aller vers une vie heureuse.

Une autre auditrice, A. M., m'a également écrit en réaction à cet appel : *« J'ai aussi connu une enfance misérable et pourrie qui comprenait des sévices, mais j'ai bien ficelé et rangé ces histoires dans une boîte, et je fais en sorte que le poids de mes bénédictions garde le couvercle bien en place. »*

Cette mentalité, poétique, vaut beaucoup mieux que de garder de vieux souvenirs douloureux serrés contre sa poitrine, trop près de son cœur.

Mes amis, VOUS *N'ÊTES PAS CE QU'ON VOUS A FAIT*. Vous *êtes*, plutôt, ce que vous choisissez de faire aujourd'hui pour les autres et avec les autres.

Si vous ne saisissez pas ce message, vous ne trouverez jamais la paix et le bonheur, et vous jouerez probablement à la place des «jeux cérébraux» pendant la majeure partie, sinon la totalité, de votre vie.

C'est précisément ce que faisait une auditrice. Elle m'a téléphoné en ondes, préoccupée selon toute apparence par le fait qu'elle déversait ses insécurités sur son mari. Quelles sont ces «insécurités»?

La méfiance, m'a-t-elle indiqué, et la peur de se faire blesser.

J'ai commencé par lui indiquer que tout être humain court un risque lorsqu'il décide de faire confiance, et que tout être humain qui court de tels risques se retrouve dans l'obligation de faire face tôt ou tard à des blessures dans sa relation, même dans le cas d'une bonne relation! Je lui ai aussi rappelé que cette simple vérité de vie ne faisait l'objet d'aucune exception ni exemption.

Elle n'allait cependant pas lâcher prise ni donner dans une telle philosophie. Elle a donc poursuivi avec détermination, en déclarant qu'elle était consciente que c'était *son* problème, et qu'elle se savait péniblement désagréable, ce qui lui tapait elle-même sur les nerfs.

Ok. Je me suis prêtée au jeu et je lui ai posé des questions d'apparence standard quant aux circonstances de leur toute première rencontre, et ainsi de suite. Eh bien, vous ne croirez pas ce qu'elle m'a répondu : « Il a été infidèle à toutes les femmes qu'il a fréquentées. MAIS JE SAIS PERTINEMMENT QUE C'EST DIFFÉRENT AVEC MOI ! »

Si cette dernière affirmation ne vous frappe pas, j'ignore ce qui le fera.

« Ainsi donc, vous avez du mal à faire confiance et vous craignez de vous faire blesser, alors vous faites équipe avec quelqu'un qui a prouvé hors de tout doute qu'il n'est pas digne de confiance, mais vous savez pertinemment qu'il est digne de confiance en ce qui vous concerne, ce qui explique que vous continuiez d'avoir du mal à faire confiance ? C'est du beau, ma fille ! »

Voici ce qui explique qu'elle joue à ce jeu cérébral avec elle-même : Elle craint de se montrer vulnérable à cause de son enfance malheureuse. Elle n'a jamais appris à croire à la sincérité et à la compassion de l'amour, étant donné qu'elle s'est fait blesser en s'efforçant d'y croire. Son mécanisme de défense psychologique l'amène à garder les gens à distance. Elle a un besoin humain de proximité et de compagnie. Elle épouse un gars pour la proximité, mais quelqu'un en qui on ne peut avoir confiance, validant ainsi le fait que toute sa vie elle a tenu les gens à distance, et lui procurant aussi une sacrée bonne raison de ne pas grandir et de ne pas changer.

Il y a peut-être aussi un autre côté à la situation. Si ce gars n'a effectivement pas de liaison, alors elle aura racheté ce qu'elle considère comme étant sa propre mauvaise personne : la combinaison de « la mauvaise opinion qu'elle a d'elle-même depuis l'enfance » et son comportement actuel qui s'avère terriblement dérangeant. Autrement dit, son mari est un gars à qui on ne peut et on ne devrait pas faire confiance ; s'il se montre digne d'elle, alors elle est « spéciale », et elle est vraiment aimée, ce qu'elle n'a jamais pu ressentir de la part de ses parents.

Peu importe comment se dérouleront les choses, elle reste envahie par son passé, ce qui n'est pas actuellement un mode de vie constructif, surtout avec une fille de deux ans et demi qui doit continuellement composer avec une mère hystérique.

Mon dernier conseil, bien qu'insatisfaisant pour les deux, consistait à l'amener à s'obliger à se comporter de manière plus positive pour le bien de son enfant, que j'espère ne pas entendre me raconter la deuxième partie de cette histoire dans quinze ans : *son* enfance malheureuse.

Celui-ci et d'autres types de jeux cérébraux ont tous pour but de garder le *contrôle*. Ce que vous n'êtes pas parvenu à contrôler durant votre enfance malheureuse, vous le contrôlez durant votre vie d'adulte, en pensant que vous parviendrez ainsi à connaître une vie heureuse. Mais vous avez tort !

Amber, une auditrice, s'est vraiment réjouie d'apprendre que je travaillais au présent livre. Elle m'a écrit qu'elle s'était presque esclaffée en constatant qu'on aurait dit que j'abordais les thèmes de sa propre vie. Elle avait eu pour mère une adolescente en fugue et pour père un membre de gang qui l'avait recueillie dans les rues de l'est de Los Angeles vers la fin des années 1960. Elle n'a jamais connu son violent « donneur de sperme » (par opposition à son véritable père) parce que sa mère s'est enfuie avec elle. Après un mariage raté, sa mère s'est remariée et l'est restée pendant six ans, période durant laquelle Amber a découvert que son beau-père n'était pas son père. Après cela, sa mère n'a plus cessé de faire la fête dans la culture toxicomane des années 1970 : drogues, alcool, pornographie, sexe libre.

« *Ce qui m'a donné le plus de fil à retordre, ce sont les hommes qui passaient sans cesse par la maison, et par son lit. Je détestais entendre ça. Je détestais voir ça. Je détestais… sentir ça. Elle couchait avec des hommes pour l'argent, pour l'approbation, pour le plaisir. Il m'arrivait parfois de dormir dans son lit quand elle était sortie, dans l'espoir de l'empêcher d'en ramener un autre à la maison. Ces soirs-là, ils allaient tout simplement dans mon lit. Par la suite, je devais laver mes draps souillés et les vêtements que j'y trouvais. C'est ainsi que j'ai découvert le sexe et l'intimité. Je me sentais complètement désespérée, seule et affolée.* »

Sa mère a continué de se livrer ainsi aux drogues, à l'alcool et à la rage. Elle était très instable, et a souvent agressé Amber physiquement. Il arrivait parfois que la mère d'Amber vienne dans sa chambre et lui dise : « J'ai rien qu'envie de te battre. » Elle lui disait qu'elle rêvait du jour où elle serait débarrassée d'elle. Au cours de ses premières années de lycée, Amber est rentrée de l'école pour trouver une maison sens dessus dessous et pratiquement vide ; sa mère avait foutu le camp. *« J'étais soulagée de savoir que je n'allais pas me faire battre ce soir-là. Je me sentais un peu plus en sécurité dans la maison. Néanmoins, son égoïsme m'a mise en colère et, ironiquement, je me suis sentie abandonnée également. »*

Bien que les comportements de sa mère l'aient dégoûtée toute sa vie, elle s'est mise à emprunter le même chemin qu'elle, celui des drogues, de l'alcool et du sexe. *« Ce furent des années casse-cou et sombres. Ma vie se résumait à passer d'une journée à la suivante. Je ne mangeais pas beaucoup et j'étais souvent malade. Tout ce qui comptait pour moi, c'était de faire la fête, et d'essayer de trouver la satisfaction et l'acceptation dans des relations sans avenir. J'ai cherché à remplir ma vie par ces choses-là, mais ça n'a servi qu'à me faire me sentir vide, misérable, et rongée par la culpabilité et la honte. »*

À l'université, sa vie a changé. Elle s'est mise à aller à l'église et, en suivant les concepts chrétiens qui conduisent à des actions et à des choix moraux, elle a trouvé la paix, le moyen de se pardonner ses anciens comportements débridés et une énorme gratitude pour *« ce miracle de vie »*.

Toutefois, ses problèmes n'étaient pas tous résolus. Voici où le problème du contrôle entre en scène. Comme elle a connu une enfance difficile et qu'elle a grandi sous l'influence du mouvement féministe des années 1970 et 1980, elle n'a pas acquis beaucoup de respect et d'appréciation pour les hommes. Étant donné qu'elle n'avait jamais pu vraiment compter sur quelqu'un pour prendre soin d'elle lorsqu'elle était toute jeune, elle est devenue autonome à outrance. Cela lui a bien servi lorsqu'elle était à l'université, mais n'a pas eu une incidence très positive sur son mariage à l'âge de vingt-quatre ans.

Une fois mariée, elle s'est mise en tête de tout prendre en main : Elle voulait contrôler et, dans son esprit, elle était la seule à pouvoir faire les choses correctement. Elle se plaignait toujours lorsque les choses n'étaient pas faites à sa manière.

Sept ans plus tard, elle s'est lassée d'être toujours vigilante et négative. C'est à peu près à cette époque qu'elle a commencé à écouter mon émission. *« En suivant les conseils que vous donniez dans votre émission de radio, j'ai appris petit à petit à renoncer au contrôle. Même maintenant, ces mots ont teeeeeellement bon goût! Renoncer au besoin de contrôler! Heureusement, j'ai épousé un gars FORMIDABLE. Sans exagérer, c'est un HOMME doux, gentil, fidèle, honnête et aimant. Alors, quand j'ai dû apprendre à renoncer au besoin de le contrôler,* mes *antécédents et* mon *entêtement m'ont rendu la tâche si difficile.*

« *Nul besoin de vous dire qu'à force de temps et d'efforts je suis devenue une autre femme, merveilleusement heureuse et follement amoureuse. Mais ce processus a donné lieu à des ramifications qu'il m'était impossible de prévoir. Comme je pouvais voir des résultats si tangibles en moi-même – les sentiments que j'éprouvais envers mon mari et son comportement envers moi –, cette prise de conscience tangible m'a aidée à renoncer également au besoin de m'accrocher à mon passé.*

Amber a terminé sa belle lettre en me disant qu'elle était reconnaissante envers Dieu de ce qu'il nous avait accordé à tous le libre arbitre, car elle est LIBRE de CHOISIR sa vie plutôt que de crouler sous le fardeau d'avoir à perpétuer le cycle des abus ou à se servir du passé comme prétexte pour user de faiblesse.

Soit dit en passant, Amber est mère au foyer, elle enseigne à ses deux garçons à domicile, et est en train d'adopter des enfants qui ont subi des sévices et qui ont été négligés. Comment trouver plus beau, plus satisfaisant et plus rempli d'amour? De toute évidence, Amber a découvert que de passer sa vie entière à tenter d'améliorer le passé réduit nos chances d'avoir un avenir heureux. Le fait d'ouvrir votre cœur, de courir les bons risques, et de regarder en face les blessures et les déceptions que génère même la vie la plus heureuse, vous apportera la paix et l'amour.

« Les jeux cérébraux » et « le besoin de contrôler » ne constituent pas les seules techniques « centrées sur le passé » auxquelles les gens s'attachent tant, en se demandant pourquoi ils n'arrivent pas à trouver l'amour. Le « perfectionnisme » est une technique type pour tenter de surmonter le passé tout en détruisant son présent.

Rebecca, une auditrice, m'a écrit au sujet de ses combats par rapport au perfectionnisme résultant de son enfance malheureuse. Elle m'a écrit: « *J'entends souvent des auditeurs vous dire comment ils se sont fait maltraiter durant l'enfance et qu'ils ne savent pas comment être heureux maintenant qu'ils sont adultes.* » Elle voulait faire profiter les autres de son expérience, de sa force et de son espoir en apportant sa contribution au présent livre. Elle espérait ainsi aider des gens à devenir aussi heureux qu'elle l'est aujourd'hui, après avoir passé dix-huit années misérables dans un foyer où les sévices étaient monnaie courante.

Son père maltraitait, verbalement et physiquement, tous les membres de la famille. Sa mère le regardait faire sans intervenir, se contentant de gémir pendant que les enfants se faisaient tous battre, frapper, étrangler et même poignarder. Son frère s'est jeté à corps perdu dans le monde de la drogue. Rebecca est devenue la Petite Mademoiselle Parfaite, qui tentait de sauver son frère, et d'empêcher son père de se mettre en colère et sa mère de sombrer encore plus dans la tristesse.

Lorsqu'elle a eu dix-huit ans, elle en a eu assez des mauvais traitements, des secrets et des comportements ignobles de sa famille. À un moment donné, elle a convaincu sa mère de partir avec elle. Cela n'a pas duré longtemps ; comme on aurait pu le prévoir, sa mère est retournée auprès de son père. Rebecca a rencontré un gars dont elle « est tombée amoureuse ». Malheureusement, il était trop semblable à son père par sa personnalité et son comportement.

« J'étais si misérable à m'évertuer de dire "la bonne chose" pour le faire arrêter et m'aimer. Ça vous rappelle quelque chose ? Ma vie malheureuse, le sentiment de ne pas avoir de valeur, de ne pas être assez jolie, intelligente, drôle, osée ou classe, etc. me venait, comme je l'ai découvert chez Al-Anon, d'avoir vécu dans une famille aux prises avec l'alcoolisme.

Chez Rebecca, comme c'est le cas de tant d'autres gens qui ont eu une enfance malheureuse, le processus de pensée sous-jacente les amène à se dire que, si elle était assez bonne à « quoi que ce soit », elle pourrait remettre les gens de son entourage sur les rails, et vivre en paix et dans l'amour. Vous cherchez constamment des moyens de régler les problèmes des autres et vos échecs vous contrarient, ce qui a pour effet d'empirer votre opinion de vous-même.

« Toute ma vie, je n'ai jamais eu à m'examiner moi-même. J'ai passé ma vie concentrée sur ce que les autres faisaient ou ne faisaient pas, disaient ou ne disaient pas, pensaient ou ne pensaient pas, etc. Je consacrais beaucoup de temps et d'énergie à me soucier du passé et de l'avenir ; aujourd'hui, je vis dans le PRÉSENT. »

Le grand problème avec le perfectionnisme, c'est la tyrannie qu'il entraîne. Rebecca, par exemple, se retrouvait en train d'engueuler un vendeur et de faire une scène dans un grand magasin si elle éprouvait un sentiment qui lui rappelait le moindrement ce qu'elle ressentait sous le toit de ses parents. Elle rejetait la responsabilité sur les autres lorsque des situations ne tournaient pas comme elle le voulait, parce qu'elle ne pouvait tolérer de se percevoir autrement que comme étant parfaite; sinon, selon sa pensée faussée, toute sa vie de mauvais traitements lui aurait été imputable, à elle et à personne d'autre!

Avec l'aide d'Al-Anon, elle a rectifié son attitude par rapport au perfectionnisme, en acceptant les réalités d'aujourd'hui telles quelles et en s'y adaptant. Par conséquent, elle est en mesure de fréquenter un homme équilibré et bien avec qui elle espère un jour fonder un bon foyer.

Ruth m'a téléphoné en ondes en décembre 2004. Je me rappelle lui avoir alors donné du fil à retordre, en lui disant que d'exiger la perfection de ses enfants était une forme de mauvais traitements qu'elle leur faisait subir. Ça alors! Parlez-moi d'une bombe! Bien sûr, ces appels téléphoniques commencent tous de la même manière: L'auditeur se concentre sur ses propres sentiments et ses propres besoins en matière d'amour, tout en semblant aveugle à ce que cette obsession peut vouloir signifier pour ceux de son entourage et qui lui sont soi-disant chers.

Ruth rationalisait et justifiait le fait d'être dure avec ses enfants, qu'elle obligeait à se conformer à ses attentes et à ses exigences, en se disant: «J'agis au mieux de leur intérêt. Je le fais pour eux.» FAUX. Elle le faisait au nom de sa famille perturbée d'origine! Voici comment cela se passe: Si vous pouviez être parfaite, alors vos parents seraient heureux et vous seriez aimée. Cela n'a pas fonctionné, alors l'étape suivante consiste à faire en sorte que vos enfants soient parfaits, tout cela pour atteindre le même but impossible à atteindre. Cela devient de la cruauté. En bout de ligne, tout votre entourage doit satisfaire votre ego écorché, sans quoi vous sombrez dans le désespoir de votre enfance. S'ils ne vous renvoient pas l'image de vous-même que vous exigez désespérément de leur part, soit que vous deveniez méchant ou déprimé, ou les deux.

Croyez-le ou non, j'ai eu beaucoup de mal même à lui faire admettre qu'elle avait eu une enfance malheureuse. Comme beaucoup d'entre vous, elle vivait sa vie en réagissant constamment à son enfance, mais toujours en niant complètement ce qu'avait été cette enfance. Elle ne voulait tout simplement pas admettre la vérité concernant sa vie ni la regarder en face. Si elle le faisait, elle aurait à composer avec énormément de douleur qu'elle s'était évertuée à éviter, ainsi qu'avec la nécessité de se montrer objective par rapport à ce qu'elle faisait maintenant subir à ses proches.

Le jour même où nous nous sommes entretenues en ondes, elle m'a écrit la note suivante :

« Merci du temps que vous m'avez consacré aujourd'hui. Je vous ai téléphoné cet après-midi pour vous demander comment surmonter mon besoin de plaire à tout le monde et de passer pour « parfaite » à leurs yeux. Il m'est apparu clairement que le vrai problème, c'était le genre de mère que j'étais pour mes enfants.

J'ai réfléchi à notre conversation pendant une heure, et je tiens à vous faire savoir que je comprends. Oui, c'est vrai que j'ai eu des parents méchants, et oui, il se peut que je sois un peu écorchée. Mais je réalise maintenant que mes propres actions relèvent de ma volonté. Il se peut que je n'aie pas de contrôle sur mes sentiments, mais je choisis à chaque instant quoi faire et quoi dire.

Les sévices que m'ont fait subir mes parents quand j'étais enfant m'incitent peut-être à me sentir d'une certaine manière, et à vouloir sortir les griffes et critiquer mes enfants, mais rien de ce qu'ils ont pu faire ou ne pourront jamais faire ne pourra m'enlever le contrôle que j'ai sur mes propres actions. Quand je suis méchante envers mes enfants, c'est parce que je choisis d'être méchante. Et il est grand temps que je fasse de nouveaux et de meilleurs choix.

Merci de m'avoir aidée à prendre conscience de mon propre pouvoir, ainsi que de mes limites. J'espère qu'avec le temps et la maturité, les sentiments que je m'inspire à moi-même et que m'inspirent mes enfants s'amélioreront. Mais, d'ici là, je vais FAIRE LA CHOSE À FAIRE peu importe comment je me sens.

Jolene m'a téléphoné en ondes en se demandant si elle avait été trop écorchée par son éducation et ce qu'elle avait traversé pour pouvoir vraiment aimer et se faire aimer. Ils se croient, son mari actuel et elle-même, si affamés d'amour qu'aucun d'eux ne pourra jamais connaître de satisfaction.

DR LAURA : Lequel préférez-vous, les biscuits ou les bonbons ?

JOLENE : (en riant) Oh, les biscuits !

DR LAURA : Si je vous donnais un million de biscuits et que vous deviez manger tous ces biscuits, en éprouveriez-vous réellement du plaisir ?

JOLENE : Non.

DR LAURA : Si vous mangiez, disons, deux biscuits, vous emballiez les autres et vous vous mettiez à les donner à des gens, et qu'ils vous disaient : « Ooh, aah, merci », pensez-vous que vous en éprouveriez plus de plaisir ?

JOLENE : Du fait de *donner* les biscuits après avoir mangé les miens ?

DR LAURA : Voilà l'ennui avec les gens affamés : Ils croient que le seul moyen pour eux de se sentir bien consiste à manger. Ce serait probablement le cas si vous étiez un guppy, mais les êtres humains ont tendance à tirer plus de satisfaction du fait de donner. Alors, si l'on passe son temps à dire : « J'ai faim, par conséquent, il faut juste que je continue de me gaver... »

JOLENE : C'est vrai. Et j'ai tellement peur de... de lui dire ce que je ressens pour lui parce que je n'en suis même pas sûre. J'ai peur de devenir alors la serpillière qu'il peut piétiner à sa guise parce qu'il aura de l'ascendant sur moi.

[Voilà le nœud du problème pour vous tous qui exprimez la peur de donner : Que tout ce que procure la vulnérabilité, ce sont des blessures, le type de blessures que vous avez subies durant l'enfance.]

DR LAURA : Et alors, que se passera-t-il ? Quelle est la pire chose qui pourrait vous arriver après que vous vous serez fait blesser ? Vous mourrez ?

JOLENE : Non. Je me retrouverais seule ou personne ne s'occuperait plus de moi.

DR LAURA : En quoi est-ce différent de ce que vous vivez actuellement ?

JOLENE : En rien. C'est vrai. Je n'avais jamais vu les choses sous cet angle-là.

N'est-ce pas étrange de constater que ce que vous avez évité depuis toujours, c'est précisément ce que vous avez créé par vos craintes et votre manie d'éviter les choses? Ça alors!

Quelle est l'étape suivante? Vous comporter COMME SI vous croyiez en l'amour, la gentillesse, la fidélité, la sérénité, la sécurité, l'intimité… et ainsi de suite. Autrement dit, choisir de vous comporter à l'opposé de ce que vous ressentez, en réalisant que cela vous amènera à faire confiance, à donner et à user de souplesse de caractère.

Faire confiance, c'est une décision, et non une humeur, qui ne s'accompagne pas d'une garantie.

Le don est un acte d'amour, libre de toute exigence.

La flexibilité est une question de survie.

Vous remarquerez que je ne parle pas de *changer ses sentiments* en guise de premier pas à faire. Je me fais souvent mal comprendre par rapport à ma position concernant les «sentiments». On a tendance à me décrire comme étant quelqu'un qui ne croit pas aux sentiments (je l'ai entendu dire une fois à l'émission de télé 20/20), ou des auditeurs me disent: «Oh, je sais que vous n'aimez pas les sentiments.» Cette confusion vient du fait que j'insiste pour que les gens se conduisent correctement en dépit de leurs sentiments. Je pousserai souvent un auditeur à me dire les faits, les responsabilités et la bonne conduite à adopter en lui disant: «Je ne vous ai pas demandé quels étaient vos/leurs sentiments, je vous ai demandé ce qui a été dit ou fait en réalité, ou ce qu'une personne mûre et responsable devrait faire.»

Si vous vous attendez à ce qu'un sentiment particulier s'empare de vous en vous libérant et en vous mettant automatiquement à l'aise, de manière à ce que votre confiance devienne totale, oubliez ça. Si vous vous concentrez sur *vos* propres sentiments dans le contexte de toutes vos relations importantes, vous n'obtiendrez jamais ce dont vous avez besoin. Si vous ne ployez pas sous les réalités actuelles parce que vous vous défendez encore avec rigidité contre les menaces de votre vie durant votre prime jeunesse, vous casserez à tout coup.

Voici quelques citations utiles qui vous inspireront, je l'espère, provenant de quelques-uns de mes auditeurs et portant sur le sujet des sentiments qui motivent certains comportements:

« J'ai eu du mal à vaincre ma peur de me retrouver seule, ma peur de tout perdre, ma peur de n'être aimée de personne, et je manque

terriblement de confiance en moi. Je me suis démenée avec la honte d'avoir échoué mes mariages et tant d'autres choses.

« J'apprends à me conduire de manière positive et convenable, et à bien me comporter dans la vie. J'apprends à ne pas me laisser guider par mes sentiments, mais plutôt par la bonne chose à faire. J'ai redéfini le sens de ma vie, et j'ai décidé d'être un exemple pour ma fille.

« Le conseil que j'ai à donner à quiconque est encore mal pris avec une vie chaotique ou horrible, c'est de réaliser que les choses peuvent être différentes. Même si vous ne pouvez pas le ressentir encore, croyez-le et mettez-vous à agir en conséquence. Chaque jour, votre émission de radio m'a apporté un soutien, m'a encouragée pendant trois heures et m'a guidée par des conseils. J'ai gardé votre livre intitulé How Could You Do That?! *sur ma table de chevet pendant un an, pour en lire et en relire les diverses parties. C'est à cette époque de ma vie que je me suis mise à penser à faire "la bonne chose", et non simplement la chose facile à faire ou la chose qui me faisait me sentir bien dans ma peau. J'ai fait passer mon fils avant moi et je me suis mise petit à petit à adopter des comportements plus moraux. À certains égards, ce changement n'a pas été facile, mais à mesure que les changements se sont opérés et que le chaos de ma vie a commencé à faire place à une paix plus riche et plus substantielle, j'ai cessé d'avancer sur la pointe des pieds pour me mettre à courir à toute allure. Pourquoi personne ne m'avait jamais dit à quel point la vie pouvait être merveilleuse ? Faire la bonne chose ne revient pas à se priver de quelque chose, mais à s'accorder la plus belle des récompenses !*

« J'ai cessé d'aller aux réunions des Enfants adultes d'alcooliques après un certain temps parce que je trouvais qu'on s'y concentrait trop sur "le problème" et que je voulais que ma vie soit axée sur "la solution". J'ai encore de la difficulté à garder les yeux fixés sur ce qu'il y a de bon, et non de mauvais, dans la vie. Je ressens encore le besoin d'être parfaite ou rien du tout. J'ai fini par commencer à comprendre qu'on n'a pas à se sentir mieux pour se comporter mieux. Comme vous l'avez souvent dit, Dr Laura, les sentiments suivent les bons comportements.

« J'ai dû combattre de mauvaises pensées à mon propre sujet, à cause de ce qu'on m'a dit directement ou indirectement quand j'étais

enfant, et mon attitude envers les hommes que j'en suis venue à con-
sidérer comme des ennemis en raison des choix et des nombreux amants
de ma mère. Mon comportement reflétait mes attitudes. Résultat : j'avais
beaucoup de difficulté à faire confiance aux gens, surtout aux hommes.
J'ai eu aussi du mal à surmonter les peurs que je m'infligeais moi-même :
d'être seule, d'être un échec ambulant et de ne jamais avoir de relation
saine du fait que je me percevais comme une marchandise endommagée.

« Je me suis simplement réveillée, un jour, lasse d'avoir le sentiment
de n'avoir aucune valeur. J'ai regardé dans les yeux de ma précieuse fille
et je me suis dit que J'ÉTAIS UNE PERSONNE AYANT DE LA VALEUR,
d'abord à ses yeux, puis à mes propres yeux. J'ai réalisé que, si je voulais
avoir de la valeur, je devais me comporter en conséquence, pour le bien
de ma fille et pour le bien de mon âme. »

Si vous avez pour but de mener une vie heureuse, alors le moyen
de l'atteindre consiste à l'accepter : VOUS devez aller vers les autres ;
VOUS devez courir les risques que cela comporte ; VOUS devez faire
face aux bosses naturelles sur le chemin de la vie avec une plus grande
sérénité ; VOUS devez arrêter d'interpréter tout ce qui vous met mal à
l'aise ou qui est déplaisant en fonction de votre enfance malheureuse,
plutôt que comme étant simplement le prix à payer pour vivre la vie ;
VOUS devez arrêter d'éclabousser les autres de vos peurs et de vos
blessures ; VOUS devez vous permettre de jouir des bénédictions de la vie ;
VOUS devez accepter que ni vous, ni les autres, ni la vie ne peuvent être
ni ne seront parfaits ; VOUS devez être prêt à vous joindre à toute l'humanité dans sa quête de paix, d'amour et d'une raison de vivre.

Ainsi donc, mes amis, la réponse à la question que pose le titre du
présent chapitre, « Comment gagner l'amour d'une personne ? », devrait
être claire : *Aimez.* Rien d'autre ne vous satisfera davantage.

Huit

LE VOYAGE D'UNE VIE HEUREUSE

Ce qui est arrivé est arrivé. C'est trop facile de se complaire dans l'apitoiement sur soi-même. J'ai décidé de devenir meilleure que le monstre et de remporter la bataille. Une grande partie de ce qui m'est arrivé n'est pas de ma faute. La manière dont j'y réagis relève par contre de ma responsabilité.

—Teresa, une auditrice

Ce fut un voyage long et difficile qui en aura valu la peine... J'ai une vie merveilleuse et satisfaisante pour laquelle je suis si reconnaissante.

—Leah, une auditrice

J'ai aujourd'hui 31 ans, et bien que mes pensées et mes sentiments profonds et ma haine de moi-même me donnent encore parfois du fil à retordre, je sais qu'il n'en tient qu'à moi de choisir comment je veux me comporter. C'est très facile pour moi de retomber dans la négativité et la méchanceté, mais je sais que si j'agis « comme si », les choses seront tellement plus merveilleuses.

—un auditeur anonyme

Le voyage d'une vie heureuse qui fait passer du statut de victime à celui de conquérant n'est pas une glissade sur la glace, et ne vous conduira pas dans un endroit magique caractérisé par le bonheur à l'état pur et l'absence totale de stress. Le voyage d'une vie heureuse est asymptotique, ce qui veut dire en langage mathématique qu'il décrit une courbe qui se rapproche continuellement, sans toutefois jamais l'atteindre vraiment, d'une destination libre de tout souvenir horrible et des défis courants qui en résultent.

De grâce, ne laissez pas ces deux facteurs de vie vous décourager ; le fait de baigner jusqu'à la taille dans une vague chaude et douce par une journée ensoleillée, vous laissant caresser par une brise fraîche, constitue néanmoins une expérience incroyable, en dépit de toutes les marées et de tous les courants, du caractère inévitable des nuages intermittents, de la pluie, des grands vents, ainsi que de l'inconfort temporaire qu'occasionnent les variations de température.

Autrement dit, le voyage d'une vie heureuse ressemble moins à une cure complète et plus à un défi quotidien qui vous amènera à composer avec les symptômes, afin de veiller à ce que « la maladie de votre passé » n'infecte plus votre vie entière. Si vous choisissez, et il s'agit bien d'un choix en fin de compte, de ne pas faire le voyage d'une vie heureuse, votre vie deviendra un disque rayé.

Une femme qui m'a téléphoné récemment en ondes a fait la démonstration du genre de vie qu'engendre ce syndrome du disque rayé. Karen a quarante-sept ans, est divorcée depuis peu et se plaint d'être devenue « quelqu'un qui a l'horrible manie de toujours tout remettre au lendemain » et qui compte maintenant sur sa fille adulte pour s'occuper de toutes ses affaires.

DR LAURA : Depuis quand ?

KAREN : Hum, ah, eh bien… seulement depuis… je dirais environ, en fait… probablement depuis mon divorce (en soupirant), qui remonte à environ dix ans.

DR LAURA : Alors, vous ne prenez pas soin de vous, et vous comptez continuellement sur quelqu'un pour s'occuper de vous, et cela ne se produit tout simplement pas ?

KAREN : J'étais mariée à quelqu'un qui était parti la plupart du temps et c'était moi qui m'occupais des finances, du ménage et des enfants ; je gérais tout. Il partait pendant trois ou six mois à la fois. Alors, je, je, j'imagine qu'après mon divorce je, j'ai, eh bien, je, je, j'ai tout simplement arrêté… de m'en soucier.

DR LAURA : Je dirais que vous avez attendu toute votre vie que quelqu'un s'occupe de vous. Et cela semble contre-productif d'épouser quelqu'un qui non seulement ne s'occupe pas de vous, mais encore qui est même rarement là ! Vous me donnez l'impression d'éviter la chose même que vous dites vouloir, mais que vous êtes trop mal à l'aise pour avoir et que vous redoutez trop de finir par perdre. J'imagine que vous en êtes venue à bien prendre soin de vous à un très jeune âge. Alors vous avez fait ce qui vous était connu : vous avez épousé vos parents. Ramenez-moi à l'époque où vous aviez sept ans et dites-moi comment les choses se passaient chez vous.

KAREN : (en riant) Sept ans, ça alors ! Nous étions plutôt abandonnés à nous-mêmes, vous savez. Mon père et ma mère étaient occupés. Mon père travaillait le soir, alors je ne le voyais jamais. Et ma mère était occupée à prendre soin de tous les enfants. Et nous n'avions pas beaucoup d'attention personnelle.

DR LAURA : Et puis vous avez épousé un gars pour donner une suite à cette histoire. Et vous avez encore très envie d'avoir de l'attention. Cependant, à l'heure actuelle vous faites de la décompensation, et vous renoncez à toutes les compétences et à toutes les responsabilités que vous avez acquises en tant qu'adulte, dans une ultime tentative pour amener quelqu'un à prendre soin de vous. Vous ressentez encore la faim émotionnelle que vous aviez à sept ans.

KAREN : Je suis vraiment dans une impasse.

DR LAURA : Vous êtes captive de vos anciennes douleurs.

KAREN : Eh bien, est-ce que ce n'est pas un peu ridicule de se sentir comme ça à quarante-sept ans ?

DR LAURA : Ridicule, non. Triste, oui.

Je lui ai demandé de réfléchir à tout ça pendant environ deux jours et de me rappeler ensuite. Elle avait bien des choses auxquelles faire face et à considérer sous un autre jour. Elle m'a bel et bien rappelée, avec un ton de voix beaucoup plus énergique et beaucoup plus positif. Elle m'a avoué avoir trouvé très difficile de saisir le concept selon lequel elle souhaitait encore que sa mère et son père prennent soin d'elle, mais qu'elle avait décidé d'y réfléchir longuement et de commencer à mettre ses pensées par écrit. À ce stade-là, les sentiments et les idées se sont mis tout simplement à lui venir.

KAREN : Les quatre points les plus importants qui me sont venus à l'esprit quand je réfléchissais à ce qu'était ma vie à sept ans sont… Je ne me sentais pas liée à mes parents, ni à aucun de mes frères et sœurs. Nous avions tous quatre ans de différence, et ce sont là des années qui comptent quand on est jeune. Mes parents me semblaient très difficiles à aborder. Je ne pouvais pas juste aller leur parler d'un problème ou de quoi que ce soit. Et j'avais plutôt l'impression de devoir être invisible, sans quoi je m'attirerais des ennuis. Je voulais être la bonne fille ; alors si je me rendais invisible et me tenais tranquille, et que je n'attirais l'attention de personne, j'étais donc une bonne fille.

Mais je crois que le plus important, c'est que certaines choses traumatisantes me sont arrivées quand j'étais enfant et que mes parents auraient dû prendre ma défense ou se battre pour moi ; j'en éprouve une pointe de ressentiment.

[Juste quand on pensait que le ciel se dégageait enfin complètement…]

Mais je ne vois pas en quoi c'est lié au fait que j'éprouve encore le désir qu'ils prennent soin de moi à quarante-sept ans.

DR LAURA : Vous ne le voyez pas ? En remettant toujours vos responsabilités au lendemain, vous cherchez à *forcer* votre fille, vos amis et tous les autres à prendre soin de vous comme un parent prend normalement soin d'un enfant sans défense et dépendant. À quarante-sept ans, vous forcez autant de gens que possible à vous servir de mère.

KAREN : Mais je comprends que cela ne se produira jamais.

DR LAURA : Oui, je sais que vous le comprenez, mais sur le plan émotionnel vous ne voulez pas lâcher prise.

Je lui ai ensuite servi un mini-exposé portant sur la nécessité de donner comme étant le secret pour obtenir. Je lui ai expliqué que toute sa vie est centrée sur ce qu'elle n'a pas obtenu et sur ce qu'elle souhaite maintenant avoir afin de compenser ce qu'elle n'a pas obtenu… et c'est pourquoi ses relations sont mauvaises. Toutes les personnes qu'elle côtoie aujourd'hui, elle les fréquente uniquement dans le contexte personnel de son désir d'avoir un hier. Je lui ai dit que la seule solution à son dilemme consistait à donner. Je lui ai demandé d'y réfléchir et de me rappeler le lendemain.

Elle m'a rappelée et, bonté divine, ce qu'elle avait bien compris !

KAREN : Hier, vous m'avez dit que le seul remède que vous connaissiez pour moi, c'était de donner. Et vous vouliez que j'y réfléchisse et que je vous rappelle. Alors, après y avoir longuement réfléchi, j'en suis venue à la conclusion, et j'ignore si je suis sur la bonne voie ici, que, lorsque vous parlez de «donner», vous voulez peut-être dire, hum, donner les choses dont j'ai le plus privé les gens comme la confiance, la tendresse et faire passer les autres avant moi.

[ALLÉLUIA !!!]

Étant donné que ma mère et mon père m'ont manqué, j'ai essayé de combler le vide que je ressentais et les besoins qui en découlaient en prenant. Mais peut-être qu'au contraire je comblerais mieux ce vide en donnant.

La deuxième partie de ça, c'est que je réalise qu'en remettant tout au lendemain je me dis : «À qui d'autre que moi est-ce que ça fait du tort ?» C'est moi qui me mets les pieds dans les plats, ici, m'enfonçant toujours plus dans le pétrin, et j'ai réalisé que c'était très égoïste de ma part. Je veux dire que beaucoup de gens sont affectés par le fait que je remets toujours tout à plus tard, comme tous les gens à qui je dois quelque chose. C'est donc très égoïste de ma part. Or, je ne m'étais jamais considérée comme quelqu'un d'égoïste.

DR LAURA : Parce que vous étiez absorbée dans le besoin de garder l'espoir qu'on s'occupe de vous comme un parent s'occupe d'un enfant.

Karen : Ouais, et vous m'avez demandé aussi quand ça a commencé. Je vous ai répondu qu'il y avait dix ans, après le divorce. Mais en y réfléchissant, j'ai toujours tout remis au lendemain. Mon problème a seulement empiré après le divorce. J'ai des gros changements à faire ; j'ai été comme ça toute ma vie. À force d'ériger ces murs-là, que je sais avoir – je ne laisse pas les gens entrer – ces murs sont devenus solides, et…

DR LAURA : C'est la peur qu'on ne prenne pas soin de vous qui fait la guerre en vous au besoin qu'on prenne soin de vous. «Je vais toujours tout remettre au lendemain, être démunie et tout ça pour que les gens prennent soin de moi ; par contre, je veux bien être pendue si je leur permets de s'approcher de moi, parce que je ne veux plus être déçue.» C'est une vie infernale.

Je lui ai suggéré de passer de l'enfer au purgatoire en moins d'une semaine, et que le seul endroit où aller à partir de là, c'était au ciel !

Une autre auditrice m'a téléphoné. Cette femme de vingt-cinq ans était mariée et avait une fille de deux ans. Elle voulait savoir si, comme beaucoup de ses amis et de ses proches le lui avaient soi-disant suggéré, elle devait écrire un livre au sujet de son enfance malheureuse dans le but de soulager toutes ses souffrances. En surface, cela peut sembler ne pas être une pensée ou une question particulièrement inhabituelle. Fait intéressant, toutefois, bien qu'elle soit restée en ligne pendant plus d'une heure et demie pour me parler en ondes elle a répondu à mes salutations « d'une voix étranglée » et en pleurant. Pour être franche, je n'ai pas cru à ses larmes.

Au début, cette femme a attribué certains de ses handicaps physiques à l'alcoolisme de sa mère. Je lui ai dit que je n'étais pas médecin, et que j'ignorais que les syndromes qu'elle mentionnait pouvaient être liés à l'alcoolisme de sa mère, et qu'elle grossissait peut-être un peu les faits en rendant sa mère responsable de certains de ses défis physiques. Je lui ai demandé si elle souffrait du syndrome d'alcoolisme fœtal. Elle m'a répondu que non.

Je lui ai demandé si le fait d'écrire l'histoire de sa vie à vingt-cinq ans, dans laquelle elle détaillerait les souffrances que lui ont causées les comportements de sa mère, ne serait pas un peu prématuré, étant donné qu'elle ne possédait pas une grande compréhension du milieu et de la fin de l'histoire ! Je me suis demandé également à voix haute si elle inclurait tous ses comportements inconvenants et blessants, soit envers elle-même ou envers d'autres, qui sont susceptibles de résulter de ses luttes et de ses défenses intérieures. C'est là où la conversation a pris un tournant.

Elle s'est mise en colère parce que le projecteur se détournait de sur sa mère pour se porter sur elle-même. Alors, qu'est-ce que j'ai fait ? Je l'ai poussée plus encore, en lui rappelant qu'elle a un mari merveilleux qui l'aime et qui lui est dévoué en dépit de ses maladies physiques, et qu'elle a une petite fille qui la considère comme une déesse. « Vous savez, ai-je poursuivi, je crois que deux choix s'offrent à vous : soit que vous choisissiez d'être l'enfant meurtrie et blessée de votre mère, soit que vous choisissiez d'être la merveilleuse femme de votre mari et la

Lorsque j'étais en formation pour devenir thérapeute conjugale, familiale et pédiatrique, j'avais une cliente qui passait chaque séance à pleurer toutes les larmes de son corps, y compris à se vider les sinus ! Elle utilisait une boîte complète de papiers-mouchoirs par rendez-vous. Elle empilait les mouchoirs usagés sur ses genoux et ne les jetait à la corbeille qu'une fois la séance terminée.

Au bout de quelques semaines, j'ai rapporté à mon supérieur que je n'étais peut-être pas faite pour la profession, étant donné que je n'éprouvais aucune sympathie pour cet étalage constant de doulleur. Il m'a demandé si je m'étais sentie aussi indifférente en présence de tous les gens avec qui je travaillais. « Non, lui ai-je répondu, seulement avec elle. » Il m'a alors expliqué que sa « douleur » ne trouvait pas écho en moi parce que cette douleur était probablement inexistante !

Après y avoir réfléchi, j'ai couru le risque de sembler totalement froide et dénuée de compassion, et je lui ai demandé au cours de la séance suivante : « Chaque semaine, vous empilez vos mouchoirs usagés sur vos genoux, à quoi érigez-vous ce monument ? » Au début, elle s'est contentée de me regarder comme si je venais de la gifler. À ce moment-là, je me suis sentie nauséeuse, mais alors les larmes ont cessé, et la vraie conversation et le vrai travail ont commencé.

Toutes les larmes ne sont pas forcément une expression de tristesse ; il arrive souvent qu'elles constituent un moyen de manipuler les gens, d'attirer l'attention sur soi, de solliciter les bons soins d'autrui, de contrôler les autres, d'éviter de se faire critiquer, et ainsi de suite. Je crois avoir raisonnablement d'intuition quand il s'agit de faire la différence entre la vraie douleur et ce genre de motifs.

J'étais d'avis que cette auditrice créait justement une de ces situations-là.

mère aimante de votre fille. Je crois que vous devez faire un choix, car vous concentrer sur le premier, à mon avis, vous distrait du deuxième, et vous donne l'impression d'avoir droit à des choses qui mettent malheureusement en péril la qualité de leur vie à vos côtés. »

À ce moment-là, elle a décidé que je ne savais pas de quoi je parlais, que j'étais tout à fait dans le faux et que je ne pouvais rien savoir vraiment de sa situation en quelques minutes passées à discuter dans le cadre d'une émission de radio.

Quoi qu'il en soit, ces deux scénarios décrivent bien ce qui se produit quand on ne choisit pas de faire le voyage d'une vie heureuse : vous en venez à consacrer votre vie à votre enfance malheureuse.

Jean Beninato, un dentiste du Massachusetts qui compte parmi mes bons amis, m'a acheminé ce courriel dont l'auteur est inconnu (du moins de nous). Je pense qu'il me permettra de bien enchaîner avec l'étude des choix et des options dont s'accompagnera votre voyage d'une vie heureuse :

Une jeune femme est allée se plaindre à sa mère de sa vie difficile. Elle en avait assez de se démener, elle avait envie de baisser les bras, mais elle était prête à se faire conseiller par sa mère.

Sa mère l'a prise à part dans la cuisine, où elle a rempli trois casseroles d'eau. Elle a mis des carottes dans une des casseroles, un œuf dans une autre casserole et des grains de café dans la troisième casserole. Elle a allumé le feu au plus FORT sous chacune des casseroles et en a porté le contenu à ébullition.

Au bout d'environ une demi-heure, elle en a retiré les carottes, l'œuf et les grains de café, et a disposé le tout dans des assiettes. Elle a demandé à sa fille ce qu'elle avait vu et appris. Sa fille n'en avait pas la moindre idée. Alors sa mère lui a expliqué que ces trois aliments avaient été exposés au même défi : de l'eau en ébullition. Les carottes y sont entrées solides et résistantes et en sont ressorties molles. L'œuf y est entré fragile et en est ressorti dur. Et les grains de café ont changé l'eau autour d'eux, en produisant un arôme merveilleux et une saveur délicieuse pour les papilles gustatives.

« Alors, ma fille chérie, lorsque l'heure est la plus sombre et que les épreuves sont les plus grandes, comment composes-tu avec l'adversité ? Es-tu une carotte qui perd sa force ? Es-tu l'œuf qui s'endurcit ? Es-tu le grain de café qui influence l'univers de manière positive en lui donnant de l'espoir ? »

Vous pourriez vous poser les mêmes questions par rapport à votre voyage vers une vie heureuse. Sans vous engager envers votre voyage de vie, vous continuerez soit à trembler et à toujours souffrir de votre mollesse, soit à vous mettre sur la défensive et à être distant, dur et amer. À vous de choisir.

Wendy, une auditrice, m'a écrit ceci : *« Beaucoup croient que les enfants peuvent traverser ces choses-là* (les sévices et la négligence). *Nous le pouvons, mais non sans cicatrices. Je mène maintenant une vie bien remplie, et je crois que c'est la meilleure des revanches. Je souffre encore, malgré tout, de cauchemars, j'ai peur de choses qui ne font pas peur aux gens normaux et j'ai encore du mal à me sentir heureuse. Ma sœur souffre de la même chose. Les enfants qui souffrent comme ma sœur et moi avons souffert ne se remettent jamais entièrement de ce qu'ils ont subi. Je crois que je serai toujours hantée par mon enfance.*

« Contrairement à ce que disent les statistiques relatives aux victimes de mauvais traitements, ma sœur et moi sommes toutes les deux heureuses en mariage et heureuses d'être mères. Nous avons même fait les choses dans le bon ordre, avec des hommes aimants et tendres. »

Même ces grains de café triomphants, une fois bouillis, porteront les marques de leur rude épreuve ; il se peut qu'ils deviennent légèrement cabossés et blanchis. Mais cela ne les empêche pas cependant de créer quelque chose à partager avec l'univers : leur arôme et leur saveur. Le voyage vers une vie heureuse n'est pas parfait, mais il est agréable.

« Personne ne veut penser aux choses terribles que des adultes sont capables de faire à des enfants. Certainement pas moi. Alors on n'aura aucune difficulté à s'imaginer quelle n'a pas été ma surprise en découvrant que ma propre mère avait survécu aux pires des sévices », m'écrivait Bilinda, une auditrice. Elle m'a raconté l'histoire la plus renversante au sujet de la manière dont elle avait découvert les sévices physiques, sexuels et émotionnels que sa mère, ses tantes et ses oncles avaient subis aux mains

de leur propre père, sous les yeux de leur mère, la grand-mère de Bilinda, sans même que celle-ci n'intervienne.

Plus elle en découvrait au sujet de l'enfance de sa mère, plus elle s'émerveillait de la femme formidable qu'elle avait pour mère ! « *J'ai appris qu'à un moment donné, après avoir touché le fond et avoir tenté de se suicider, elle avait pris la décision de vivre et de faire toute la différence. Je suis la preuve vivante de la différence qu'elle a faite. Elle m'a légué la foi et le sacrifice de soi, de l'amour inconditionnel que je léguerai à mes propres enfants. Ses choix m'ont donné la vie.* »

Je suis toujours en admiration devant les gens qui choisissent de se hisser hors du trou profond dans lequel d'autres les ont poussés, et qui ne donnent que beauté et amour. Il n'est pas trop tard pour que vous en fassiez autant.

Vanessa m'a écrit pour me dire qu'elle était nerveuse à l'idée de devenir mère. Elle est parfaitement consciente que jusqu'ici elle n'a rien fait qui soit destructeur pour son corps et sa vie afin d'éviter de devenir ce qu'elle redoute le plus dans la vie : sa méchante mère !

Alors elle a fait un choix, celui de vivre la vie qu'elle aurait probablement connue si son chemin n'avait pas croisé celui de sa méchante « mère ». Voilà ce que j'appelle prendre la bonne route. En course de voiliers, mon passe-temps favori, il y a d'innombrables règles difficiles à retenir (et même parfois difficiles à comprendre). Il y en a une qui stipule qu'en certaines circonstances vous ne devez pas gouverner votre voilier de manière à « perturber » un autre voilier avec lequel vous êtes en compétition. Vous êtes censé naviguer en suivant votre propre trajet, à savoir celui que vous suivriez si aucun autre voilier n'était présent. Nous appelons cela « courir sa propre course ». Eh bien, je vous suggérerais de choisir de vivre votre propre vie.

Vanessa a appris sur le tas quels sont les mécanismes à maîtriser pour devenir un bon parent. Elle a épousé un homme qui, comme elle s'en vante, a tout pour être élu père de l'année. Ils se sont engagés à faire tout en leur pouvoir afin qu'elle soit à la maison avec ses enfants. Ce sont là tous de bons choix… alors, qu'en est-il de la peur ?

« *Pour ce qui est du reste, je le ferai en ayant peur…jusqu'à ce que la peur disparaisse. Je suis à peu près certaine que, quand je tomberai enceinte, l'enthousiasme surpassera la peur et je serai amoureuse par-dessus la tête. Aux gens, je conseillerais ceci : une fois votre enfance terminée, vous êtes responsable de ce que vous devenez. Certains de vos traits de personnalité et de caractère peuvent s'expliquer par une enfance malheureuse, mais celle-ci ne devrait jamais excuser les choix que vous faites.*

« Il n'y a aucune joie à rester dans les ruines de la guerre. Levez-vous et cherchez à savoir quelle est la mission pour laquelle vous avez été placé ici-bas, puis accomplissez-la ! »

Trop de gens qui ont eu une enfance malheureuse et qui m'ont écrit ont dû toucher un horrible fond avant de *choisir* d'entreprendre le voyage vers une vie heureuse. Ils ont dû malheureusement faire comme Deborah, qui m'a écrit : « *Quand j'avais vingt-six ans (il y a treize ans de cela), j'ai consulté un thérapeute. J'étais désespérée. J'étais suicidaire, profondément déprimée. Bien que le counselling n'ait pas réglé mes problèmes (j'ai trouvé qu'on y perpétuait nos problèmes et qu'on nous gardait en thérapie plutôt que de nous aider à aller de l'avant), un jour, j'ai connu un point tournant. J'ai réalisé à ce moment-là que j'avais eu une vie misérable pendant vingt-six ans, mais que je pouvais changer le cours de mes vingt-six prochaines années de vie.*

« J'ai fini par réaliser que je pouvais faire des choix susceptibles d'influer sur mon avenir. Jusque-là, je n'avais aucunement assumé la responsabilité de mes choix et je m'étais dit que je ne ferais jamais grand-chose dans la vie. Je ne dirais pas que j'ai changé soudainement et miraculeusement, mais ma vie est aujourd'hui très différence de ce qu'elle était. Lentement, je me suis mise à réussir ma vie. Je me suis sentie en train de guérir et d'acquérir de la valeur en gagnant la maîtrise de ma propre vie. »

J'espère que le présent livre aidera beaucoup d'entre vous à éviter d'en venir au point de se détruire eux-mêmes. Il y a un moyen de vous tirer de n'importe quelle situation dans laquelle vous vous débattez, ou de l'améliorer ; et les choses qui ne peuvent être réparées peuvent être supportées, vous pourrez en tirer des leçons, les améliorer – et ne jamais les répéter.

Comment entamer ce voyage, marqué par de bons choix, vers une vie heureuse ? Bien qu'il n'existe aucune liste unique de « choses à faire » bien précises, bon nombre d'auditeurs m'ont fait savoir comment ils y étaient parvenus, et m'ont communiqué quelques bons concepts, sujets d'intérêt et conseils.

TENIR UN JOURNAL

Il se peut que vous en veniez à voir beaucoup plus clair en vous-même si vous tenez un journal (l'enregistrement sur cassette constitue une autre technique), tout en vous laissant consumer et diriger par « n'importe quelles » émotions, pour ensuite lire et évaluer vos propos et vos pensées lorsque vous serez plus calme et plus objectif. Ce faisant, vous pouvez en apprendre long sur vos réactions émotionnelles immédiates, ainsi que sur votre (mauvaise) façon d'interpréter les paroles et les actions d'autrui, et d'y réagir parfois de façon excessive. De plus, vous pouvez discerner lesquelles de vos pensées et de vos actions convenaient à la situation, et lesquelles provenaient manifestement tout droit du passé, ne convenaient pas, et n'étaient pas utiles, réalistes ou constructives à ce moment-là.

Ne vous servez pas de la rédaction d'un journal pour simplement râler au sujet de vos malheurs passés et présents, vous plaindre de l'indifférence et de l'insensibilité d'autrui, ou appuyer « la légitimité » de votre tristesse. Au lieu de cela, servez-vous de l'idée d'un journal pour vous aider à « faire votre thérapie », pour puiser dans la sagesse et la conscience des choses que vous avez déjà en vous, plutôt que dans ce que vous considérez comme le chaos émotionnel ou psychologique le plus total dans votre être intérieur. Vous êtes plus profond que cela.

AVOIR UNE PERSPECTIVE HISTORIQUE

Comme je l'ai déjà dit, le fait de revenir encore et toujours sur votre enfance malheureuse ne fait qu'enraciner votre négativité et votre mentalité de « victime ». Cependant, le fait de considérer votre passé par rapport à ce qu'il contenait de mal *et* de bien constitue un moyen efficace pour obtenir une bonne perspective des choses ; or, une bonne perspective suscite des sentiments positifs et une paix accrue, croyez-le ou non. Il ne s'agit aucunement ici d'une mise en scène ; rappelez-vous que la dénégation ne constitue qu'un moyen de plus pour rester captif du passé. Il s'agit plutôt d'une occasion pour vous de vous frayer un chemin jusqu'au « biscuit Oreo sur le monticule de compost », et il y en a toujours un, au sens métaphorique, bien entendu.

Retournez en arrière afin d'examiner ce que vous avez appris, et non uniquement ce que vous avez subi. Voilà la perspective qui s'avérera bénéfique. Ce changement subtil d'orientation amènera à votre conscience l'image de ce que vous serez devenu par opposition à ce que vous aurez subi.

L'étape suivante consiste à rechercher ce qu'il y avait, s'il y avait une telle chose, dans votre enfance malheureuse qui vous a aidé en fin de compte à être aussi sain et à aussi bien fonctionner aujourd'hui ! Par exemple, afin de survivre à un parent ultracritique et exigeant, il se peut que vous ayez acquis l'autodiscipline ; pour survivre à un parent qui a négligé de satisfaire vos besoins affectifs, il se peut que vous ayez acquis un certain degré d'autosuffisance qui vous sert bien aujourd'hui. Il se peut que vous ayez exagéré la partie « auto » de la discipline et de la suffisance (compulsif, sinon maniaque) qui pourrait être modérée, bien entendu, mais le principal avantage dans tout cela, c'est que vous possédiez ces traits positifs.

Finalement, ce sont vos forces qui vous permettront de vous en sortir. Alimentez-les, afin qu'elles vous donnent l'énergie de surmonter vos faiblesses.

Faire un examen de conscience

Il est si facile de vous plaindre de votre passé et de le rendre responsable de vos comportements, ce qui ne vous donne le pouvoir ni de changer quoi que ce soit au reste de votre vie, ni d'y mettre de la joie. L'occasion de regarder, dans un miroir qui grossit cent fois, vos pores, vos cicatrices, vos lignes, vos rides et autres imperfections n'a rien pour vous faire faire la queue ! Reste que l'examen de vos traits de caractère, de vos forces et de vos faiblesses vous fournira un tremplin duquel plonger dans votre croissance personnelle.

Ce dans quoi vous excellez, célébrez-le et alimentez-le. Ce dans quoi vous ne réussissez pas bien, admettez-le, et recherchez des modèles à imiter et de l'aide pour corriger le tir ou changer les choses. Ne vous souciez pas tant de ce que les gens vous estimeront moins ; si vous leur demandez de l'aide, ils vous jugeront brave, du moins ce sera l'opinion des gens bien.

CHOISIR SON ENVIRONNEMENT HUMAIN

Responsabilisez-vous davantage par rapport aux gens dont vous vous entourez, et investissez en eux. Choisissez des groupes et des individus qui vous aideront à être et à faire de votre mieux, plutôt que de vous complaire dans la négativité. Fréquentez des gens qui vivent pour la plupart – personne n'est parfait – le genre de vie auquel vous aspirez. Entourez-vous de gens bien, même s'ils ne font pas partie de votre famille. Évitez comme la lèpre les gens de mauvaise influence.

De grâce, reconnaissez que la soi-disant *culpabilité* que vous éprouvez pour avoir exclu des personnes et des situations dangereuses et destructrices de votre vie n'est pas du tout de la culpabilité ; c'est de la peur ou un besoin pressant. La peur se rapporte à la crainte de vous faire punir ou blesser de nouveau, si vous ne vous conformez pas à leurs exigences. Quant au désir pressant, eh bien, il fait évidemment allusion au fait que tout le monde souhaite avoir à tout le moins une famille saine, aimante et heureuse. Désolée !

CHOISIR D'ÊTRE QUELQU'UN DE BIEN

Chaque minute de chaque journée de votre vie, vous faites des choix par vos expressions faciales, les paroles que vous prononcez, et même par votre langage corporel, qui communiquent aussi vos pensées et vos sentiments. Chaque minute de chaque journée de votre vie, vous faites également des choix moraux et éthiques, qui communiquent aussi vos pensées, vos sentiments et vos traits de caractère. Efforcez-vous de passer vraiment du temps à prendre conscience de ce que vous êtes dans la vie de tous ceux avec qui vous interagissez, de votre professeur au commis d'un magasin à la personne qui fait votre plein d'essence.

Votre vie ne concerne pas que vous, mais encore toutes les personnes qu'elle touche maintenant.

Rappelez-vous que tout ce que vous faites aux autres a une incidence sur leur journée et sur leur monde intérieur, au même titre que sur les vôtres. Votre enfance malheureuse, comme je l'ai expliqué plus tôt, vous rend captif d'un mode de pensée centré uniquement sur vous et sur ce que vous ressentez. Le moyen le plus rapide pour sortir de ce guêpier consiste à penser à l'incidence que vous avez sur autrui.

Si vous avez développé des habitudes et des attitudes destructrices, du fait d'avoir mal composé avec votre enfance malheureuse, vous êtes le seul à être en mesure de les éliminer. Cela se révélera probablement être le plus grand combat que vous ayez jamais livré, car les habitudes planent juste au-dessous de notre conscience immédiate. Si quelqu'un de raisonnable vient formuler des critiques constructives par rapport à un certain comportement que vous avez l'habitude d'adopter, ne le mettez pas en pièces et ne le fuyez pas en prenant vos jambes à votre cou. Il lui a fallu du courage pour vous aborder, et il veut clairement vous aider à vous améliorer. Ne vous défendez pas en lui servant un « Eh bien, tu n'es pas parfait non plus. » Au lieu d'agir ainsi, restez là et écoutez-le avec humilité. En fait, prenez des notes, car il vous sera difficile sur le plan émotionnel de l'entendre avec l'objectivité nécessaire.

Prévoyez à l'avance ces moments où vous avez eu pour réflexe de vous mettre à pleurer, à crier, à frapper, à casser, à courir, et ainsi de suite, et trouvez à l'avance une autre façon de réagir. Bien entendu, vous vous sentirez mal à l'aise et terriblement vulnérable… mais rappelez-vous qu'avant de pouvoir tartiner une tranche de pain la pâte doit d'abord être pétrie, roulée, frappée du poing et placée dans un four à température très élevée.

Si vous doutez de la route à emprunter, projetez-vous dix ans plus loin dans le temps avec la possibilité de vous orienter dès aujourd'hui… Quel choix vous rendra fier de vous ? Voilà votre réponse.

ACCORDER AUX GENS LE BÉNÉFICE DU DOUTE

Il est simplement trop facile de présumer que tout regard ou commentaire désagréable ou critique vous ramène à la case de votre enfance malheureuse, et rejoue instantanément les sévices et la négativité qui vous enveloppaient alors. Cela vous complique la tâche d'accorder aux gens le bénéfice du doute lorsqu'ils le méritent, et même dans le cas contraire. Le simple fait de *ne pas présumer* de la mauvaise volonté de quelqu'un est un soulagement en soi, est probablement juste sur le plan des statistiques et fournit à l'autre tout le loisir de revenir sur sa position.

Si vous accordez le bénéfice du doute à quelqu'un et que vous découvrez par la suite qu'il ne le méritait pas, c'est bien aussi. Vous avez bien agi, et lui pas. La différence est claire, et vous pourrez ainsi décider de quelle manière vous composerez dès lors avec cette personne.

Désactivez le bouton « Replay »

Je m'étonne parfois de constater combien de gens qui me téléphonent en ondes et qui ont eu une enfance malheureuse semblent souhaiter ardemment revivre les souffrances de leur passé à grand renfort de détails révoltants en m'expliquant toute l'histoire, comme ils l'ont clairement fait si souvent antérieurement avec quiconque voulait bien les écouter. Quand j'essaie de les empêcher de se remémorer tout cela et de ramener tout cela sur la table, je peux voir que je les contrarie et que je les mets en colère. Croyez-moi si je vous dis que ce n'est pas par manque de compassion que je les arrête, bien au contraire. C'est justement parce que j'ai beaucoup de compassion pour leur incapacité d'aller de l'avant dans la vie que j'essaie de désactiver leur bouton « Replay ».

Plus vous raconterez cette histoire dans votre esprit, dans un groupe de « thérapie » ou à quiconque voudra vous écouter, plus vous ferez tourner tout votre être autour d'elle, et seulement d'elle. Plus nous empruntons le même sentier, plus nous creusons nos ornières, jusqu'à ce qu'il nous soit presque impossible d'en sortir.

Optez pour de bonnes valeurs, des principes moraux, l'étique et la religion

Je sais qu'il m'arrive parfois d'exprimer de la consternation et de l'incrédulité lorsque des gens me téléphonent en ondes et semblent ne pas savoir reconnaître le bien du mal. Je dois parfois m'efforcer de ne pas sembler condescendante lorsque je fais face à une question comme celle-ci : « Devrais-je permettre à mes parents, qui nous ont tous battus quand nous étions enfants, de prendre mes enfants pour la nuit, puisque après tout ce sont leurs grands-parents ? » Il me semble que la réponse à cette question est simple, limpide, évidente et ne suscite aucun doute. Je suis si souvent renversée que ce soit même une question !

Je m'oblige à me rappeler et à réaliser que la chose est évidente pour moi parce que je n'ai pas eu à composer avec la réalité absurde à laquelle ils ont dû faire face en grandissant. La norme pour moi, c'est un foyer où l'on vit et où l'on enseigne la différence entre le bien et le mal. Si votre foyer se compose d'un ou de deux parents qui sont de vrais criminels sur le plan moral et civil, cela n'a clairement pas été le cas pour vous. Il n'est donc pas si évident pour vous de faire la différence entre le bien et le mal. De plus, votre désir ardent de vous faire aimer et de rester en relation avec vos parents, aussi terribles fussent-ils, vous amène à fermer complètement les yeux sur des problèmes moraux si ces derniers entravent ce lien désiré quoique insidieux.

Comment pouvez-vous acquérir maintenant des principes moraux, de bonnes valeurs et une éthique ? Cela vous est possible en observant des gens que vous respectez, en lisant des livres, en assistant à des cours et à des conférences, en écoutant l'émission de la doctoresse Laura Schlessinger (je n'ai pas pu résister) et en fréquentant une église, un temple ou une synagogue, en veillant à ce qu'ils soient « traditionnels » dans leur approche, c'est-à-dire qu'ils soient fondés sur les Écritures plutôt que sur la rectitude politique.

Il n'est peut-être pas étonnant de constater que, dans les milliers de lettres que j'ai reçues en vue de la préparation du présent livre, la majorité des auteurs ont nommé Dieu et la religion comme étant leur plus grande planche de salut ; au deuxième rang se retrouvait un certain proche, ami ou future(e) conjoint(e) qui avait cru en eux.

Les milliers d'histoires qu'on m'a racontées au sujet d'une intervention divine et d'un lien d'appartenance à Dieu avaient pour fil conducteur le sentiment d'être aimé en dépit des expériences vécues et des mauvais traitements subis, la reconnaissance d'avoir reçu le soutien de la part de gens bien, et une structure ou un plan qui leur avait permis de se bâtir une vie meilleure.

TOLÉRER LE MALAISE

J'ai dit à bon nombre d'auditeurs que « les efforts pour s'améliorer » les contrariaient parce qu'ils devaient apprendre à endurer, à tolérer le malaise… un peu plus longtemps. C'est ma version de l'étape « un jour à la fois » des AA. Rompre avec la vie que vous meniez avant, changer vos croyances et vous rebâtir autrement se révélera être un combat de taille. Cela vous semble peut-être très injuste : c'est vous qui êtes blessé, et c'est vous qui devez changer ?! Beurk !

Mais c'est la vérité. La mauvaise nouvelle : c'est difficile à faire ; la bonne nouvelle : votre vie est maintenant entre vos mains, et non dans celles des gens qui ont rendu votre enfance malheureuse.

Que devez-vous « endurer » exactement ? Vous devez tolérer le malaise que vous procure le fait de renoncer à tout ce qui vous est «connu», et rappelez-vous que je vous ai déjà dit que vous aurez tendance à graviter autour de ce qui vous est connu – aussi dommageable, menaçant, destructeur ou dangereux que cela puisse être – simplement parce que le fait de vous retrouver dans ce que vous connaissez, ce que vous croyez comprendre et ce sur quoi vous croyez avoir le contrôle vous donne le sentiment tordu d'être à l'aise.

Il est clair que les relations que vous entretenez avec des gens destructeurs devront changer du tout au tout ou prendre fin tout simplement. Bien entendu, ils s'y opposeront, en employant des moyens à la fois menaçants et séduisants. Vous devrez supporter le désir de rétablir la relation.

Vous devrez également supporter de devoir modifier vos propres comportements envers presque tous les gens qui ont de l'importance dans votre vie dès que vous réaliserez que bon nombre de vos actions n'étaient que des *réactions* à vos propres souffrances et à vos propres peurs, et qu'elles ne conviennent plus forcément aujourd'hui.

RÈGLEMENT DE COMPTES À OK CORRAL ?

J'ai affirmé à maintes reprises déjà, en insistant sur ce fait, que je ne croyais pas au pouvoir de guérison de la confrontation. Les confrontations sont devenues populaires sur le plan de la psychothérapie dès les années 1960, lorsqu'on a cessé de respecter toutes les autorités ; ce faisant, on a donné aux jeunes psychothérapeutes libéraux la permission de se servir de leurs patients dans leur propre intérêt politique ou psychologique en les amenant à s'en prendre aux personnes faisant figure d'autorité : leurs parents. On a ouvert ainsi la saison de la chasse aux parents. Je me rappelle, lorsque j'avais mon cabinet privé de thérapeute conjugale et familiale, qu'un nombre de personnes inégalé jusque-là sont venues me consulter pour obtenir une intervention thérapeutique. Elles étaient contrariées et confuses, mais pas en meilleure position, du fait d'avoir vécu cette soi-disant «expérience curative et cathartique» qui était censée apporter une «closure à leur douleur». Au lieu de cela, elles se sont retrouvées pour la plupart isolées de leur famille biologique, alors qu'une telle coupure n'était pas nécessaire, insatisfaites de ce que rien de constructif n'en soit ressorti, se sentant coupables d'avoir causé des ravages et perdues quant à la direction à emprunter par la suite. Il est clair que la confrontation n'était pas et n'est pas une panacée.

Non, mes amis, les règlements de comptes à Ok Corral ne constituent pas le moyen d'obtenir la paix et la sérénité.

Toutefois, il importe de *faire face* au comportement persistant des parents fautifs, car cela signifie que vous êtes assez fort, en dépit du passé, pour aborder le présent avec le respect de vous-même, avec aplomb, droiture, maturité et de manière convenable – en votre qualité d'adulte agissant dans son droit, et non simplement comme étant leur enfant apeuré, dépendant et faible.

La paix a son prix. Si vous n'êtes pas disposé à payer ce prix, vous ne connaîtrez pas la paix.

Faire face implique que *vous* assumiez la responsabilité de ce que vous faites actuellement de votre vie. Les *confrontations* impliquent que *l'autre* assume la responsabilité de ce que vous faites actuellement de votre vie. J'espère qu'il est devenu évident pour vous qui est le plus en mesure d'améliorer votre vie.

USER D'UNE COMPASSION EMPREINTE DE BIENVEILLANCE

Il s'agit probablement ici d'un des concepts exposés dans le présent livre parmi les plus difficiles à saisir. Dans ce cas-ci, l'idée consiste à évaluer la position qu'occupe votre proche sur l'échelle *contrariant-pervers*, pour ensuite, une fois que vous aurez décidé qu'il se situe à l'extrémité «pervers», changer de comportement à son égard en passant de la colère à la résistance à la compréhension et à la compassion.

Il se peut que vous trouviez difficile au début de minimiser vos contacts avec votre proche, de ne pas lui permettre de vous amener à vous quereller avec lui ou de vous prendre à partie dans des conflits familiaux, mais c'est en forgeant qu'on devient forgeron. Il arrive parfois qu'on doive éviter tout contact dans des situations où un proche s'avère dangereux ou destructeur à l'excès pour vous et votre famille. Mais la plupart du temps, lorsque votre famille se trouve à l'extrémité «contrariant» et non «pervers», il se peut que vous vous sentiez plus à votre aise sur le plan émotionnel de faire une visite ou un appel téléphonique par mois pour prendre des nouvelles de tout le monde ou de participer dans une certaine mesure à des dynamiques familiales acceptables.

Le fait d'entretenir des contacts modifiés et une communication contrôlée avec vos proches exigera beaucoup de votre part :

- Avoir de plus en plus confiance en soi, tandis que votre ego dépendra de moins en moins de leurs comportements.
- Accepter les limites de ce qu'ils sont et de ce qu'ils ont à offrir.
- Faire une trêve dans votre propre esprit au sujet du passé (ce qui est différent du pardon).
- Vous efforcer de ne pas vous sentir visé par leurs actions et leurs paroles de personnes perturbées.
- Prendre la décision de reconnaître que «quelque chose», bien que limité, vaut mieux que «rien».
- Vous créer une vie en dehors qui soit saine, riche en activités et en gens merveilleux, afin de minimiser votre désir désespéré de voir votre relation avec votre famille connaître une fin de conte de fées.

VIVRE POUR AUTRE CHOSE QUE POUR VOUS-MÊME

Ceux d'entre vous qui m'ont écrit au sujet de leur voyage vers une vie heureuse m'ont tous dit la même chose : Sans ce voyage, toute votre vie sera centrée sur VOUS, sur votre état de victime, sur votre douleur, sur vos déceptions, sur vos difficultés, et ainsi de suite. Le principal panneau de signalisation du voyage vers une vie heureuse vous amènera à vous concentrer sur ce que vous souhaitez ou pouvez faire pour autrui. Pour bon nombre d'entre vous, qui sont captifs de leurs mauvaises habitudes et de leurs peurs, il s'agit ici d'une entreprise des plus difficiles. Toutefois, elle constitue une des dimensions parmi les plus gratifiantes qu'une vie puisse comporter.

Faire preuve de *générosité* envers ses enfants, son conjoint ou sa conjointe, ses amis, ses voisins et des étrangers par le truchement d'activités de bienfaisance constitue *le* moyen pour vous de mettre de la paix et du bonheur dans votre vie, sans que vous ayez recours à la force ou à la manipulation pour les *obtenir*.

Le vrai bonheur résulte du fait de remplir ses obligations et ses responsabilités envers autrui ; tout n'est que « plaisir ».

ÉMOTIONS ET VÉRITÉ NE SONT PAS UNE SEULE ET MÊME CHOSE

Tous ceux qui écoutent mon émission de radio, à un moment ou à un autre, m'ont entendu réprimander un auditeur qui répondait à ma demande de faits en me disant : « Eh bien, j'avais le *sentiment* que... », ce à quoi je lui répliquais : « Je ne vous ai pas demandé ce que vous ressentiez, je vous ai demandé de me dire ce qui a été dit/fait, etc. » Les sentiments en sont venus à occuper une place si primordiale dans la manière dont notre société aborde la vie et les problèmes que la pensée rationnelle, les valeurs et les lois se sont fait reléguer en arrière-plan et qu'on considère tout en fonction uniquement de ce que la chose en question nous fait éprouver, comme si les sentiments possédaient un QI ou constituaient une directive.

Imaginez un instant, si vous le pouvez, que vous soyez une amibe. L'amibe n'est pourvue ni d'un système nerveux complexe ni d'un cerveau comparable à celui de l'être humain ; en fait, elle ne possède pas du tout de cerveau. Lorsque l'amibe fait face à un produit chimique nocif ou à un objet tranchant, elle se contente de s'éloigner en direction opposée à la menace. L'être humain, doté d'un cerveau complexe, lorsqu'il fait face à une menace, passe souvent en premier lieu par les sentiments avant de passer à l'action. Ces sentiments peuvent aller de la déception, à la contrariété, à la peur, à l'abandon ou à la vulnérabilité, tous fondés sur les expériences de sa prime jeunesse. Entre-temps, la nécessité de composer avec la menace qui se présente à l'instant de manière concrète devient secondaire par rapport au désir de mariner dans toutes ces vieilles émotions qui lui sont bien connues.

Chaque jour, je dois me mesurer en ondes à des gens qui vouent le plus grand respect aux sentiments : s'ils ont le *sentiment* que quelqu'un ne les aime pas, les a trahis, a voulu les «prendre au piège», ne leur témoigne pas les égards et le respect qui leur sont dus, et ainsi de suite, ils sont fins prêts à se comporter comme si la chose était vraie. Or, cette mentalité aboutit à plus de querelles et d'amertume, et à plus de souffrances inutiles que ce que la vie ne devrait comporter.

Voici ce que vous devez faire : Lorsque vous éprouvez un sentiment fort, demandez-vous jusqu'à quel point le présent en fait partie, et jusqu'à quel point le passé en fait partie ; ensuite, soyez disposé à confirmer le bien-fondé de votre émotion. Cela signifie que vous deviez être disposé à communiquer, à poser des questions, à recueillir les faits, à approfondir votre compréhension et à vous ouvrir à la vérité. Il vaut mieux que vous amorciez cette communication du point de vue du «bénéfice du doute». Si vos pires craintes se confirment, *alors* vous pouvez aller à la guerre ! Si vos pires craintes ne se confirment pas, vous aurez perdu peu de temps à ramener la sérénité dans votre vie.

EN CONCLUSION

Votre vie peut être heureuse, peu importe combien votre enfance a pu être malheureuse. Il se peut que ce ne soit pas la vie parfaite. Vous ne connaîtrez peut-être jamais la sérénité dans toutes les dimensions de votre vie ni le degré de réussite que vous auriez pu connaître si vous aviez choisi d'autres parents (je blague). Bien que certains d'entre vous puissent, par exemple, ne jamais choisir d'avoir des enfants parce que leurs angoisses par rapport aux problèmes dont s'accompagne le fait d'être parent les accablent, ils pourraient se sentir à l'aise d'être bénévoles dans un service pour bébés prématurés, où l'on a toujours besoin de gens aimants pour réconforter les enfants.

Votre peur profonde de l'intimité risque de vous empêcher de vous approcher d'une personne en particulier, ce qui fait que vous pourriez vous investir dans la vie d'autrui en participant à des programmes communautaires, à des missions religieuses, et ainsi de suite.

Il se peut que le simple fait de vous engager dans des activités et des relations qui vous mettent plus à l'aise, étant reliées à votre but ultime sans toutefois le constituer en soi, finira par vous mener là où vous voulez aller, lentement, indirectement, mais sûrement. Ou encore, il se pourrait que non. Il faut reconnaître que l'on ne peut pas tout surmonter. Mais comme l'amibe que j'ai mentionnée auparavant, vous pouvez vous aussi fuir loin du danger et des blessures en direction d'une certaine position de compromis, même si à ce stade-ci cette position n'existe que dans votre esprit. Cette position de compromis constitue tout de même un progrès, et vaut quand même mieux que la mentalité du tout ou rien.

Vous devez définir par vous-même ce que signifie une vie heureuse. La plupart d'entre vous seront d'accord, j'espère, pour dire qu'une vie heureuse a tout à voir avec ce qu'ils font, ce qu'ils valent pour autrui, la manière dont ils relèvent les défis normaux de la vie, et combien ils apprécient leurs bénédictions et les occasions qui se présentent à eux. Une vie heureuse ne consiste pas à se sentir bien tout le temps. Le sapeur-pompier qui se précipite dans un immeuble en flammes pour y secourir un enfant ne se sent pas bien de le faire... il a peur et il craint pour cet enfant, sa famille et sa propre vie. Quoi qu'il en soit, il s'y précipite parce qu'une vie heureuse dépend du fait de compter pour quelque chose, et non de tout avoir.

Soyez ce sapeur-pompier.

POSTFACE

En appuyant sur le bouton ENREGISTRER de mon ordinateur après avoir fini d'écrire la dernière ligne du présent livre, l'émotion m'est montée à la gorge. Cela ne m'était jamais arrivé au terme de la rédaction de mes huit livres pour adultes précédents. Qu'est-ce qui rend ce livre si spécial ? Trois choses. 1) J'ai été profondément émue par le courage et le caractère dont ont fait preuve les gens qui ont subi de grandes souffrances aux mains d'autres personnes à qui ils auraient dû pouvoir faire confiance et sur qui ils auraient dû pouvoir compter. Ce sont des gens qui ont pris conscience du gâchis qu'ils s'étaient peut-être créé en optant pour des pensées et des actions contre-productives en réaction à leur enfance malheureuse, et qui ont été prêts à faire face à la réalité et à changer les choses. 2) J'ai eu l'impression que c'était probablement le livre le plus important que j'aie jamais écrit, tellement je suis convaincue qu'il contribuera à changer du tout au tout la vie des gens pour le mieux. 3) Finalement, j'ai réalisé que je n'aurais pas pu écrire ce livre plus tôt dans ma vie, car je devais au préalable avoir moi-même cheminé assez longtemps sur la route d'une vie heureuse, et j'étais contente de me voir dans ce contexte.

Mes deux parents sont maintenant morts. Je vais vous faire part de certains de mes problèmes personnels, sans pouvoir avoir recours à l'anonymat, comme ce fut le cas de toutes les personnes qui ont apporté leur contribution à ce livre, et je ne souhaite pas faire du tort à mes parents, même maintenant qu'ils sont morts. Par conséquent, la présente partie s'avérera plus philosophique qu'autobiographique.

Environ un an avant qu'un cancer de l'estomac virulent emporte mon père dans les semaines qui ont suivi son diagnostic, je me rappelle l'avoir entendu dire au sujet du grand nombre de personnes qui s'étaient présentées aux funérailles de l'épouse d'un de ses collègues de travail : « Bonté divine, je me demande combien de gens viendraient à mon enterrement ? » C'était un moment d'une candeur inhabituelle pour mon père, et je crois qu'il s'est probablement agi d'un des rares moments d'introspection qu'il a connus de toute sa vie. Il se peut qu'il ait éprouvé des regrets à ce moment-là pour n'avoir pas nourri de relations. C'était un gars très difficile à vivre, compulsif, critique et ergoteur, bien qu'il pouvait se montrer aussi des plus charmants.

Le dernier jour où il s'est montré lucide, je lui ai posé la question de toute ma vie : « M'aimes-tu et as-tu déjà été fier de ce que j'ai fait de ma vie ? » Je me rappelle avoir pensé alors que sa réponse changerait toute une vie d'angoisse et me transformerait instantanément en une personne plus paisible et plus heureuse.

Il m'a regardée avec calme et m'a simplement répondu : « Oui. »

De toute évidence, c'est la réponse que toute fille voudrait entendre. J'ai attendu, comme on attend le coup de tonnerre après qu'un éclair a frappé, que quelque chose de magique m'arrive. J'aurais dû être heureuse, ou satisfaite, ou quelque chose. Absolument rien ne s'est produit. Je me suis excusée et je suis sortie faire les cent pas autour de sa piscine. J'essayais de m'expliquer pourquoi je n'étais pas émue. La raison de mon impassibilité s'est vite présentée à moi. Mon père s'était toujours montré dur envers moi, si dur qu'au cours de ma semaine de congé du printemps une année j'ai préféré rester dans le dortoir de l'université avec un sac de biscuits Oreo pour seule nourriture plutôt que de rentrer chez moi me faire rudoyer par lui. Quoi qu'il en soit, il m'est apparu clairement depuis longtemps que mon désir d'exceller était directement lié au désir de finir par plaire à mon père. Je peux voir que l'incidence qu'il a eue sur moi a été à la fois positive, j'ai travaillé extrêmement dur pour accomplir quelque chose qui a de la valeur, et négative, j'ai eu énormément de difficulté à savourer mes réussites.

Au moment de cette dernière conversation avec lui, j'avais enlevé mes lentilles et je le regardais avec objectivité. Je n'étais plus la petite fille qui essayait d'obtenir l'approbation de son père. J'étais une femme mûre et compétente qui regardait un homme s'étant montré mesquin, insensible, méchant, inconsidéré, avilissant et des plus froids, tout cela au nom de son ego. Il s'était comporté en imbécile, comme je le comprenais soudain, ce qui fait que, naturellement, ce qu'il avait à dire n'avait plus et ne devrait plus avoir la moindre importance. Croyez-moi quand je vous dis que ce fut une révélation pour moi. Penser qu'une grande partie de ce qui était malsain dans ma vie avait constitué une réaction à sa personne, ça alors ! Quel gâchis !

Fait triste, lorsque mon père a fini par mourir peu après cette conversation, je ne l'ai pas pleuré. J'ai réalisé que l'absence de chagrin en moi s'expliquait du fait que je n'avais aucun lien émotionnel d'amour avec lui. À ce jour, j'envie les gens qui souffrent de la mort d'un de leurs parents, parce que cela signifie qu'il y avait tant d'amour et un tel attachement entre eux que la perte leur déchire l'âme. Je n'ai jamais connu cela ni avec l'un ni avec l'autre de mes parents.

Mon plus vieux souvenir d'enfance évoque ma mère me faisant marcher sur le trottoir par un soir de pluie pendant que mon père roulait tout à côté en la suppliant de monter à bord de la voiture. « La petite va tomber malade ! », criait-il par la fenêtre. Cette scène représentait assez fidèlement leur mariage. Pour une raison que j'ignore toujours, ils n'ont jamais semblé être heureux ensemble. Mon père ne faisait jamais rien de gentil pour elle, et elle s'irritait tout le temps contre lui.

Ma mère était une fiancée de guerre originaire d'Italie. Mon père, sous-lieutenant dans l'armée américaine, l'a rencontrée à Gorizia après que les forces américaines ont libéré le nord de l'Italie. Ma mère était d'une beauté frappante. Lorsque j'avais vingt et un ans et que je planifiais le cadeau d'anniversaire de mariage que j'allais leur offrir, j'ai demandé à mon père combien d'années de mariage souligner. C'est ainsi que j'ai appris qu'ils s'étaient mariés en Italie, en plein air, sous un arbre magnifique lorsqu'elle était enceinte de moi d'à peu près cinq mois. J'ai aimé découvrir que j'étais une « enfant de l'amour », car cela voulait dire qu'il y avait eu au moins un moment où ils avaient été heureux ensemble.

Après le mariage, ma mère, en bonne Italienne catholique, est venue en Amérique pour rencontrer la bonne famille juive américaine de mon père, et ça a bardé. La mère de mon père s'est alors lancée dans une guerre acharnée contre la « shiksa », l'épouse non-juive d'un homme juif. Ma grand-mère a tout essayé pour se débarrasser de ma mère et a convaincu une grande partie de la famille de nous rejeter, elle et moi. Quand j'avais deux ans et demi, ma mère, sans mon père, m'a ramenée en Italie pendant quelques mois, probablement pour se soustraire quelque temps à cette cruauté. Les parents de ma mère étaient déjà morts à l'époque, ainsi que sa sœur aînée, qui s'est fait tuer par les nazis le jour même où elle s'est jointe à la résistance (j'aime penser que j'ai son courage en moi). Son frère a survécu, mais elle n'était pas proche de lui.

Nous nous sommes retrouvés en famille aux États-Unis, et il semble qu'il y ait toujours eu alors des tensions dans notre foyer, et j'essayais toujours de calmer et d'améliorer les choses. Ma sœur, et cadette de onze ans, et moi n'avons pas eu beaucoup l'occasion de nous rapprocher l'une de l'autre parce que je suis partie pour l'université à dix-sept ans (elle avait six ans) pour ne jamais retourner vivre sous le toit parental. Elle et moi avons composé différemment avec le caractère négatif de notre situation familiale ; elle avait l'esprit plus libre que moi, et j'étais plus sérieuse ; cela a occasionné des conflits entre nous, et nos vies respectives ont malheureusement pris des tangentes très différentes.

Mes parents ont fini par divorcer après que mon père s'est livré à quelques « activités extraconjugales », puis il s'est remarié avec une gentille femme avec qui il a vécu jusqu'à sa mort. Ma mère ne s'est jamais remariée, et a continuellement exprimé son mépris pour les hommes, le sexe et l'amour. Ni l'un ni l'autre n'ont jamais développé la moindre amitié étroite. Je me sentais responsable d'elle, alors que ma sœur gravitait autour de mon père, qui se sentait quelque peu coupable du gâchis total de la famille et qui lui passait tous ses caprices.

J'ai soutenu ma mère financièrement, bien qu'elle ait obtenu une somme substantielle de son divorce et des placements, en l'engageant comme réceptionniste à ma clinique de counselling. Elle avait essayé de tenir d'autres emplois dans des boutiques de vêtements et autres, mais son manque d'entregent lui faisait inévitablement perdre bien vite ses emplois. À la clinique, elle était abrupte envers les conseillers et au téléphone, et elle semblait vouloir dresser tout le monde contre moi, pour me garder toute pour elle, j'imagine. J'ai supporté tout cela parce que je m'y sentais obligée, je l'ai toujours emmenée avec moi durant mes vacances et je lui ai toujours acheté de beaux cadeaux même quand mes revenus étaient modestes. Elle ne m'en était jamais reconnaissante et trouvait toujours à redire.

Un jour, je lui ai demandé gentiment si elle accepterait d'apprendre la dactylographie, à mes frais, parce que j'avais besoin d'aide pour traiter toute la paperasserie dont s'accompagne le travail de thérapeute, d'auteur et de professeur d'université. Elle m'a dit que non, elle a ramassé les affaires qu'elle avait au bureau, et elle a toujours refusé de me voir et de m'adresser la parole par la suite. Une fois que ma mère vous rayait de sa liste, vous en étiez rayé pour la vie, même si vous étiez sa fille. Elle souffrait d'un orgueil pathologique.

Alors, les années ont passé. Elle n'était pas là pour la naissance de mon fils, lorsque ma maison a complètement brûlé, lorsque mon mari a fait une crise cardiaque qui a failli l'emporter, ni lorsque divers groupes d'intérêts particuliers m'ont attaquée publiquement, moi et ma carrière. Après cela, je ne me suis franchement plus souciée d'elle non plus. Il n'y avait jamais eu de lien mère-fille entre elle et moi ou ma sœur.

Un jour, la police de Beverly Hills m'a téléphoné pour me faire savoir que ma mère gisait morte par terre, dans son condo, depuis environ quatre mois. Il semblerait qu'elle n'ait eu aucun ami et qu'aucun de ses voisins n'ait été proche d'elle, ce qui fait que personne n'avait même remarqué son absence ! Comme c'est tragique.

Le pire dans tout cela, c'est la manière dont les médias ont traité cet événement, du fait que je suis une «célébrité». Je me suis fait accuser par plusieurs soi-disant émissions d'actualités télévisées et talk-shows à la radio d'avoir abandonné ma mère, contrairement à ce que je prônais dans mon émission de radio. Le fait est que ma mère a fait fuir tout le monde dans sa vie et c'est à *moi* qu'on en a fait payer le prix. L'animateur d'une émission de télévision diffusée en matinée a demandé à un psychiatre qu'il avait déniché à la dernière minute de dire en ondes si l'on devait ou non me permettre de conseiller les gens par rapport à leurs problèmes de famille puisque je n'avais pas même entretenu de relation avec ma mère. Ma mère, à mon très grand désarroi, me faisait encore souffrir même après sa mort !

Quoi qu'il en soit, permettez-moi de répondre à cette question. Le fait que ma famille n'ait pas été aimante et unie lorsque j'étais enfant me disqualifie-t-il d'essayer d'en aider d'autres à s'en créer une qui le soit ? Hein ? Bien sûr que non. Si, parce que je n'ai pas eu une enfance empreinte d'amour, j'essayais de miner les tentatives d'autrui pour en avoir une, alors on devrait me disqualifier, la question ne se pose même pas. Mais tout le monde sait combien j'accorde de l'importance aux «valeurs familiales», et comme je prône le mariage avant les enfants, le fait d'élever soi-même ses enfants plutôt que de les confier à des garderies, le divorce en dernier recours si des enfants mineurs sont en cause, et l'adoption plutôt que l'avortement, toutes ces questions délicates, la messagère (moi) s'est fait attaquer avec une telle grossièreté et de manière si inhumaine par des types de médias qui en sont venus à percevoir ces valeurs comme une menace pour l'Amérique. Mais la vie continue. Je sais en mon âme et conscience ce que j'ai pu vivre et ce avec quoi je peux vivre, et cela me convient.

Lorsque ma mère est morte, je ne l'ai pas pleurée. Comme c'était le cas avec mon père, je n'avais tout simplement pas de lien avec elle. J'ai souffert, par contre. J'étais consciente que mes parents avaient eu tous les deux une incidence incroyable sur ma vie, car j'avais du mal à être heureuse, à bâtir des relations de confiance, à être ouverte, et même à me détendre. Je ne voulais pas finir comme l'un ou l'autre de mes parents, presque seule et sans amour.

Mais ma ténacité a produit sa récompense, et je fais de mon mieux avec ce que j'ai. Je me suis bâti une vie sur le principe selon lequel on doit aider les autres et, tout compte fait, je trouve que je me suis plutôt bien débrouillée.

Table des matières